第2版

概説 改正相続法

平成30年民法等改正、遺言書保管法制定

編著

法務省大臣官房審議官
堂薗幹一郎

法務省大臣官房国際課課付
神吉康二

一般社団法人**金融財政事情研究会**

第2版はしがき

　平成30年7月6日に成立した「民法及び家事事件手続法の一部を改正する法律」（平成30年法律第72号）及び「法務局における遺言書の保管等に関する法律」（平成30年法律第73号。以下「遺言書保管法」という。）は、これまで数次にわたって段階的に施行されてきたが、令和2年7月10日の遺言書保管法の施行により、現在ではその全てが施行に至っている。遺言書保管法は、自筆証書による遺言書を法務局において保管するというこれまでにない制度を設けるものであるが、法律の中で、法務局の事務に関する技術的な事項や細目的な事項を規定することは困難であることから、これらの事項についてはその多くが政令又は省令に委任されている。これを受けて、政令として「法務局における遺言書の保管等に関する政令」（令和元年12月11日公布）及び「法務局における遺言書の保管等に関する法律関係手数料令」（令和2年3月23日公布）が、省令として「法務局における遺言書の保管等に関する省令」（令和2年4月20日公布）がそれぞれ制定された。また、法務大臣の告示により、遺言書保管所として全国の法務局・地方法務局の本局・支局等の312か所が指定され、同所において遺言書保管官が遺言書の保管等の事務を担うこととされた。このように、法務局における遺言書の保管制度に関する具体的な規律の内容は、法律とこれらの政省令を併せて理解しないとその全体像を把握することができないことから、本書においても、これらの政省令の制定を受け、その内容を盛り込むことを中心とする改訂を行ったものである。法務局における遺言書の保管制度の導入は、民法改正による自筆証書遺言の方式緩和とともに、自筆証書遺言の利便性を高めるものであるが、筆者らとしては、これらの改正が社会の多様なニーズに応えることにつながり、公正証書遺言とともにより一層遺言が活用され、相続をめぐる紛争の防止に寄与することを期待している。

　引き続き、本書が広く国民一般に両法律の趣旨や内容を知っていただく一助になれば幸いである。なお、遺言書保管法及びこれらの政省令の内容にか

かわる部分の執筆は主として前法務省民事局付（現東京地裁判事）の竹下慶によるものであるが、意見にわたる部分が筆者らの個人的な見解に過ぎないことは初版と同様である。また、第2版の刊行に当たっては、一般社団法人金融財政事情研究会の茂原崇氏のご尽力を賜った。記して、謝意を表する次第である。

令和3年1月

法務省大臣官房審議官　　　　　**堂薗　幹一郎**
法務省大臣官房国際課付（前民事局付）　**神吉　康二**

はしがき

　相続法制の見直しに関する「民法及び家事事件手続法の一部を改正する法律」（平成30年法律第72号）及び「法務局における遺言書の保管等に関する法律」（平成30年法律第73号）は、平成30年7月6日に成立し、同月13日に公布された。

　相続法制に関する大幅な見直しは、配偶者の法定相続分の引上げ等がされた昭和55年以来約40年ぶりのことであるが、今回の見直しの規模は昭和55年の改正を上回るものと思われる。民法等の改正においては、社会の高齢化等の社会経済情勢の変化を踏まえ、配偶者居住権や特別の寄与の制度という新たな制度が設けられたほか、遺産分割制度、遺言制度、遺留分制度等の既存の制度についても大きな見直しがされている。また、「法務局における遺言書の保管等に関する法律」は、法務局において自筆証書遺言に係る遺言書を保管すること等を内容とするものであり、これにより、遺言の利用が促進されて、遺言者の最終意思に従って円滑に遺産の分配等がされ、相続をめぐる紛争が減少することが期待される。

　このように、今回の相続法制の見直しは、国民生活にも大きな影響を及ぼすものであるが、このほかにも、預貯金債権について各共同相続人に遺産分割前の払戻しを認める制度の創設や、預貯金債権の払戻し等に関する遺言執行者の権限の明確化など、金融実務に影響がある見直しも多く含まれている。本書が法律実務家や金融実務等に携わる方々の理解の一助となれば幸いであるが、筆者らとしては、本書の発刊を契機として、相続法に関する議論が活発に行われ、相続に関する実務や理論がより発展することを希望している。

　両法律は、法制審議会において答申された「民法（相続関係）等の改正に関する要綱」に基づき立案されたものである。相続法制の見直しのために設置された専門部会である法制審議会民法（相続関係）部会では、毎回活発な議論が展開され、時には意見が鋭く対立することもあったが、上記要綱は、

そのような真剣な議論の中で様々な紆余曲折を経て成案に至ったものである。その意味では、両法律は同部会の委員、幹事をはじめとする関係者の汗と英知の結晶ともいうべきものであり、この場をお借りして、改めて関係各位のご尽力、ご協力に心より御礼を申し上げたい。

本書は、編著者である堂薗、神吉のほか、法務省民事局において両法律の立案作業に従事した笹井朋昭、竹下慶、宇野直紀、倉重龍輔、満田悟、秋田純の執筆によるものであるが、あくまで個人の立場で執筆したものであり、意見にわたる部分は筆者らの個人的な見解に過ぎないことをあらかじめお断りしておきたい。本書の刊行にあたっては、一般社団法人金融財政事情研究会の高橋仁氏のご尽力を賜った。記して感謝の意を表したい。

平成31年3月

法務省民事局民事法制管理官　　**堂薗　幹一郎**
法務省民事局付　　　　　　　　**神吉　　康二**

目　次

2　遺産分割前における預貯金の払戻し制度の創設等……50

第 2 部　法務局における遺言書の保管制度の概要

凡　例

・「**改正法**」民法及び家事事件手続法の一部を改正する法律（平成30年法律第72号）

・「**債権法改正法**」民法の一部を改正する法律（平成29年法律第44号）

・「**○条**」改正法及び債権法改正法による改正後の民法○条〔**第1部**〕

・「**○条**」法務局における遺言書の保管等に関する法律（平成30年法律第73号）○条〔**第2部**〕

・「**中間試案**」民法（相続関係）等の改正に関する中間試案

・「**追加試案**」中間試案後に追加された民法（相続関係）等の改正に関する試案

・「**民集**」大審院民事判例集／最高裁判所民事判例集

・「**民録**」大審院民事判決録

・「**裁判集民**」最高裁判所裁判集民事

・「**家月**」家庭裁判月報

・「**下民集**」下級裁判所民事裁判例集

・「**金法**」金融法務事情

・「**判タ**」判例タイムズ

・「**判時**」判例時報

第1部

民法及び家事事件手続法の一部を改正する法律の概要

第1 改正に至る経緯等

1 相続法改正の背景

　相続法制については、昭和55年に配偶者の相続分の引上げや寄与分制度の創設等がされて以来、ほとんど実質的な見直しはされていない状況にあったが、その間にも、少子高齢化が進展するなど、社会経済情勢にも大きな変化がみられた。具体的には、我が国の平均寿命は、昭和55年当時は、男性が73.35歳、女性が78.76歳であったのが、平成29年には、男性が81.09歳、女性が87.26歳と、男女ともに7歳から8歳程度延びるなど、高齢化が進む一方で、出生数は、昭和55年当時は約158万人であったのが、平成29年には約95万人にまで減少し、合計特殊出生率も、昭和55年当時は1.75であったのが、平成29年には1.43に低下するなど、少子化が進んでいる。このため、相続開始時における配偶者の年齢も相対的に高くなって、その生活の保護を図る必要性が高まる一方で、子については経済的に独立している場合も多く、また、少子化により相続人である子の人数が相対的に減ることから、遺産分割における一人の子の取得割合も相対的に増加することになるものと考えられる。このように、配偶者と子が相続人になる場合を想定すると、配偶者の保護を図るべき必要性が相対的に高まっていると考えられ、このような社会経済情勢の変化に対応する観点から、相続法制を見直す必要があるとの指摘もされていた。

　また、平成25年9月4日には、最高裁判所大法廷において、嫡出でない子の相続分を嫡出子の2分の1としていた当時の民法の規定（900条4号ただし書前段部分）が法の下の平等を定める憲法14条1項に違反するとの判断が示された（最大決平25.9.4民集67巻6号1320頁）。このため、政府は、違憲状態を早急に解消するために、この規定を削除する内容の法律案を同年の臨時国会（第185回国会）に提出したが、その過程で、民法の改正が及ぼす社会的影響について懸念が示されたほか、配偶者保護の観点から相続法制を見直す

必要があるのではないかといった問題提起がされた。

　法務省では、これらの状況を踏まえ、相続法制の見直しに向けた検討を開始することとし、平成26年1月に省内に有識者等から構成される「相続法制検討ワーキングチーム」を設置し、平成27年1月までの間に11回にわたり会議を開催し、相続法制に関する現状の問題点や考えられる見直しの方向性等について検討を行い、報告書を取りまとめた。同報告書では、①配偶者の居住権を保護するための方策、②配偶者の貢献に応じた遺産の分割等を実現するための方策（配偶者の相続分の引上げ等）、③遺留分制度の見直しのほか、④遺産分割における可分債権の取扱いの見直し、⑤相続人以外の者の貢献を考慮するための方策等について、見直しの方向性を示すとともに、今後さらに検討を進めていく上で課題となる点等の整理がされた。

2　法制審議会における調査・審議

　相続法制検討ワーキングチームにおいて、現行の相続法制には見直すべき点があるとの見解が示され、見直しの方向性や検討すべき課題等について整理がされたこと等を踏まえ、法務大臣は、平成27年2月24日に、法制審議会に対し、相続法制の見直しについて諮問をした（注）。この諮問を受け、法制審議会に民法（相続関係）部会（部会長：大村敦志東京大学大学院法学政治学研究科教授。以下「相続関係部会」という。）が設置された。

　相続関係部会においては、当初は、相続法制検討ワーキングチームの報告書に記載された論点を中心に議論がされたが、見直しの必要性やその方向性そのものについて異論が噴出した。特に、配偶者の居住権を保護するための方策や配偶者の相続分の引上げのように、前記1の違憲決定を契機として見直しの必要性が指摘されるようになった論点についてその傾向が顕著であった。このため、相続関係部会では、当初は、相続法制の見直しをする立法事実があるか否か、あるとしてもどのような方向性の見直しが望ましいかといった根本的なところから時間をかけて議論がされた。これらの議論の結果を踏まえ、見直しの内容を幾度にもわたり修正するなどした結果、配偶者保護に関する論点についても徐々に委員・幹事の中でコンセンサスが形成され

ていった。

　他方で、相続関係部会においては、委員・幹事から、旧法下の実務における問題点が指摘され、その見直しを検討すべきであるとの意見が示されたことを受けて検討が開始され、最終的に「民法（相続関係）等の改正に関する要綱案」（以下「要綱案」という。）に盛り込まれたものも複数存在する。具体的には、遺言執行者の権限の明確化や自筆証書遺言の保管制度の創設等がこれに当たる。

　さらに、相続関係部会における審議の途中で、預貯金債権の遺産分割における取扱いに関する重要な判例変更（最大決平28.12.19民集70巻8号2121頁）があったため、この判例変更に伴い新たに生ずる問題点を解消するための方策についても検討がされ、最終的に要綱案に盛り込まれた。

　このように、相続関係部会においては、配偶者保護のための方策だけでなく、旧法下の実務において生じている問題点に対応するための方策についても積極的に検討がされた結果、要綱案の内容は多岐にわたるものとなった。

　これらの調査・審議の結果を踏まえ、平成30年1月16日に、相続関係部会（第26回会議）において全会一致で要綱案が取りまとめられた。同年2月16日には、法制審議会総会（第180回会議）において、相続法制の見直しの内容について審議が行われ、要綱案どおりの内容で答申をすることが了承された。これを受けて、法制審議会は、同日、法務大臣に対し、「民法（相続関係）等の改正に関する要綱」を答申した。

（注）　諮問（第100号）の内容
　　　　高齢化社会の進展や家族の在り方に関する国民意識の変化等の社会情勢に鑑み、配偶者の死亡により残された他方配偶者の生活への配慮等の観点から、相続に関する規律を見直す必要があると思われるので、その要綱を示されたい。

3　国会における審議

「民法及び家事事件手続法の一部を改正する法律案」及び「法務局における遺言書の保管等に関する法律案」（以下「遺言書保管法案」という。）は、い

ずれも前記2の要綱に基づいて立案され、平成30年3月13日の閣議決定を経て、同日第196回国会（常会）に提出された。

　第196回国会においては、平成30年6月6日に両法律案の一括審議が開始され、衆議院法務委員会では、同月8日及び同月15日に対政府質疑が、同月13日に参考人質疑がそれぞれ行われた。同委員会では、同月15日に採決が行われ、賛成多数（遺言書保管法案は全会一致）で可決された（注1）。これを受けて、同月19日に、衆議院本会議において採決が行われ、賛成多数（遺言書保管法案は全会一致）で可決されたことから、両法律案は参議院に送付された。

　参議院法務委員会では、同月26日に両法律案の一括審議が開始され、同月28日及び同年7月5日に対政府質疑が、同月3日に参考人質疑がそれぞれ行われた。同委員会では、同月5日に採決が行われ、賛成多数（遺言書保管法案は全会一致）で可決された（注2）。これを受けて、翌6日に、参議院本会議において採決が行われ、両法律案は、いずれも賛成多数で可決されたことから、法律として成立し、同月13日に公布された。

　衆議院及び参議院のいずれの質疑においても、改正法において新たに制度が設けられた配偶者居住権、特別の寄与の制度に関する質疑が多く行われたほか、事実婚や同性のカップルのパートナーに対する法律上の保護の在り方といった親族法にもまたがる大きな問題についても多くの時間が費やされた（注3）。

（注1）　衆議院法務委員会で両法律案が可決された際に附帯決議が付されたが、その内容は以下のとおりである。
（附帯決議の内容）
　　政府は、本法の施行に当たり、次の事項について格段の配慮をすべきである。
　一　現代社会において家族の在り方が多様に変化してきていることに鑑み、多様な家族の在り方を尊重する観点から、特別の寄与の制度その他の本法の施行状況を踏まえつつ、その保護の在り方について検討すること。
　二　性的マイノリティを含む様々な立場にある者が遺言の内容について事前に相談できる仕組みを構築するとともに、遺言の積極的活用により、遺言

者の意思を尊重した遺産の分配が可能となるよう、遺言制度の周知に努めること。

三　法務局における自筆証書遺言に係る遺言書の保管制度の実効性を確保するため、遺言者の死亡届が提出された後、遺言書の存在が相続人、受遺者等に通知される仕組みを可及的速やかに構築すること。

四　法務局における自筆証書遺言に係る遺言書の保管制度の信頼を得るため、遺言書の保管等の業務をつかさどる遺言書保管官の適正な業務の遂行を担保する措置を講ずるよう検討すること。

（注２）　参議院法務委員会で両法律案が可決された際に附帯決議が付されたが、その内容は以下のとおりである。

（附帯決議の内容）

政府は、本法の施行に当たり、次の事項について格段の配慮をすべきである。

一　現代社会において家族の在り方が多様に変化してきていることに鑑み、多様な家族の在り方を尊重する観点から、特別の寄与の制度その他本法の施行状況を踏まえつつ、その保護の在り方について検討すること。

二　性的マイノリティを含む様々な立場にある者が遺言の内容について事前に相談できる仕組みを構築するとともに、遺言の積極的活用により、遺言者の意思を尊重した遺産の分配が可能となるよう、遺言制度の周知に努めること。

三　配偶者居住権については、これまでにない新たな権利を創設することになることから、その制度の普及を図ることができるよう、配偶者居住権の財産評価を適切に行うことができる手法について、関係機関と連携しつつ、検討を行うこと。

四　法務局における自筆証書遺言に係る遺言書の保管制度の実効性を確保するため、遺言者の死亡届が提出された後、遺言書の存在が相続人、受遺者等に通知される仕組みを可及的速やかに構築すること。

五　法務局における自筆証書遺言に係る遺言書の保管制度の信頼を高めるため、遺言書の保管等の業務をつかさどる遺言書保管官の適正な業務の遂行及び利便性の向上のための体制の整備に努めること。

六　今回の相続法制の見直しが国民生活に重大な影響を及ぼすものであることから、国民全般に十分に浸透するよう、積極的かつ細やかな広報活動を行い、その周知徹底に努めること。

（注３）　事実婚や同性のカップルのパートナーに対する法律上の保護の在り方については、特別の寄与の制度の申立権者にこれらの者を含めていないことが問題にされたほか、相続法以外の分野を含め、これらの者に対する保護が不十分ではないかという問題意識に基づく質疑も多く行われた。衆議院法務委員会及び参議院法務委員会の前記附帯決議（注１）（注２）の第１項及び第

２項は、いずれもこれらの質疑を踏まえて盛り込まれたものであると考えられる。

4　改正法の特徴

前記３のとおり、改正法は前記２の要綱に基づいて立案されたものであるが、同要綱は、「第１」から「第６」までの大項目で構成されており、①配偶者の居住権を保護するための方策（第１）、②遺産分割に関する見直し等（第２）、③遺言制度に関する見直し（第３）、④遺留分制度に関する見直し（第４）、⑤相続の効力等（権利及び義務の承継等）に関する見直し（第５）、⑥相続人以外の者の貢献を考慮するための方策（第６）が盛り込まれている。

もっとも、②から⑤までは単に相続法における分野を特定したものに過ぎないため、改正内容を少し別の観点から概観すると、以下の３つの特徴を挙げることができるように思われる。

１つ目は、配偶者保護のための方策が複数含まれている点であり、同要綱の「第１」と「第２」の「１」（持戻し免除の意思表示の推定規定）がこれに当たる。前記１のとおり、少子高齢化の進展に伴い、配偶者と子を相対的に比較すると、配偶者の保護の必要性がより高まっていること、特に高齢の配偶者にとってはその居住権の保護を図ることが重要であること等を踏まえ、配偶者居住権や配偶者短期居住権という新たな権利を設けたほか、被相続人が配偶者に対して居住用不動産の遺贈や生前贈与をした場合に、いわゆる持戻し免除の意思表示があったものと法律上推定する規定を設けるなどしている。

２つ目は、遺言の利用を促進するための方策が多数含まれている点であり、直接的には、同要綱の「第３」（遺言制度に関する見直し）がこれに当たる。国会の審議においても、家族の在り方が多様化していることに伴い、法定相続のルールをそのまま当てはめると実質的な不公平が生ずる場合があるとの指摘がされたが、そのような場合には、被相続人の意思によってこれを修正することが考えられるところであり、その意味では、遺言制度は、今後ますますその重要性を増していくものと考えられる。

改正法においては、自筆証書遺言の方式を緩和する方策を設けたほか、遺言の円滑な実現を図るために遺言執行者の権限を明確化しているが、これらは、いずれも遺言の利用を促進するための方策となるものである。このほか、改正法では、遺留分権利者の権利行使によって生ずる権利を金銭債権とする改正も行っているが、これにより、遺留分権利者がその権利を行使した場合にも遺贈や贈与の効力は否定されないことになるため、遺言者の意思をより尊重することにつながり、法律関係をより簡明にする点で、間接的に遺言の利用を促進することにつながるものと考えられる。

　3つ目は、相続人を含む利害関係人の実質的公平を図るための見直しがされている点であり、同要綱の「第2」の「4」（遺産の分割前に遺産に属する財産を処分した場合の遺産の範囲）や「第6」（相続人以外の者の貢献を考慮するための方策）がこれに当たる。このうち、前者の規律は、例えば、多額の特別受益を有する共同相続人の一人が遺産の分割前に遺産に属する財産の共有持分を処分した場合に、その処分をした共同相続人の最終的な取得額が、それがなかった場合よりも増えるという不公平が生ずることを是正するものである。また、後者の規律は、相続人が被相続人に対する介護等の貢献を行った場合には、寄与分制度によってその貢献が考慮されるのに対し、相続人に当たらない親族が介護等の貢献を行った場合には、遺産の分配に与かれないという不公平が生ずることを是正するものである。このように、実質的公平の実現の在り方やその適用場面は異なるが、いずれも、国民の権利意識の変化等を踏まえた見直しということができるように思われる。

　このほかにも、改正法では、預貯金債権について遺産の分割前に払戻しを認める制度を創設し、また、いわゆる相続させる旨の遺言や相続分の指定がされた場合についても対抗要件主義を適用することとし、相続人がこれらの遺言により法定相続分を超える権利を取得した場合にも、対抗要件を備えなければその超過分の取得を第三者に対抗することができないこととするなどの見直しをしている。

第2 配偶者の居住権を保護するための方策

1 配偶者居住権

ポイント

① 被相続人の配偶者は、相続開始の時に被相続人所有の建物に居住していた場合には、遺産分割、遺贈又は死因贈与により、その建物の全部について使用及び収益をする権利（配偶者居住権）を取得することができる。

② 遺産分割の請求を受けた家庭裁判所は、次の場合に限り、配偶者に配偶者居住権を取得させる旨の審判をすることができる。

 ㋐ 共同相続人間で配偶者に配偶者居住権を取得させることについて合意が成立しているとき。

 ㋑ 配偶者が配偶者居住権の取得を希望し、かつ、建物所有者が受ける不利益の程度を考慮してもなお配偶者の生活を維持するために特に必要があるとき。

③ 配偶者居住権の存続期間は、遺産分割、遺贈又は死因贈与において別段の定めがされた場合を除き、配偶者の終身の間となる。

④ 配偶者居住権は、譲渡することができず、存続期間を定めた場合であっても配偶者が死亡したときは消滅する。

⑤ 配偶者居住権は、登記をすれば第三者に対抗することができる。

1　改正の趣旨

　近年の社会の高齢化の進展及び平均寿命の伸長に伴い、被相続人の配偶者（以下、単に「配偶者」という。）が被相続人の死亡後にも長期間にわたり生活を継続することは少なくない。そして、配偶者は、住み慣れた居住環境での生活を継続するために居住権を確保しつつ、その後の生活資金として預貯金等の財産についても一定程度確保したいという希望を有する場合も多いと考えられる。

　旧法の下でそのようなニーズに応えるためには、遺産分割において配偶者が居住建物の所有権を取得したり、居住建物の所有権を取得した者との間で賃貸借契約等を締結したりすることが考えられるが、前者の方法による場合には、居住建物の評価額が高額となり、配偶者がそれ以外の財産を十分に取得することができなくなるおそれがあるし、後者の方法による場合には、居住建物の所有権を取得した者が賃貸借契約の締結に応ずることが前提となり、そうでなければ、配偶者の居住権は確保されないこととなる。

　配偶者居住権の制度は、配偶者のために居住建物の使用収益権限のみが認められ、処分権限のない権利を創設することによって、遺産分割の際に、配偶者が居住建物の所有権を取得する場合よりも低廉な価額で居住権を確保することができるようにすること等を目的とするものである。

　また、配偶者居住権の活用場面は遺産分割の場合に限られるものではなく、被相続人が遺言によって配偶者に配偶者居住権を取得させることもできることとしている。これによって、例えば、それぞれ子がいる高齢者同士が再婚した場合にも、自宅建物を所有する者は、遺言によって、その配偶者に配偶者居住権を取得させてその居住権を確保しつつ、自宅建物の所有権については自分の子に取得させることができることとなり、自宅建物については、いわゆる後継ぎ遺贈と同様の効果を生じさせることが可能となる（注）。

（注）　後継ぎ遺贈については、現行法上その有効性に争いがあり、その点を明確に判示した判例も存在しない（最二小判昭58．3．18家月36巻3号143頁参照）。

2　改正の内容

(1)　配偶者居住権の成立要件

　配偶者居住権の成立要件は、①配偶者が相続開始の時に被相続人所有の建物に居住していたこと、②その建物について配偶者に配偶者居住権を取得させる旨の遺産分割、遺贈又は死因贈与がされたことである（1028条1項、554条）。

a　配偶者が相続開始の時に被相続人所有の建物に居住していたこと

　1028条1項の「配偶者」は、法律上被相続人と婚姻をしていた配偶者をいい、内縁の配偶者は含まれない。配偶者居住権は、基本的には、遺産分割等における選択肢を増やす趣旨で創設したものであるが、内縁の配偶者はそもそも相続権を有していないことや、内縁の配偶者を権利主体に含めることとすると、その該当性をめぐって紛争が複雑化、長期化するおそれがあること等を考慮したものである。

　また、配偶者居住権の目的となる建物（以下「居住建物」という。）は、相続開始の時点において、被相続人の財産に属した建物でなければならない。したがって、被相続人が賃借していた建物（借家）に配偶者が居住していた場合には、配偶者居住権は成立しない。

　また、被相続人が建物の共有持分を有していたに過ぎない場合には、原則として配偶者居住権を成立させることはできないこととしている（1028条1項ただし書）。配偶者居住権は、配偶者が建物使用の対価を支払うことなく排他的な利用権を取得することができるところにその存在意義があるが、被相続人が建物を第三者と共有していた場合には、被相続人やその占有補助者である配偶者等は、被相続人の生前ですら、共有持分に応じた利用権を有していたに過ぎず、少なくとも、他の共有持分権者との関係では排他的な利用権は有していなかったのであるから、このような場合にまで配偶者居住権の

成立を認めると、被相続人の死亡により他の共有持分権者の利益が不当に害されることになって相当でないこと等を考慮したものである。

　もっとも、居住建物が夫婦の共有となっている場合には、配偶者居住権の成立を認める必要性があり、かつ、そのような場合に配偶者居住権の成立を認めたとしても、上記のような不利益を受ける者はいないことから、例外的に、居住建物が被相続人と配偶者の共有となっている場合に限り、配偶者居住権の成立を認めることとしている（1028条1項ただし書）。

　また、同項の「居住していた」とは、配偶者が当該建物を生活の本拠としていたことを意味するものである。したがって、例えば、配偶者が相続開始の時点では入院していたために、その時点では自宅である居住建物にいなかったような場合であっても、配偶者の家財道具がその建物に存在しており、退院後はそこに帰ることが予定されていた場合のように、その建物が配偶者の生活の本拠としての実態を失っていないと認められる場合には、配偶者はなおその建物に居住していたということができる。

　このような生活の本拠は通常1か所であることが多いと思われるが、一定の期間（例えば半年）ごとに生活の拠点を変えているような場合には、例外的に、生活の本拠が複数認められることもあり得るものと考えられ、このような場合でいずれも被相続人所有の建物に居住していたときは、複数の建物について配偶者居住権が成立することもあり得ると考えられる。このほか、生活の本拠は1か所であるとしても、例えば、2棟の建物を一体として居住の用に供していた場合等については、2棟の建物について配偶者居住権が成立することもあり得るものと考えられる。

　なお、配偶者が建物の全部を居住の用に供していたことは要件とされていない。したがって、配偶者が被相続人所有の建物を店舗兼住宅として使用していた場合であっても、配偶者が建物の一部を居住の用に供していたのであれば、「居住していた」という要件を満たすことになる（この場合でも、配偶者居住権の効力が居住建物の全体に及ぶことについては後記(2) c (a)。）。

b 配偶者に配偶者居住権を取得させる旨の遺産分割、遺贈又は死因贈与がされたこと

　配偶者居住権は、配偶者の居住権を保護するために認められた法定の権利であるため、その発生原因となる法律行為についても法定することとし、これを遺産分割、遺贈又は死因贈与の３つに限定している。

　配偶者が遺産分割により配偶者居住権を取得する場合には、他の遺産を取得する場合と同様、自らの具体的相続分の中からこれを取得することになり、また、遺贈又は死因贈与により配偶者居住権を取得する場合には、特別受益に該当し得る（注１）。

　また、1028条１項１号の「遺産の分割」には遺産分割の審判も含まれるから、他の相続人が反対している場合であっても、審判によって配偶者に配偶者居住権を取得させることは可能である。もっとも、居住建物の所有者が配偶者居住権の設定に反対している場合に、審判により配偶者に配偶者居住権を取得させることとすると、遺産分割に関する紛争が解決した後も配偶者と居住建物の所有者との間で紛争が生ずるおそれがある。

　そこで、遺産分割の請求を受けた家庭裁判所は、①共同相続人の間で、配偶者に配偶者居住権を取得させることについて合意が成立しているとき、又は、②配偶者が家庭裁判所に対して配偶者居住権の取得を希望する旨を申し出た場合において、居住建物の所有者の受ける不利益の程度を考慮してもなお配偶者の生活を維持するために特に必要があると認めるときに限り、配偶者に配偶者居住権を取得させる旨の審判をすることができることとしている（1029条）。

　次に、被相続人が遺言によって配偶者に配偶者居住権を取得させるためには、遺贈によることを要し、特定財産承継遺言（いわゆる相続させる旨の遺言のうち、遺産分割方法の指定として遺産に属する特定の財産を共同相続人の一人又は数人に承継させる旨の遺言。1014条２項参照）によることはできないこととしている。これは、仮に特定財産承継遺言による取得を認めることとすると、配偶者が配偶者居住権の取得を希望しない場合にも、配偶者居住権の取得のみを拒絶することができずに、相続放棄をするほかないこととなり、か

えって配偶者の利益を害するおそれがあること、配偶者居住権の取得には一定の義務の負担を伴うことになるが、一般に、遺産分割方法の指定について負担を付すことはできないと解されていること等を考慮したものである（注2）。

また、被相続人は、その生前に配偶者との間で配偶者居住権を目的とする死因贈与契約を締結することもできる。1028条1項各号には死因贈与は挙げられていないが、死因贈与については、554条においてその性質に反しない限り遺贈に関する規定が準用されることから、1028条1項各号に列挙しなかったに過ぎず、死因贈与による配偶者居住権の成立を否定する趣旨ではない。

（注1）　もっとも、配偶者居住権の遺贈又は死因贈与がされた場合には、903条4項の規定が準用されるため（1028条3項）、婚姻期間が20年以上の夫婦間において、配偶者居住権の遺贈又は死因贈与がされた場合には、これらの遺贈等は、原則として特別受益とは取り扱われないこととなる（詳細は、後記**第3**①参照）。

（注2）　このため、遺言者があえて配偶者居住権を目的として特定財産承継遺言をしたと認められる場合には、その部分は無効ということになるが、通常は遺言者があえて無効な遺言をすることは考え難い。したがって、例えば、相続させる旨の遺言により、遺産の全部を対象として各遺産の帰属が決められ、その中で、「配偶者に配偶者居住権を相続させる」旨が記載されていた場合でも、少なくとも配偶者居住権に関する部分については、遺贈の趣旨であると解するのが遺言者の合理的意思に合致するものと考えられる。

（2）　配偶者居住権の内容

a　法的性質

配偶者居住権は、配偶者の居住権を保護するために特に認められた権利であり、帰属上の一身専属権である。このため、配偶者居住権の帰属主体は配偶者に限定され、配偶者はこれを譲渡することができず（1032条2項）、配偶者が死亡した場合には当然に消滅して、相続の対象にもならない（1036条において準用する597条3項）。

また、その法的性質については、規定上特に明確にしていないが、賃借権

類似の法定の債権であると考えられる（注1）。もっとも、配偶者は、遺産分割においてこれを取得する場合でも、自己の具体的相続分において取得することになるから、その存続期間中賃料の支払義務を負わず、無償で使用することができるなど、賃借権とも異なる性質を有している。

b　存続期間

配偶者居住権は、原則として配偶者の終身の間存続することとしているが（1030条）、遺産分割、遺贈又は死因贈与の際に、存続期間を定めることもできる。

配偶者居住権の存続期間が定められた場合でも、その延長や更新をすることはできない。配偶者居住権は配偶者がその居住建物を無償で使用することができる権利であるから、その財産評価額は、基本的には、配偶者居住権の存続期間が長くなるに従って多額になると考えられるが、配偶者居住権の存続期間の延長や更新を認めることとすると、配偶者居住権の財産評価を適切に行うことが困難になるためである。

もっとも、配偶者居住権の存続期間が終了した時点で、居住建物の所有者と配偶者との間で、新たに使用貸借契約や賃貸借契約が締結された場合には、当然のことながら、配偶者居住権の存続期間経過後も配偶者が居住建物に居住し続けられることになる。

c　配偶者と居住建物の所有者との間の法律関係

(a)　居住建物の使用及び収益

配偶者居住権は、無償で居住建物の使用及び収益をすることができる権利である。もっとも、使用貸借契約の借主等と同様に、配偶者は、居住建物の所有者の承諾を得なければ、第三者に居住建物を使用又は収益させることはできないこととしているから（1032条3項）、実際には居住建物の使用権限を有するに過ぎず、配偶者の意思のみで居住建物の収益をすることができる場合はほとんど想定することができない（注2）。

また、配偶者の使用収益権限が及ぶ範囲は居住建物の全部である。したがって、配偶者は、相続開始前に居住建物の一部に居住していた場合であっても、配偶者居住権を取得した場合には、それに基づき、居住建物の全部に

ついて使用及び収益をすることができることとしている（注3）。これは、建物の一部について配偶者居住権が成立することを認めると、配偶者は居住建物全体についての配偶者居住権を取得するよりも低い評価額で配偶者居住権を取得することができることになり、執行妨害目的等で利用されるおそれがあることや、建物の一部について登記をすることを認めることが技術的に困難であること等を考慮したものである。

　また、配偶者は、配偶者居住権に基づき居住建物の使用及び収益をする場合には、それに必要な限度で敷地を利用することができる。

　なお、賃貸借契約における賃貸人とは異なり、居住建物の所有者は、配偶者に対し、建物の使用及び収益をするのに適した状態にする義務（修繕義務等）までは負っておらず、配偶者が無償で居住建物を使用することを受忍すれば足りる。

(b)　用法遵守義務・善管注意義務

　配偶者は、従前の用法に従い、善良な管理者の注意をもって、居住建物の使用及び収益をしなければならない（1032条1項本文）。

　もっとも、配偶者の居住権を保護するという制度趣旨に照らし、相続開始前には配偶者が使用していなかった部分や居住の用に供していなかった部分についても、事後的に居住の用に供することは妨げられないこととしており（同項ただし書）、その限度では従前の用法を変更することを認めることとしている（逆の用法変更は認められず、例えば、居住の用に供していた部分を営業の用に供することは、用法遵守義務違反となる。）。

(c)　譲渡禁止

　配偶者居住権は、譲渡することができない（1032条2項）。配偶者居住権は、配偶者が相続開始後も従前の居住環境での生活を継続することを可能とするため、その選択肢となる手段を増やすことを目的として創設したものであり、配偶者が第三者に対して配偶者居住権を譲渡することを認めることは、このような制度趣旨と整合性を欠くものと考えられるからである。

(d)　無断で第三者に使用収益をさせることや無断増改築の禁止

　配偶者は、居住建物の所有者の承諾を得なければ、第三者に居住建物の使

用又は収益をさせたり、居住建物の増改築をしたりすることはできないこととしている（1032条3項）。

　換言すると、配偶者は、居住建物の所有者の承諾を得れば、第三者に居住建物の使用又は収益をさせることができることになる。配偶者にこのような権限を認めたのは、配偶者は自らの具体的相続分において配偶者居住権を取得していることから、配偶者が介護施設に入居するなどの事情の変更等により、配偶者がその建物に居住する必要がなくなった場合に、配偶者居住権の価値を回収する手段を確保するためである（注4）。

　なお、1032条3項の「第三者」は、原則として配偶者以外の者をいうが、その該当性については、基本的には、使用貸借契約について類似の規律を定めた594条2項の「第三者」と同様の解釈がされることになると考えられる。

　また、使用貸借又は賃貸借の規律とは異なり、1032条3項で居住建物の増改築を禁止する旨の明文の規定を設けているのは、同条1項ただし書で従前居住の用に供していなかった部分についても居住の用に供することができることとしていることから、当該部分を居住の用に供するために必要な増改築は、居住建物の所有者の承諾なく当然に認められるという誤った解釈を生じさせないようにするためである。

(e)　居住建物の修繕等

　居住建物の修繕が必要な場合には、まずは配偶者において修繕することができ（1033条1項）、居住建物の所有者は、配偶者が相当の期間内に必要な修繕をしないときに修繕をすることができる（同条2項）。これは、居住建物の修繕について最も利害関係を有しているのは実際に居住建物を使用している配偶者であり、居住建物の所有者は配偶者に対して修繕義務を負わず、居住建物の通常の必要費となる修繕費用は配偶者の負担となることから（1034条1項）、配偶者に修繕の一次的な権限を付与することとしたものである。

　また、配偶者が居住建物について必要な修繕をしない場合には、建物の保存のために居住建物の所有者において修繕をしたいという場合も多いと考えられるが、居住建物の所有者は、実際に居住建物を使用しておらず、修繕を要する状態になっていることに気付かないこともある。そこで、居住建物の

所有者に修繕の機会を与えるために、賃貸借に関する615条と同様に、居住建物が修繕を要し、又は居住建物について権利を主張する者があるときは、配偶者は、居住建物の所有者に対し、遅滞なくその旨の通知をしなければならないこととしている。もっとも、所有者が既に知っている場合や配偶者が自ら修繕をする場合には通知をする必要性に欠けることから、これらの場合には通知を要しないこととしている（1033条3項）。

(f)　費用負担

配偶者は、居住建物の通常の必要費を負担する（1034条1項）。同項に規定する「通常の必要費」は、使用貸借に関する595条1項に規定する「通常の必要費」と同一の概念であり、これには、居住建物の保存に必要な通常の修繕費用のほか、居住建物やその敷地の固定資産税等が含まれるものと考えられる（最二小判昭36.1.27裁判集民48号179頁）。

この点に関し、固定資産税の納税義務者は固定資産の所有者とされているため、配偶者居住権が設定されている場合でも、特段の見直しがされない限り、居住建物の所有者が納税義務者になる。このため、居住建物の所有者は、固定資産税を納付した場合には、配偶者に対して求償することができることになる。

(g)　損害賠償請求権及び費用償還請求権についての期間制限

配偶者の善管注意義務違反等による損害賠償請求権及び居住建物についての費用償還請求権は、居住建物の所有者が居住建物の返還を受けた時から1年以内に請求しなければならない（1036条において準用する600条1項）。これは、使用貸借と同様の規律を設けることとしたものである。

d　配偶者居住権の第三者に対する関係

配偶者が配偶者居住権を第三者に対抗するためには、配偶者居住権の設定の登記をしなければならない。

この点については、建物の賃借権とは異なり、居住建物の引渡しを対抗要件とすることとはしていない（借地借家法31条参照）。配偶者居住権は、無償で居住建物を使用することができる権利であるから、配偶者が対抗要件を取得した後に居住建物の所有権を譲り受けた者や居住建物の差押えをした抵当

権者等の第三者は、賃借権の場合とは異なり、その存続期間中は建物使用の対価すら取得することができないこととなるため、第三者に権利の内容を適切に公示すべき必要性が高い。しかし、配偶者居住権は、相続開始時に配偶者が居住建物に居住していたことがその成立要件とされているため、居住建物の引渡しを対抗要件とすると、建物の外観上は何らの変化もないことになり、公示手段として極めて不十分なものになるものと考えられる。このため、居住建物の引渡しを対抗要件とすることとはしなかったものである。

なお、配偶者が遺産分割に関する審判や調停によって配偶者居住権を取得したときは、その審判書や調停調書には、配偶者が単独で配偶者居住権の設定の登記手続をすることができるように所要の記載がされるのが通常であるから、配偶者は、その審判書や調停調書に基づき、単独で配偶者居住権の設定の登記の申請をすることができる（不動産登記法63条1項）。

このような審判書や調停調書がない場合には、配偶者居住権の設定の登記は、配偶者と居住建物の所有者とが共同して申請しなければならないが（不動産登記法60条）、居住建物の所有者が登記の申請に協力しない場合には、配偶者は、居住建物の所有者に対して登記義務の履行を求める訴えを提起することができ（1031条1項）、これを容認する判決が確定すれば、配偶者は、その判決に基づき、単独で登記の申請をすることができる（不動産登記法63条1項）。

配偶者居住権については、395条1項（抵当建物使用者の引渡しの猶予）の適用はない。したがって、配偶者居住権が抵当権に対抗することができない場合に、居住建物が抵当権に基づいて競売されたときは、競落人は、配偶者に対して、直ちに居住建物の明渡しを請求することができることになる。配偶者居住権は、無償で居住することができる権利であることを考慮したものである。

e　配偶者居住権の財産評価

前記(1)bのとおり、配偶者が遺産分割において配偶者居住権を取得する場合には、他の遺産を取得する場合と同様、自らの具体的相続分においてこれを取得することになるため、その財産的価値を評価することが必要となる。

また、配偶者が遺贈や死因贈与によって配偶者居住権を取得した場合にも、他に遺産分割の対象となる財産があれば、特別受益（903条）との関係で配偶者の具体的相続分に影響を与える場合があるほか（ただし、前記(1)（注１）参照）、他に遺産分割の対象となる財産がない場合にも、遺留分侵害額を算定する際には、その財産評価を行う必要が生ずる。

配偶者居住権の価額の算定方法（評価方法）については、民法上特段規定はされていないが以下のような方法によることが考えられる。

一般的に、不動産の鑑定評価には様々な方式があるのと同様に、配偶者居住権の価額の算定方法についても様々な方式が検討されており、例えば、公益社団法人日本不動産鑑定士協会連合会は、配偶者居住権の評価方法の１つの在り方として、配偶者居住権の価額は、「居住建物の賃料相当額」から「配偶者が負担する通常の必要費」を控除した価額に存続期間に対応する年金現価率を乗じた価額であるとする考え方（注５）を示している。専門家である不動産鑑定士によって考案されたものであり、共同相続人間で配偶者居住権の評価額について争いがある場合には、このような評価方法によることになるものと考えられる。

一方で、専門家以外の者には賃料相当額の算定や年金現価率の設定が困難であるため、特に共同相続人間の協議によって遺産分割をする場合には、より簡便な算定方法が必要になる。そこで、相続関係部会においても、当事者が目安として利用する簡易な計算方法として、居住建物及びその敷地の価額から配偶者居住権の負担付の各所有権の価額を控除した額を配偶者居住権の価額とする方法（注６）が検討された。

また、相続税における配偶者居住権の価額の評価方法が定められたことから、当事者間の協議においても、これを用いて算定された評価額等を参考にして分割することがあり得るものと考えられる（注７）（注８）。

　（注１）　配偶者居住権の債権者は配偶者であり、債務者は居住建物の所有者（共有である場合には共有者全員）である。したがって、例えば、配偶者が遺贈により配偶者居住権を取得したが、居住建物については遺産共有状態にある

場合には、債務者は、配偶者を含む相続人全員ということになる。

（注２）　居住建物の収益とは、居住建物を賃貸して利益を上げることなどをいい、利益を得るための活動を行う場所として居住建物を使用すること（居住建物の一部で小売店や飲食店を営業すること）は、基本的には収益に当たらないと解される（ただし、その代金等の一部に建物使用の対価が含まれていると認められるような場合には、収益に当たり得るものと考えられる。）。

（注３）　なお、例えば、区分所有建物でないアパートの１室が被相続人と配偶者の居住のために使用され、他の部屋は被相続人が第三者に賃貸をしていたというケースにおいては、配偶者居住権はアパート全体について成立するが、賃借人たる第三者は既に被相続人から引渡しを受けていることから、配偶者は、当該第三者に対しては配偶者居住権を対抗することができないことになる。また、配偶者居住権の成立と、既に成立している賃貸借契約上の地位の承継は別の問題であるから、当該第三者から収受している賃料については、当該賃貸借契約に係る賃貸人の地位を承継する者が取得することになり、通常は居住建物の所有者が取得することになるものと考えられる。

（注４）　配偶者居住権の価値を回収する手段としては、配偶者居住権を放棄することを条件として、これによって利益を受ける居住建物の所有者から金銭の支払を受けるということが考えられ、居住建物の所有者との間でこのような合意が成立すれば、配偶者は、配偶者居住権を事実上換価することができることになる。居住建物の所有者が居住建物を売却したいという希望を持っている場合等には、このような合意が成立することも十分に考えられる。もっとも、居住建物の所有者にこのような処分や自己使用の必要性がない場合や、配偶者が一定期間の経過後に再度居住建物での生活を希望しているような場合には、このような手段によることは困難であると考えられる。このため、このような手段とは別に、第三者に居住建物を賃貸すること等によりその価値を回収する手段を設けることとしたものである。

（注５）　相続関係部会第19回会議（平成29年３月28日開催）における参考人（公益社団法人日本不動産鑑定士協会連合会）提出資料「『長期居住権についての具体例』についての意見」

（注６）　相続関係部会第19回会議（平成29年３月28日開催）部会資料19－２「長期居住権の簡易な評価方法について」

（注７）　この点は、遺産分割において、土地の所有権の価額について争いがある場合でも、共同相続人全員の同意がある場合には、専門家による鑑定評価等をせずに、固定資産税評価額等の税制上の評価額が用いられることがあるのと同様である。

（注８）　本書末尾に掲載の資料９のとおり、平成31年度税制改正において、相続税における配偶者居住権等の評価方法について措置がされた。
　　　具体的には、

① 配偶者居住権（建物部分）の評価額は、

$$(建物の時価) - (建物の時価) \times \frac{残存耐用年数 - 存続年数}{残存耐用年数} \times (存続年数に応じた民法の法定利率による複利現価率)$$

により求めるものとされ、また、
② 配偶者居住権に基づく居住建物の敷地の利用に関する権利の評価額は、

$$(土地等の時価) - (土地等の時価) \times (存続年数に応じた民法の法定利率による複利現価率)$$

により求めるものとされている（なお、「残存耐用年数」は、居住建物の所得税法に基づいて定められている耐用年数（住宅用）に1.5を乗じて計算した年数から居住建物の築後経過年数を控除した年数をいい、また、配偶者居住権が終身の間と設定された場合における「存続年数」については、配偶者の平均余命年数をいうという注記が付されている。）。上記①と②の合計が、配偶者が配偶者居住権の設定により享受する利益の合計であると考えられ、前記（注6）の考え方と基本的には一致するといえる。

(3) 配偶者居住権の消滅

a 配偶者居住権の消滅原因

(a) 総 論

配偶者居住権の消滅原因としては、①存続期間の満了（1036条において準用する597条1項）、②居住建物の所有者による消滅請求（1032条4項）、③配偶者の死亡（1036条において準用する597条3項）、④居住建物の全部滅失等（1036条において準用する616条の2）等が挙げられる。

(b) 居住建物の所有者による消滅請求

配偶者が1032条1項又は3項の規定に違反した場合（用法遵守義務や善管注意義務に違反した場合、居住建物の所有者の承諾を得ずに、第三者に使用収益をさせ、又は増改築をした場合）には、居住建物の所有者は、配偶者に対して相当の期間を定めて是正の催告を行い、その期間内に是正されないときは、配偶者に対する意思表示によって、配偶者居住権を消滅させることができる（1032条4項）。

配偶者短期居住権の消滅請求（1038条3項）の場合とは異なり、配偶者に対する是正の催告を必要的なものとし、是正の機会を与えることとしたの

は、配偶者は自らの具体的相続分において配偶者居住権を取得しており、その意味では権利取得の対価を負担していることや、配偶者居住権は審判での設定も認められているなど、必ずしも当事者間の信頼関係に基づくものとはいえないこと等を考慮したものである。また、賃貸借の場合（612条参照）と同様、配偶者居住権の譲渡禁止を定める1032条２項に違反しただけでは消滅請求をすることができず、第三者に使用又は収益をさせて初めて消滅請求をすることができることとしている。配偶者居住権の譲渡禁止に違反しただけで、第三者に使用収益をさせていない段階では、居住建物の所有者に実害は生じていないとも考えられ、消滅請求を認めるまでの必要性に乏しいこと等を考慮したものである。

　居住建物が共有である場合には、各共有者は、それぞれ単独で配偶者居住権の消滅請求をすることができるものと考えられる。配偶者居住権は、配偶者の居住の権利を保護するために特に認められた法定の権利であり、配偶者の義務違反によって居住建物の価値が毀損することを防ぐために配偶者居住権の消滅請求をすることは、保存行為（252条ただし書）に当たると考えられるからである。

b　配偶者居住権が消滅した後の法律関係

　配偶者居住権が消滅した場合には、配偶者は、居住建物の返還義務を負う（1035条１項本文）。もっとも、配偶者が居住建物の共有持分を有する場合には、配偶者は、共有持分に基づき居住建物を占有することができることから、配偶者居住権が消滅したことを理由とする返還義務は負わないこととし（同項ただし書）、この場合の処理は一般の共有法理に委ねることとしている。

　また、配偶者が相続開始後に居住建物に附属させた物がある場合には、配偶者は、599条１項及び２項の規定に従い、これを収去する権利を有し、義務を負う（1035条２項において準用する599条１項及び２項）。

　さらに、居住建物について相続開始後に生じた損傷がある場合には、配偶者は、通常の使用によって生じた居住建物の損耗及び居住建物の経年劣化を除き、原状回復義務を負う（1035条２項において準用する621条）。

c　配偶者居住権の設定の登記の抹消手続

　配偶者居住権の存続期間は、原則として配偶者の終身の間とされており（1030条本文）、遺産分割等において別段の定めをした場合でも、存続期間中に配偶者が死亡したときは、配偶者居住権は消滅する（1036条において準用する597条3項）。

　このため、配偶者居住権の登記の登記事項であるその存続期間について別段の定めがない場合には「存続期間　配偶者の死亡時まで」と、別段の定めがある場合には「存続期間　令和○年○月○日から○年（又は令和○年○月○日から令和○年○月○日まで）又は配偶者の死亡時までのうち、いずれか短い期間」と公示することが相当であると考えられる。

　不動産登記法69条では、権利が人の死亡によって消滅する旨が登記されている場合において、当該権利がその死亡によって消滅したときは、登記権利者が、単独で当該権利に係る権利に関する登記の抹消を申請することができることとされているが、上記のとおり、配偶者居住権の登記においては、配偶者居住権の存続期間として、別段の定めの有無にかかわらず、「配偶者の死亡時」が終期として必ず登記記録に記録されることから、配偶者居住権が配偶者の死亡によって消滅する旨が登記されているものと理解することができる。

　したがって、配偶者の死亡によって配偶者居住権が消滅した場合には、登記権利者である居住建物の所有者は、不動産登記法69条に基づき、単独で、配偶者居住権の設定の登記の抹消を申請することができる（注）。

　　（注）　配偶者の死亡以外の原因（居住建物の所有者との合意により配偶者居住権を消滅させる場合など）によって配偶者居住権が消滅した場合には、居住建物の所有者及び配偶者は、不動産登記法60条に基づき、共同で、配偶者居住権の設定の登記の抹消を申請することになる。

2 配偶者短期居住権

ポイント

① 配偶者は、相続開始の時に被相続人所有の建物（以下「居住建物」
という。）に無償で居住していた場合には、相続開始の時から②で定
まる日までの間、居住建物を無償で使用する権利（配偶者短期居住権）
を有する。

② 配偶者短期居住権の存続期間の終期は、次のとおりに区分される。

　⑦　居住建物について配偶者を含む共同相続人間で遺産分割をすべき
場合

　　遺産分割により居住建物の帰属が確定した日又は相続開始の時か
ら6か月を経過する日のいずれか遅い日

　⑦　⑦以外の場合

　　居住建物の所有権を取得した者が配偶者短期居住権の消滅の申入
れをした日から6か月を経過する日

③ 配偶者短期居住権は、第三者に対抗することができない。

解　説

1　改正の趣旨

　配偶者が被相続人所有の建物に居住していた場合に、被相続人の死亡によ
り、配偶者が直ちに住み慣れた居住建物を退去しなければならないとする
と、精神的にも肉体的にも大きな負担となり、とりわけ配偶者が高齢者であ
る場合にはその負担が大きいと考えられる。しかし、このような場合には、
配偶者は被相続人の占有補助者として居住建物を使用している場合が多いと
考えられる。そうすると、配偶者は、相続開始により被相続人の占有補助者

としての資格を失うことになるため、他の占有権原を新たに取得しない限り、居住建物を無償で使用する法的根拠を失うことになる（注）。

　この点について、判例（最三小判平 8 .12.17民集50巻10号2778頁。以下「平成 8 年判例」という。）は、相続人の一人が被相続人の許諾を得て被相続人所有の建物に同居していた場合には、特段の事情のない限り、被相続人とその相続人との間で、相続開始時を始期とし、遺産分割時を終期とする使用貸借契約が成立していたものと推認されるとしている。このため、相続人である配偶者は、この要件に該当する限り、相続の開始により新たに占有権原を取得し、遺産分割が終了するまでの間は、被相続人の建物に無償で居住することができることとなる。しかし、平成 8 年判例による保護は、あくまでも当事者の意思の合理的解釈に基づくものであるため、被相続人が明確にこれとは異なる意思を表示していた場合等には、配偶者の居住権は、短期的にも保護されない。

　そこで、改正法では、平成 8 年判例では保護されない場合を含め、被相続人の意思にかかわらず配偶者の短期的な居住の権利を保護するため、配偶者短期居住権という新たな権利を創設することとしたものである。

　配偶者短期居住権は、配偶者が居住建物を無償で使用することができる権利であるが、配偶者居住権とは異なり、配偶者が配偶者短期居住権を取得した場合でも、遺産分割において、配偶者の具体的相続分からその価値が控除されることはない。これは、民法上、夫婦は相互に同居・協力・扶助義務を負うものとされていることから（752条）、被相続人には、自分の死後配偶者が直ちにその居住の権利を失うなどして、生活に困窮することがないように配慮すべき義務があるとみることも可能であり、配偶者短期居住権の存続期間を短期間に限定すれば、その負担を他の相続人に負わせることにも相応の合理性があると考えられること、遺産分割協議が長期化するおそれがある場合等についても、他の相続人は、遺産分割の審判の申立てをするなどして、配偶者短期居住権の負担が過大なものとならないようにする手段を有していること、旧法下においても、平成 8 年判例により使用貸借契約が成立したものと推認される場合に、配偶者が取得する使用利益は特別受益には当たら

ず、相続人の具体的相続分から控除されることはなかったため、配偶者短期居住権による使用利益を配偶者の具体的相続分から控除することとすると、かえって配偶者に不利になること等を考慮したものである。

> （注） 各共有者は、共有物の全部についてその持分に応じた使用をすることができるから（249条）、他の共有者は、共有物を単独で占有する共有者に対し、当然にはその明渡しを請求することができない（最一小判昭41．5．19民集20巻5号947頁）。したがって、配偶者が居住建物について共有持分を有しているのであれば、配偶者が居住建物を直ちに明け渡さなければならないという事態は生じない。もっとも、配偶者が遺産共有持分に基づいて居住建物を使用するのであれば、共有持分に応じた使用が妨げられている他の相続人に対して賃料相当額の不当利得返還義務又は損害賠償義務を負うことになると考えられる（最二小判平12．4．7判時1713号50頁）。その意味では、配偶者が居住建物について共有持分を有している場合には、配偶者短期居住権は、相続開始後も配偶者が無償で居住建物を使用することを可能にする点にその実益があるといえる。

2 改正の内容

(1) 配偶者短期居住権の成立要件

a 総 論

　配偶者短期居住権は、相続開始後の短期間、配偶者の従前の居住環境での生活を保護しようとするものである。したがって、配偶者が「被相続人の財産に属した建物に相続開始の時に無償で居住していた」ことを成立要件（保護要件）としている（1037条1項本文）。

　配偶者短期居住権を取得することができる配偶者は、法律上の配偶者であることを要するが、903条4項とは異なり、婚姻期間に関する要件は設けていない。配偶者短期居住権がないことによって配偶者が受ける不利益（前記1）は婚姻期間の長短にかかわらず生じ得ること、配偶者短期居住権はその存続期間が比較的短期間に限定されており、相続開始前から配偶者が居住していた建物について成立するものであるから、配偶者短期居住権の成立により他の相続人が受ける不利益は比較的小さいこと等を考慮したものである。

b 居住建物が「被相続人の財産に属した」こと

居住建物が「被相続人の財産に属した」とは、被相続人が居住建物の所有権又は共有持分を有していたことを意味する。

被相続人が居住建物の共有持分を有するに過ぎなかった場合にも配偶者短期居住権は成立し、配偶者は、被相続人の共有持分を取得した者に対し、その持分に応じた対価を支払うことなく、居住建物を使用することができる。また、被相続人の生前から居住建物の共有持分を有していた他の共有者に対しては、被相続人が有していた占有権原に基づいて、引き続き居住建物を使用することができることとなる。他の共有者との関係では、占有権原を設定した法律行為に基づいて対価が発生する場合には、その支払義務は居住建物の取得者が引き継ぐことになるから、居住建物取得者が他の共有者に対して対価を支払う義務を負う。もっとも、後記(2)c(e)のとおり、配偶者は居住建物の通常の必要費を負担するとされており（1041条において準用する1034条1項）、居住建物を使用するために他の共有者に対して支払うべき対価は通常の必要費に該当すると考えられるから、居住建物取得者が他の共有者に対して対価の支払をした場合には、配偶者は、居住建物取得者に対してこれを償還しなければならない（これに対し、配偶者が他の共有者に対してその支払をした場合には、求償関係は生じないことになる。）。

被相続人及び配偶者が借家に居住していた場合には、被相続人が賃料を負担し、配偶者自身は居住の対価を負担していなかったとしても、配偶者短期居住権は成立しない。この場合には、配偶者は、相続によってその賃借権を他の共同相続人と準共有することになるから、賃借権の準共有持分に基づいて借家での居住を継続することができ、配偶者が他の共同相続人の負担部分も含めて賃料全額の弁済を続けている限り、配偶者の居住自体は保護されるため、新たな権利を創設する必要性に乏しいこと等を考慮したものである（他方で、この場合にも無償で居住することまで認めようとすれば、賃料を他の共同相続人に負担させることとなるが、そこまでの措置を講ずることとすると、他の共同相続人の負担が過大なものとなるおそれがあることから、そのような考え方は採らなかったものである。）。

c　居住建物を無償で使用していたこと

　配偶者短期居住権が成立するためには、配偶者が居住建物を無償で使用していたことが必要である。有償で使用している場合には、配偶者と被相続人との間に賃貸借等の契約関係があったと考えられ、被相続人の契約上の地位が相続人に引き継がれて契約関係が継続するため、新たな権利を創設する必要性が乏しいこと等を考慮したものである。

d　居住建物に居住していたこと

　「居住していた」といえるためには、生活の本拠として現に居住の用に供していたことが必要である。配偶者が相続開始の時点で入院等のために一時的に被相続人の建物以外の場所に滞在していたとしても、配偶者の家財道具がその建物に存在しており、退院後はそこに帰ることが予定されているなど、被相続人所有の建物が配偶者の生活の本拠としての実態を失っていないと認められる場合には、配偶者はなおその建物に居住していたということができ、配偶者短期居住権の成立を認めることができる。

　また、建物に「居住していた」といえるためには、建物の全部を居住のために使用している必要はなく、建物の一部を居住のために使用していれば足りる。なお、この場合に配偶者短期居住権が成立するのは、配偶者が無償で「使用」していた部分であり、居住部分に限られない。例えば、居住建物の一部に居住し、他の部分で店舗を営んでいたが、いずれの部分も無償で使用していた場合には、その全部について配偶者短期居住権が成立する。

　これに対し、配偶者が居住建物の一部を無償で使用し、他の部分を有償で使用していた場合には、無償で使用していた部分についてのみ配偶者短期居住権が成立し、有償で使用していた部分については、配偶者短期居住権は成立しない（この部分については、従前の契約関係が継続し、引き続き配偶者は有償で使用することになる。）。

e　配偶者短期居住権が成立しない場合

　配偶者が相続開始時に居住建物の配偶者居住権を取得した場合には、配偶者短期居住権は成立しない（1037条1項ただし書）。配偶者居住権については、その登記を備えていない場合でも、配偶者短期居住権と同等ないしそれ

よりも強い効力が認められているため、これに加えて配偶者短期居住権による保護を与える必要がないためである。

　また、配偶者が相続を放棄した場合であっても、配偶者短期居住権は成立するが、配偶者が欠格事由に該当し又は廃除により相続人でなくなった場合には、配偶者短期居住権は成立しない（1037条1項本文）。前者の場合には、配偶者の短期的な居住権を保護する必要性はなお存するのに対し、後者の場合には、居住建物取得者の所有権を制約してまで配偶者の居住を保護することを正当化するのが困難であること等を考慮したものである。

(2)　配偶者短期居住権の内容

a　法的性質

　前記1のとおり、配偶者短期居住権は、平成8年判例を参考にしつつ、被相続人の意思にかかわらず成立する法定の債権として構成したものであり、配偶者を債権者、居住建物取得者を債務者とする使用借権類似の性質を有する（1037条1項本文参照）。

　このように、配偶者短期居住権は、あくまで債権であり、使用借権類似の性質を有する権利として構成していること、その存続期間は短期間に限定されるのが通常であること等を考慮して、配偶者居住権と異なり、対抗要件制度を設けることとはしていない。したがって、居住建物取得者がその居住建物の所有権又は共有持分を第三者に譲渡した場合には、配偶者は、配偶者短期居住権をその譲受人に対抗することができない（なお、後記c(a)参照）。

　また、配偶者短期居住権も帰属上の一身専属権であり、配偶者居住権と同様、その帰属主体は配偶者に限定され、配偶者はこれを譲渡することができず、配偶者が死亡した場合には当然に消滅して相続の対象にもならないこととしている（1041条において準用する1032条2項、597条3項）。

b　存続期間

(a)　居住建物について配偶者を含む共同相続人間で遺産分割をすべき場合

　居住建物について配偶者を含む共同相続人間で遺産分割をすべき場合、すなわち配偶者が居住建物について遺産共有持分を有している場合には、配偶

者短期居住権は、原則として、相続開始時から居住建物についての遺産分割が終了した時まで存続する（1037条1項1号）。このため、遺産分割が相続開始の時から6か月が経過する前に終了した場合を除き、遺産分割の協議又は調停による場合は協議又は調停の成立時、審判による場合は遺産分割の審判の確定時にそれぞれ存続期間が満了する。また、居住建物を含む遺産の一部について一部分割がされたときも、その時点で存続期間が満了する。

　もっとも、遺産分割の内容について共同相続人間で早期に合意ができる場合にも遺産分割協議の成立時までしか配偶者短期居住権が存続しないとすると、配偶者が、遺産分割の方法には異論がないにもかかわらず、転居の準備が整っていないがゆえに遺産分割協議の成立に応じないことにもなりかねない。そこで、早期に遺産分割協議が成立した場合であっても、配偶者が転居するために必要な猶予期間を確保するため、少なくとも相続開始の時から6か月間は配偶者短期居住権が存続することとしている。

　このため、(a)の場合の配偶者短期居住権の存続期間は、遺産分割により居住建物の帰属が確定した日又は相続開始の時から6か月を経過する日のいずれか遅い日ということになる（1037条1項1号）。

　なお、このように、配偶者短期居住権は遺産分割により居住建物の帰属が確定した日まで存続することとされているため、配偶者が居住建物に居住し続けることを目的として遺産分割協議を意図的に引き延ばすという懸念もある。しかし、他の共同相続人としては、遺産分割の審判の申立てをして配偶者の同意を得ることなく遺産分割をする手段もあるほか、権利濫用等の一般条項によって配偶者短期居住権の主張を排斥することも考えられることから、存続期間に上限を設けるなど、配偶者短期居住権の濫用に対応するための措置は特段講じていない。

(b)　(a)以外の場合

　(a)以外の場合、すなわち配偶者が居住建物について遺産共有持分を有しない場合には、配偶者短期居住権は、相続開始の時を始期、居住建物取得者による配偶者短期居住権の消滅の申入れの日から6か月を経過する日を終期として存続する（1037条1項2号）。配偶者が居住建物について遺産共有持分を

有しない場合としては、被相続人が配偶者以外の者に居住建物の遺贈や死因贈与をした場合、配偶者が相続放棄をした場合等がある。

　その場合の存続期間については、配偶者が居住建物について遺産共有持分を有する場合と同様に、遺産分割により居住建物の帰属が確定した日までとすることも考えられるが、配偶者が居住建物について遺産共有持分を有しない場合には、配偶者は遺産分割に関与することができないから、いつ遺産分割によって居住建物の帰属が確定するかを事前に知ることができず、予想外の時期に突然明渡しを求められることになりかねないため、このような考え方は採らなかったものである。また、6か月間の起算時を相続開始の時ではなく居住建物取得者による配偶者短期居住権の消滅の申入れの日としているのは、相続開始の時から相当期間が経過した後に遺言が発見されたような場合には、配偶者の生活を保護する観点から、その間の使用利益の支払義務を免れさせる必要性が高いこと、他方で、居住建物取得者はもともと無償でその所有権を取得したものであって、そもそも遺言が発見されるまでの間は自らが居住建物の所有者であることを認識しておらず、これを使用する意思を有していなかったのであるから、その間の使用利益を回収することができないとしても不測の損害を受けることにはならないと考えられること等を考慮したものである。

　居住建物取得者が複数いる場合（居住建物が複数の者に遺贈された場合など）には、その持分いかんにかかわらず、各居住建物取得者が単独で配偶者短期居住権の消滅の申入れをすることができ、配偶者短期居住権の消滅により配偶者の占有権原が喪失した場合には、各居住建物取得者は、単独で配偶者に対して居住建物の明渡しを求めることができる。

c　配偶者と居住建物取得者との間の法律関係

(a)　居住建物の使用

　配偶者短期居住権については、配偶者に居住建物の使用権限のみを認め、収益権限は認めないこととしている（1037条1項本文）。仮に、被相続人の生前に、被相続人が居住建物の一部から収益を得ていたのであれば、その収益については、相続分に従って各共同相続人に帰属させるのが相当であり、そ

の収益まで配偶者に帰属させることとすれば、配偶者の居住の権利を保護するという立法目的を超えることになって相当でないためである。

　また、使用貸借契約における貸主と同様、居住建物取得者は、配偶者に対し、建物を使用するのに適した状態にする義務（修繕義務等）までは負っておらず、配偶者が無償で居住建物を使用することを受忍すれば足りる。配偶者短期居住権については、条文上、居住建物取得者は配偶者による居住建物の使用を妨げてはならない義務を負うことが明示されており（1037条2項）、居住建物取得者が居住建物を第三者に売却するなどしてこの義務に違反し、配偶者の使用を妨げた場合には、居住建物取得者は、配偶者に対して債務不履行責任を負うことになる。

(b)　用法遵守義務・善管注意義務

　配偶者は、従前の用法に従い、善良な管理者の注意をもって、居住建物を使用しなければならない（1038条1項）。配偶者短期居住権は、他人の建物を無償で使用することができる権利であり、使用借権と類似する性質を有することから、使用貸借に関する594条1項と同様の規律を設けることとしたものである。

(c)　無断で第三者に使用させることの禁止

　配偶者は、居住建物取得者の承諾を得なければ、第三者に居住建物の使用をさせることはできない（1038条2項）。この点についても、使用貸借契約における借主と同様の規律を設けることとしたものである。居住建物取得者の承諾なく使用させることができない「第三者」は、原則として配偶者以外の者をいうが、配偶者が家族等を占有補助者として同居させることは、第三者に使用させることに当たらないものと考えられる。したがって、例えば、配偶者短期居住権が成立した後に、配偶者を介護するためにその親族が配偶者と同居することになったとしても、これについて居住建物取得者の承諾を得る必要はない。この点については、使用貸借に関する594条2項と同様の解釈がされることになるものと考えられる。

(d)　損害賠償請求や費用償還請求に関する期間制限

　配偶者の善管注意義務違反等による損害賠償請求権及び居住建物について

の費用償還請求権は、居住建物取得者が居住建物の返還を受けた時から1年以内に請求しなければならない（1041条において準用する600条1項）。この点についても使用貸借契約の場合と同様の規律を設けることとしたものである。

(e) 配偶者居住権に関する規定の準用

このほか、配偶者短期居住権の譲渡禁止、修繕や費用負担等に関する規律については、配偶者居住権と同様の規律を設けている（1041条において準用する1032条2項、1033条及び1034条）。

(3) 配偶者短期居住権の消滅

a 配偶者短期居住権の消滅原因

(a) 総　　論

配偶者短期居住権の消滅原因としては、①存続期間の満了（1037条1項各号に掲げる日が経過した時）、②居住建物取得者による消滅請求（1038条3項）、③配偶者による配偶者居住権の取得（1039条）、④配偶者の死亡（1041条において準用する597条3項）、⑤居住建物の全部滅失等（1041条において準用する616条の2）等が挙げられる。

(b) 居住建物取得者による消滅請求

前記(2)c(b)のとおり、配偶者は用法遵守義務、善管注意義務等を負っており、配偶者がこれらの義務に違反した場合には、居住建物取得者は、その意思表示により配偶者短期居住権を消滅させることができる（1038条3項）。この消滅請求については、使用貸借契約に関する594条3項と同様、無催告ですることができる。

居住建物が共有である場合には、各共有者は、それぞれ単独で配偶者短期居住権の消滅請求をすることができる。この点は、配偶者居住権の消滅請求と同様である（配偶者居住権に関する前記①2(3)a(b)参照）。

(c) 配偶者による配偶者居住権の取得

配偶者短期居住権は、配偶者が配偶者居住権を取得したときは、消滅する（1039条）。配偶者居住権については、その登記を備えていない場合でも、配

偶者短期居住権と同等ないしそれよりも強い効力が認められているため、これに加えて配偶者短期居住権による保護を与える必要がないためである。なお、配偶者が遺贈によって配偶者居住権を取得した場合には配偶者短期居住権は成立せず（1037条1項ただし書）、遺産分割によって居住建物の帰属が確定した場合には配偶者短期居住権の存続期間が終了するから（同項1号）、これらの場合には、1039条によるまでもなく、配偶者短期居住権は発生しないか、他の消滅事由によっても消滅する。このため、同条により配偶者短期居住権が消滅する場合としては、①配偶者が居住建物について遺産共有持分を有している場合に、相続開始から6か月以内に遺産分割がされ、これによって配偶者が配偶者居住権を取得したとき、②配偶者が居住建物について遺産共有持分を有している場合に、遺産の一部分割により配偶者が居住建物の配偶者居住権を取得することとされたが、居住建物の所有権自体については遺産分割がされなかったときなどが考えられ、このような場合に同条が独自の存在意義を持つものといえる。

(d)　配偶者の死亡

　配偶者が死亡した場合には、配偶者短期居住権は消滅する（1041条において準用する597条3項）。配偶者短期居住権は、配偶者の短期的な居住権を保護するため政策的に設けられたものであり、配偶者が死亡した場合には、これを存続させる意義がなくなるからである。

b　配偶者短期居住権が消滅した場合の法律関係

　配偶者短期居住権が消滅したときは、配偶者は、居住建物取得者に対し、居住建物を返還しなければならない（1040条1項本文）。居住建物取得者が複数いる場合には、居住建物取得者の有する各引渡請求権は不可分債権の関係にあるから、いずれかの居住建物取得者に返還すれば足りる。

　もっとも、配偶者が配偶者居住権を取得した場合には、配偶者は配偶者居住権に基づいて居住建物を使用収益することができるから、返還義務を負わない（1040条1項本文）。また、配偶者が居住建物について共有持分を有する場合も、配偶者は共有持分に基づく占有権原を有するから、居住建物取得者は、配偶者に対し、配偶者短期居住権が消滅したことを理由としては、居住

建物の返還を請求することができないこととしている（同項ただし書）。配偶者が居住建物について共有持分を有する場合としては、配偶者が被相続人の相続開始前から固有の共有持分を有していた場合と、相続や遺贈等により被相続人の所有権の一部を承継した場合の双方が含まれるが、いずれの場合であっても同項ただし書が適用される。この場合の居住建物の利用関係その他の法律関係は、一般の共有法理に委ねられる。

　配偶者が相続開始後に居住建物に附属させた物がある場合には、配偶者は、これを収去する権利を有し、義務を負う（1040条2項において準用する599条1項及び2項）。これも、使用貸借が終了した場合における使用借主の権利義務と同様の規律を定めるものである。

　また、相続開始後に居住建物に損傷が生じた場合には、配偶者は、通常の使用によって生じた居住建物の損耗及び経年変化を除き、原状回復義務を負う（1040条2項において準用する621条）。配偶者短期居住権についてはその存続期間が比較的短期間に限定されており、当事者の通常の意思としても、経年変化等については原状回復の対象に含めないという場合が多いと考えられること、遺産分割においては、遺産の評価について2つの基準時が存在するが（注）、最終的な遺産の分割は分割時の評価額を前提として行うこととされており、相続開始時から遺産分割時までの間の経年変化により遺産の価値が減少した場合にもそれによる不利益は相続人全員の負担とされていることからすれば、配偶者短期居住権の目的である配偶者の居住建物についても、これと同様の取扱いをすることで足りると考えられること等を考慮したものである。

（注）　遺産分割における現行の実務においても、遺産について相続開始時の評価額と遺産分割時の評価額とが異なる場合には、一般に、各共同相続人の具体的相続分の割合については、相続開始時の評価額を基準としてこれを算定するが、現実に遺産を分割する場合には、上記の具体的相続分の割合に従い、分割時の評価額を基準として分割を行っているものといわれている（札幌高決昭39.11.21家月17巻2号38頁）。

第3　遺産分割に関する見直し

1　持戻し免除の意思表示の推定規定の創設（903条4項関係）

ポイント

　婚姻期間が20年以上である夫婦の一方の配偶者が、他方の配偶者に対し、その居住用建物又はその敷地（居住用不動産）の遺贈又は贈与をした場合については、903条3項の持戻し免除の意思表示があったものと推定し、遺産分割においては、原則として当該居住用不動産の持戻し計算を不要とする（当該居住用不動産の価額を特別受益として扱わずに計算をすることができる。）。

解　説

1　改正の趣旨

　前記**第1の1**のとおり、高齢化の進展等の社会経済情勢の変化に伴い、配偶者の死亡により残された他方配偶者の生活への配慮をすべき必要性が高くなってきていると考えられるが、配偶者の保護のために講ずべき手段については様々なものが考えられるところである。

　相続法の見直しについて調査・審議を行っていた相続関係部会においては、①配偶者の生活を保障するためには、生活の拠点となる「住居」を確保することが重要であるという問題意識の下に、配偶者居住権及び配偶者短期居住権という新たな権利を創設するとともに、②配偶者の長年の貢献をより実質的に評価するために、一定の条件の下で配偶者の相続分を現行法（原則2分の1）よりも引き上げることが検討された。

上記①の考え方は、前記**第2**のとおり相続関係部会においても成案を得て、民法上も新たな権利として位置付けられることとなったが、上記②の考え方については、相続関係部会が取りまとめた中間試案（注1）に対するパブリックコメントにおいて反対する意見が多数を占め（注2）、相続関係部会においても異論が多かったことから採用されなかった。

　もっとも、上記パブリックコメントの手続後に再開された相続関係部会においては、配偶者の相続分の引上げについて指摘されている問題点を解消することは困難であるものの、配偶者保護のための方策を検討するという方向性自体は必要かつ有益であり、配偶者の相続分の引上げに代わる別の方策を含めて検討すべきであるという指摘が相次いでされた。また、配偶者の貢献を相続の場面で評価することには限界があるため、生前贈与や遺贈を促進する方向での検討もされるべきではないかとの指摘もされたところである。

　ところで、現行法上、各相続人の相続分を算定するに当たっては、原則として、相続人に対する贈与の目的財産を相続財産とみなした上で、相続人が贈与又は遺贈（以下、**第3**①において「贈与等」ともいう。）によって取得した財産は特別受益に当たるものとして、当該相続人の相続分の額からその財産の価額を控除することとされている（903条1項）（注3）。このような処理（持戻し計算）を行うと、贈与等を受けた配偶者の最終的な取得額は、いわゆる超過特別受益が存在する場合を除き、贈与等の有無にかかわらず変わらないことになるが（注4）、例外的に被相続人が持戻し免除の意思表示をした場合には、特別受益の持戻し計算をする必要はなくなる結果、贈与等を受けた配偶者は、最終的により多くの財産を取得することができることとなる（903条3項）（注5）。

　現行法上、配偶者に対する贈与に対して特別な配慮をしているものとして相続税法上の贈与税の特例という制度がある。これは、婚姻期間が20年以上の夫婦間で、居住用不動産の贈与が行われた場合等に、基礎控除に加え最高2000万円の控除を認めるという税制上の特例を認めるものであるが（相続税法21条の6）、居住用不動産は夫婦の協力によって形成された場合が多く、夫婦の一方が他方にこれを贈与する場合にも、一般に贈与という認識が薄い

ことや、居住用不動産の贈与は配偶者の老後の生活保障を意図してされる場合が多いこと等を考慮し、一生に一度に限り、その居住用財産の課税価格から2000万円を限度として控除することを認めることとしたものであるとの説明がされている（注6）。この制度は、配偶者の死亡により残された他方配偶者の生活について配慮するものともいえるが、民法上も、配偶者に対して行われた一定の贈与等について、贈与税の特例と同様の観点から一定の措置を講ずることは、贈与税の特例とあいまって配偶者の生活保障をより厚くするものといえる。

　また、婚姻期間が20年以上の夫婦の一方が他方に対して居住用不動産の贈与等をする場合には、通常それまでの貢献に報いるとともに、老後の生活を保障する趣旨で行われるものと考えられ、遺産分割における配偶者の相続分を算定するに当たり、その価額を控除してこれを減少させる意図は有していない場合が多いものと考えられる。したがって、上記のような推定規定を設けることは、一般的な被相続人の意思にも合致するものと考えられる（注7）。

　903条4項では、これらの点を考慮して、配偶者間の居住用不動産の贈与等が行われた場合について持戻し免除の意思表示を推定する旨の規定を設けることとしたものである（注8）。

（注1）　中間試案の内容（配偶者の相続分の引上げについて）
　⑴　甲案（被相続人の財産が婚姻後に一定の割合以上増加した場合に、その割合に応じて配偶者の具体的相続分を増やす考え方）
　　○　次の計算式（ a ＋ b ）により算出された額が、現行の配偶者の具体的相続分を超える場合には、配偶者の申立てにより、配偶者の具体的相続分を算定する際にその超過額を加算することができるものとする。
　（計算式）
　　a ＝（婚姻後増加額）×（法定相続分より高い割合）
　　b ＝（遺産分割の対象財産の総額−婚姻後増加額）×（法定相続分より低い割合）
　　婚姻後増加額＝ x −（ y ＋ z ）
　　x ＝被相続人が相続開始時に有していた純資産の額
　　y ＝被相続人が婚姻時に有していた純資産の額

z＝被相続人が婚姻後に相続、遺贈又は贈与によって取得した財産の額
　　純資産の額＝（積極財産の額）－（消極財産の額）
　(2)　乙－１案（婚姻成立後一定期間が経過した場合に、その夫婦の合意により〔被相続人となる一方の配偶者の意思表示により他方の〕配偶者の法定相続分を引き上げることを認める考え方）
　　○　900条の規定にかかわらず、配偶者が相続人となる場合において、その婚姻成立の日から20年〔30年〕が経過した後に、その夫婦が協議により配偶者の法定相続分を引き上げる旨〔被相続人となる一方の配偶者が他方の配偶者の法定相続分を引き上げる旨〕を法定の方式により届け出たときは、相続人の法定相続分は、次のとおりとするものとする。
　　ア　子及び配偶者が相続人であるときは、配偶者の相続分は３分の２とし、子の相続分は３分の１とする。
　　イ・ウ　（略）
　(3)　乙－２案（婚姻成立後一定期間の経過により当然に配偶者の法定相続分が引き上げられるとする考え方）
　　○　900条の規定にかかわらず、配偶者が相続人となる場合において、相続開始の時点で、その婚姻成立の日から20年〔30年〕が経過しているときは、相続人の法定相続分は、次のとおりとするものとする。
　　乙－１案のアからウまでと同じ。
（注２）　中間試案に対するパブリックコメントの結果
　甲案に賛成（団体４、個人３）
　乙－１案に賛成（団体９、個人２）
　乙－２案に賛成（団体10、個人９）
　甲案・乙案いずれも反対（団体26、個人24）
（注３）　遺産分割における取得額についての計算式
　①　具体的相続分を求める計算式（903条１項）
　　（相続開始の時に有した財産の価額＋贈与の価額）×（当該相続人の相続分の割合）－（特別受益の額）＝当該相続人の具体的相続分$^{（※）}$
　　　　　　　　　　　　　　　　　　　　　　※　寄与分は考慮していない。
　②　遺産分割における取得額を求める一般的な計算式
　　（遺産分割時の対象財産の価額）× $\dfrac{当該相続人の具体的相続分}{全ての相続人の具体的相続分の総和}$
　　＝当該相続人の遺産分割における取得額
（注４）　持戻し計算の具体例
　【事例】相続人　　　　　　配偶者Ｘと子ども２名（Ｙ、Ｚ）

　　　　　遺産　　　　　　　居住用不動産持分$\dfrac{1}{2}$　2000万円（評価額）

　　　　　　　　　　　　　　その他の不動産　　3000万円（評価額）

預貯金　3000万円

Xに対する贈与　居住用不動産持分$\frac{1}{2}$　2000万円（評価額）

【検討】

　　被相続人死亡時点においては、遺産は8000万円分しかないが、贈与された不動産が遺産に持ち戻されて計算されるとなると、Xの遺産分割における相続分は、

$$(8000万 + 2000万) \times \frac{1}{2} - 2000万 = 3000万円$$

となり、Xの最終的な取得額は、

　　3000万 + 2000万 = <u>5000万円分</u>

となる。結局、贈与があった場合となかった場合とで、最終的な取得額に差異がないこととなる。

（注5）　持戻し免除の具体例

　　前記（注4）の事例において、前記贈与について持戻し免除の意思表示が認められた場合、Xの遺産分割における取得額は、

$$8000万 \times \frac{1}{2} = 4000万円分$$

となり、Xの最終的な取得額は、

　　4000万 + 2000万 = <u>6000万円分</u>

となり、贈与がなかった場合と比べ、より多くの財産を最終的に取得することができることとなる。

（注6）　贈与税の特例の適用件数

　　贈与税の特例については、平成28年は1万1261人、平成27年は1万3959人、平成26年は1万6660人、平成25年は1万5474人、平成24年は1万3538人の適用があった（国税庁統計年報）。

（注7）　旧法下でも、903条4項の要件に該当する事案では、黙示の持戻し免除の意思表示が認められることになるケースが多いものと思われる。

　　公刊物に掲載されている裁判例は多くないが、居住用不動産の持分を配偶者に生前贈与したものについて、「長年にわたる妻としての貢献に報い、その老後の生活の安定を図るためにしたものと認められる。そして、…他に老後の生活を支えるに足る資産も住居もないことが認められるから、右の贈与については、…暗黙のうちに持ち戻し免除の意思表示をしたものと解するのが相当である。」と判示した事例がある（東京高決平8.8.26家月49巻4号52頁）。

（注8）　なお、配偶者の相続分の引上げに代わり、903条4項の規定を設けることについては、相続関係部会において追加試案として改めて取りまとめを行い、パブリックコメントに付して国民各層の意見を聴取しているが、これに

ついては賛成する意見が多数を占めた。

2 改正の内容

(1) 903条4項の要件

a 婚姻期間が20年以上の夫婦であること

903条4項の規定の適用を受けるためには、婚姻期間が20年以上の夫婦であることを要する。これは、相続税法21条の6と同様の要件を設けるものであり、通常、長期間婚姻関係にある夫婦については一方配偶者の財産形成における他方配偶者の貢献・協力の度合いが高く、そのような関係にある夫婦が行った贈与等は類型的にその貢献に報いる趣旨で行われる場合が多いと考えられること等を考慮したものである。

なお、同一の当事者間で結婚、離婚、結婚を繰り返すということがあり得るが、婚姻期間が通算して20年以上となっていれば、この要件を満たすものと考えられる（注1）。もっとも、903条4項の規定は、あくまでも遺産分割における規律であり、遺産分割の当事者となる配偶者は、法律上の夫婦の一方当事者である必要があることから、20年の期間を算定する際に事実婚の期間を含めることはできない。

b 居住用不動産の贈与又は遺贈がされたこと

903条4項では、贈与等の対象物を居住用不動産に限定している。居住用不動産は老後の生活保障という観点からは特に重要なものであり（注2）、その贈与等は、類型的に相手方配偶者の老後の生活保障を考慮して行われる場合が多いと考えられること等を考慮したものである（注3）。

また、同項の対象となる法律行為には、居住用不動産の贈与だけでなく、その遺贈も含まれる。贈与税の特例は、居住用不動産の生前贈与を対象としたものであるが、居住用不動産の遺贈についても、高齢の相手方配偶者の生活保障の観点からされる場合が多いものと考えられ、上記の趣旨が同様に当てはまるためである。なお、婚姻期間が20年以上の夫婦間で、配偶者居住権の遺贈がされた場合についても、上記の趣旨が当てはまることから、同項の規定を準用することとしている（1028条3項）。

（注１）　期間の通算を認めるかどうかは、専ら解釈問題であるが、これについ
　　　　ては、贈与税の特例の適用を認めている相続税法の解釈が参考になるものと
　　　　思われる。贈与税の特例の適用に当たっては、相続税法施行令４条の６第２
　　　　項の解釈として、結婚、離婚、結婚を繰り返した場合には、離婚中の期間を
　　　　除いた上で通算することができることとされており、903条４項の解釈につい
　　　　ても、これと同様の解釈がされることになるものと考えられる。
　　〔参照条文〕
　　○　相続税法施行令（昭和25年政令第71号）
　　　　（贈与税の配偶者控除の婚姻期間の計算及び居住用不動産の範囲）
　　　第４条の６　（略）
　　　２　法第21条の６第１項に規定する婚姻期間は、同項に規定する配偶者と
　　　　当該配偶者からの贈与により同項に規定する居住用不動産又は金銭を取
　　　　得した者との婚姻につき民法第739条第１項（婚姻の届出）の届出があつ
　　　　た日から当該居住用不動産又は金銭の贈与があつた日までの期間（当該
　　　　期間中に当該居住用不動産又は金銭を取得した者が当該贈与をした者の
　　　　配偶者でなかつた期間がある場合には、当該配偶者でなかつた期間を除
　　　　く。）により計算する。
（注２）　民法においても、成年被後見人の居住用不動産を成年後見人が処分す
　　　　る際には家庭裁判所の許可を要するものとされている（859条の３）など、居
　　　　住用不動産については生活保障の観点から特に重要な財産であるという位置
　　　　付けがされている。
（注３）　相手方配偶者の老後の生活保障を考慮して行われる贈与等の対象財産
　　　　は居住用不動産に限られないと思われるが、それ以外の財産も対象に含める
　　　　こととすると、配偶者以外の相続人に与える影響が過大なものとなるおそれ
　　　　があること等を考慮し、それ以外の財産に対象を広げることとはしなかった
　　　　ものである。

(2)　903条４項の効果

　903条４項の要件を満たす贈与等が行われた場合には、被相続人が、当該
贈与等について同条１項の規定を適用しない旨の意思表示をしたものと推定
することとしている（注）。

　同項の規定は、共同相続人に対して贈与等が行われた場合に、いわゆる持
戻し計算を行う旨を規定したものであるが、同項の規定を適用しないという
ことは、すなわち、同条３項の規定による持戻しの免除の意思表示をしたこ
とを意味する。その結果、遺産分割においては、当該居住用不動産の価額を

特別受益として扱わずに計算をすることができ、配偶者の遺産分割における取得額が増えることとなる。

　また、同条4項は、被相続人の意思を法律上推定するものであるから、被相続人がこれと異なる意思を表示している場合（意思表示が黙示にされた場合を含む。）には、適用されないことになる。旧法においては、被相続人が持戻し計算を行わないことを望む場合には、その旨の意思表示をしなければならなかったが（同条3項）、同条4項においては、被相続人が持戻し計算を行うことを希望する場合にその旨の意思表示をしなければならないこととしており、その意味では、同項の要件を満たす贈与等に限り、903条1項及び3項の原則と例外を逆転させることとなる。

　　（注）　903条4項の規定において、単に「…前項の意思表示があったものと推定する。」としていないのは以下の点を考慮したものである。すなわち、同条3項においては、「被相続人が前二項の規定と異なった意思を表示したときは」と規定されており、これは一般に持戻し免除の意思表示のことであると解されているが、例えば、被相続人が持戻し計算を行い、かつ、超過特別受益も返還させる旨の意思表示をした場合に、これも同項の意思表示として扱う余地も文言上否定されていないように思われる。そこで、改正法では、このような解釈上の疑義を招かないよう、被相続人は、当該遺贈又は贈与について903条1項の規定を適用しない旨の意思表示をしたものと推定すると、その効果を明示的に記載することとしたものである。

(3)　その他の論点

a　居宅兼店舗の贈与

　903条4項の規定は、居住用不動産の贈与等がされた場合の規定であるが、居宅兼店舗の贈与等がされた場合についても同項が適用されるか、問題となり得る。

　同項は、贈与等がされた時点における被相続人の意思を推定する規定であるが、居宅兼店舗となっている建物全体を配偶者に贈与した場合に、被相続人において、その一部については特別受益として取り扱うが、その余の部分は特別受益としては取り扱わないという意思を有している場合は稀であると

考えられる。そうすると、店舗部分と居宅部分を分けて、店舗部分については持戻し免除をしない旨の意思表示をしたと認められる特段の事情のない限りは、建物全体について、同項の規定による法律上の推定を及ぼすことができるかどうかを検討すべきものと考えられる。

　居宅兼店舗については、様々な形態のものがあり得るが、同項の規定の適用があるかどうかは、その不動産の構造や形態によっても異なり得るものと考えられる。例えば、構造上一体となっている3階建ての建物の1階部分の一部でベーカリーを営んでいるが、その余の部分は居住の用に供しているといったケースでは、同項の規定を適用することができる場合が多いものと考えられる。

　これに対し、構造上居住用部分と店舗部分が分離されており、居住用部分がいわゆる離れのような形態となっているケースや、構造上建物は一体となっているがその大部分を店舗が占めているといったケースでは、建物全体を居住用不動産とみることはできず、建物全体について同項の規定を適用することができない場合が多いものと考えられる（なお、前者のケースについては居住用部分に限って同項の規定が適用されることもあり得るものと思われる。）。もっとも、同項の規定の適用がない場合でも、個別具体的な事案に応じて、黙示的に持戻し免除の意思表示がされたとの認定をすることができる場合もあるものと考えられる。

b　居住用要件の基準時

　903条4項の適用が認められるためには、贈与等がされた時点で居住の用に供している必要があるのか、それとも相続開始の時点で居住の用に供していれば足りるのか、問題となり得る。

　前記(2)のとおり、同項は贈与等がされた時点の被相続人の意思を推定するものであるから、同項の適用を受けるためには、贈与等がされた時点で、対象となる不動産が居住の用に供されている必要があると考えられる。

　もっとも、贈与等が行われた時点で、現に居住の用に供していなかったとしても、贈与等の時点で近い将来居住の用に供する目的があったと認められる場合には、「居住の用に供する」という要件に該当するとの解釈をするこ

とができる場合も多いように思われる（859条の３の解釈についても、現に居住の用に供していなくても、近い将来居住の用に供する予定があれば足りると解されている。）。

なお、このように、居住用要件の判断の基準時を贈与等がされた時とすると、転居を繰り返すことによって、複数の不動産が改正法の適用の対象となり得ることになるが、贈与税の特例（相続税法21条の６）は一生に一度しか使うことができないこととされており、二度目以降の居住用不動産の贈与については下記表のとおり通常の贈与税が課されることになるから、同一の当事者間で、頻繁に居住用不動産の贈与が行われるということは想定し難いものと考えられる。

〔参考〕贈与税について

基礎控除後の課税価格	200万円以下	300万円以下	400万円以下	600万円以下	1000万円以下	1500万円以下	3000万円以下	3000万円超
税　率	10%	15%	20%	30%	40%	45%	50%	55%
控除額	—	10万円	25万円	65万円	125万円	175万円	250万円	400万円

c　居住不動産の購入資金の贈与

相続税法上は、婚姻期間が20年以上である配偶者から、居住用不動産の贈与を受けた場合だけでなく、①金銭の贈与を受け、②その金銭で居住用不動産を取得した場合で、③その贈与を受けた年の翌年３月15日までにその居住用不動産を受贈者の居住の用に供し、かつ、その後引き続き居住の用に供する見込みであるときについても、④贈与を受けた金銭のうち居住用不動産の取得に充てられた部分の金額の限度で、贈与税の特例の適用を受けることができるとされている（相続税法21条の６）。

これに対し、903条４項の規定では、贈与等の対象財産を居住用不動産に限定し、居住用不動産の購入資金についてはその対象財産に含めていない。これは、同項の規定が贈与等が行われた時点における被相続人の意思を法律上推定するものであり、同項の適用の際には、贈与税の特例の場合とは異なり、基本的には贈与後の事情変更（上記②～④）を考慮してその適用範囲を変えることが理論的に困難であるためである。

もっとも、居住用不動産の購入資金の贈与がされ、これについて贈与税の特例が適用されるケースについては、実質としては、居住用不動産の贈与がされたと評価することができ、同項の規定を適用することができる場合も多いと思われる。また、その適用がないとしても、居住用不動産の購入資金の贈与については、黙示の持戻し免除の意思表示を認定することができる場合も多いと思われる。

　なお、仮に、居住用不動産の購入資金についても同項の適用対象に含めることとすると、実際にその資金が居住用不動産の購入に使われなかった場合にもこの規定が適用されることになる。そうなると、他の共同相続人に与える影響も大きくなり、遺産分割において、贈与された資金が真に居住用不動産の購入資金のために贈与されたものか否か、また、その後に居住用不動産の購入に使われなかったことをもって、その推定を覆す事情があるといえるか否か等をめぐって、当事者が主張立証を繰り返すことが予想され、遺産分割における紛争を拡大させ、その長期化をもたらすおそれがあるため、実質的にみても相当でないと考えられる。

d　特定財産承継遺言（いわゆる相続させる旨の遺言）との関係

　また、903条4項の規定は、文言上、遺贈又は贈与がされた場合の規律となっているが、特定財産承継遺言（いわゆる相続させる旨の遺言）がされた場合についても適用されるか、問題となり得る。

　相続人の一部の者に特定の財産を承継させる旨のいわゆる相続させる旨の遺言がされた場合については、一般に、遺贈ではなく遺産分割方法の指定（908条）であると考えられている（最二小判平3.4.19民集45巻4号477頁参照）が、903条4項の規定は、遺贈又は贈与がされた場合を対象としており、遺産分割方法の指定がされた場合にその規律を直接適用することはできないと考えられる。

　ところで、遺産の一部について遺産分割方法の指定がされ、残余の遺産について共同相続人間で遺産分割がされることになる場合に、その遺産分割において、遺産分割方法の指定がされた財産を考慮に入れ、その遺産を取得した相続人の具体的相続分からその遺産の額を控除することとするのか、遺産

分割方法の指定がされた財産については別枠として取り扱い、残余の遺産分割においてはこれを考慮しないこととするのかは、最終的には遺言者の意思解釈の問題になると考えられる。後者の考え方を採る場合には、遺言者は、遺産分割方法の指定だけでなく、これと併せて相続分の指定をしたものと取り扱われることになる（注1）。

　そして、同項の規定は、婚姻期間が20年以上となる夫婦の一方が他方に対して居住用不動産の贈与等をした場合には、これによって、遺産分割における配偶者の取り分をその分減らす意図は有していない場合が多いこと等を考慮して法律上の推定規定を設けたものであるが、居住用不動産について遺産分割方法の指定がされた場合についても、そのような遺言をした遺言者の意図は、基本的には同じであるものと考えられる。したがって、この場合についても、同項の規定の趣旨に照らせば、特段の事情がない限り、遺産分割方法の指定と併せて相続分の指定がされたものとして取り扱い、残余の遺産における分割協議等では、居住用不動産については別枠として取り扱うべき場合が多いのではないかと考えられる（注2）。

　このように考えてみると、居住用不動産について特定財産承継遺言がされた場合については、同項の規定を直接適用することはできないものの、結果的には、同項の規定を適用したのと同様の結果になる場合が多いものと考えられる。

e　903条4項の規定を適用しない旨の意思表示

　前記(2)のとおり、903条4項の規定は、被相続人の持戻し免除の意思表示を推定する規定であるから、被相続人において、持戻し計算を希望する場合にはその旨の意思表示を行う必要があるが、その意思表示は遺言で行う必要があるか、問題となり得る。

　この点については、改正法では、被相続人が同項の規定の適用を排除する意思表示の方式に特段の限定を設けていないから、遺言の中で行う必要はなく、遺言以外の方法によりその意思を表示することも可能である。

　なお、旧法の解釈として、遺贈についての持戻し免除の意思表示については、遺言が要式行為であることを理由に、遺言の中でしなければならないと

いう考え方も有力であり、このような考え方を前提とすると、遺贈が行われた場合の持戻し免除の意思表示を法律上推定することができるのかといった理論的な問題も生じ得ることになるものと考えられる。もっとも、近時の裁判例（大阪高決平25．7．26判時2208号60頁）においても、必ずしも遺言の中で持戻し免除の意思表示をすることを要しないとの立場を採用したものもあり、実務上もその扱いが固まっているとはいい難い状況にある。また、民法上、例えば999条や1001条のように、一定の場合に遺贈が行われた際の遺言者の意思を推定する規定を設けているものがあることからすれば、遺言が要式行為であるからといって、遺贈が行われた場合の遺言者の意思を法律上推定することができないということにはならないものと考えられる。

（注1）　前者の考え方を採る場合であっても、相続させる旨の遺言の対象となった財産の価額が、当該財産を取得する相続人の法定相続分を超える場合には、相続分の指定を伴う場合が多いものと思われる。
（注2）　例えば、相続財産1億円（居住用不動産5000万円、その余の財産5000万円）を有する被相続人が、配偶者（法定相続分2分の1）に対して、居住用不動産を相続させる旨の遺言をした場合については、本文のような考え方に従えば、被相続人は、配偶者の相続分を4分の3と指定していた（居住用不動産については別枠として計算し、その余の財産については法定相続分に応じて取得させる意思を有していたと認定する）と考えることになる。

2 遺産分割前における預貯金の払戻し制度の創設等

ポイント

① 家庭裁判所の判断を経ないで、預貯金の払戻しを認める方策（909条の2）

　各共同相続人は、遺産に属する預貯金債権のうち、以下の計算式で求められる額（ただし、同一の金融機関に対する権利行使は、法務省令で定める額（150万円）を限度とする。）については、他の共同相続人の同意がなくても単独で払戻しを請求することができる。

【計算式】

単独で払戻しを請求できる額＝（相続開始時の預貯金債権の額）× $\dfrac{1}{3}$ ×（当該払戻しを求める共同相続人の法定相続分）

② 家事事件手続法の保全処分の要件を緩和する方策（家事事件手続法200条3項）

　預貯金債権の仮分割の仮処分については、家事事件手続法200条2項の要件（事件の関係人の急迫の危険の防止の必要があること）を緩和し、家庭裁判所は、相続財産に属する債務の弁済、相続人の生活費の支弁その他の事情により遺産に属する預貯金債権を行使する必要があると認めるときは、他の共同相続人の利益を害しない限り、遺産に属する特定の預貯金債権の全部又は一部を仮に取得させることができることとする。

1　改正の趣旨

　平成28年12月19日の最高裁判所大法廷における決定（最大決平28.12.19民集70巻8号2121頁。以下「本決定」という。）は、従前の判例を変更し、預貯金債権が遺産分割の対象に含まれるとの判断を示した。預貯金債権については、本決定前は、相続開始と同時に各共同相続人の相続分に従って当然に分割され、これにより、各共同相続人は自己に帰属した債権を単独で行使することができることとされていたが、本決定後は、遺産分割までの間は、共同相続人全員の同意を得なければ権利行使をすることができないこととなった。これにより、本決定の共同補足意見（大谷剛彦裁判官、小貫芳信裁判官、山﨑敏充裁判官、小池裕裁判官、木澤克之裁判官によるもの）においても指摘されているとおり、共同相続人において相続債務の弁済をする必要がある、あるいは、被相続人から扶養を受けていた共同相続人の当面の生活費を支出する必要があるなどの事情により、被相続人が有していた預貯金を遺産分割前に払い戻す必要がある場合に支障を来すこととなった。

　また、被相続人が負担していた金銭債務など、相続財産が引当てとなるものについては、遺産分割の円滑な進行のためにも、早期にその弁済をする必要性が認められるが、特に預貯金債権は換価が確実かつ容易であるため、債務の弁済をしないと相続債権者等から差押え等の権利行使をされる可能性が高く、そのような事態となれば、遺産分割の円滑な進行の妨げになるものと考えられる。さらに、預貯金債権は、現金類似の性質を有しており、簡易かつ確実に換価可能な財産であるため、通常は、その取得を希望する者が多いものと考えられ、遺産分割前に、共同相続人の全員について一定の範囲でその権利行使を認めたとしても、これにより、一部の共同相続人が不利益を受けるおそれは少ないものと考えられる。

　そこで、改正法では、共同相続人の各種の資金需要に迅速に対応することを可能とするため、各共同相続人が、遺産分割前に、裁判所の判断を経るこ

となく、一定の範囲で遺産に含まれる預貯金債権を行使することができる制度を設けることとしている（909条の2）。

　もっとも、この制度は、遺産分割前であるにもかかわらず、裁判所の判断を経ずに当然に預貯金の払戻しを認める制度であるため、相続人間の公平な遺産分割の実現を阻害しないように、権利行使可能な範囲については一定の限度を設ける必要がある。このため、この制度では対応することができない資金需要については、家事事件手続法200条2項の仮分割の仮処分を活用することが考えられるが、同項は共同相続人の「急迫の危険を防止」する必要がある場合という厳格な要件を課しているため、上記の資金需要に柔軟に対応することは困難であると考えられる。

　そこで、改正法では、当然の払戻し請求を認める制度に加え、預貯金債権の仮分割の仮処分についても同項の要件を緩和することとし、相続開始後の資金需要に柔軟に対応することができるようにしている（家事事件手続法200条3項）。

　なお、909条の2の規定による預貯金の払戻し制度については限度額が定められていることから、通常は、小口の資金需要については上記制度により、同制度の限度額を超える比較的大口の資金需要がある場合については家事事件手続法200条3項の仮分割の仮処分を用いることになるものと考えられる。

2　改正の内容

(1)　家庭裁判所の判断を経ないで、預貯金の払戻しを認める方策（909条の2関係）

a　払戻し可能な金額

　前記【ポイント】のとおり、909条の2では、各共同相続人は、遺産に属する預貯金債権のうち、その相続開始時の債権額の3分の1に、当該払戻しを求める共同相続人の法定相続分を乗じた額については、単独でその権利を行使することができることとしている。

　もっとも、本決定では、「遺産分割の仕組みは、被相続人の権利義務の承

継に当たり共同相続人間の実質的公平を図ることを旨とするものであること
から、一般的には、遺産分割においては被相続人の財産をできる限り幅広く
対象とすることが望ましく、また、遺産分割手続を行う実務上の観点から
は、現金のように、評価についての不確定要素が少なく、具体的な遺産分割
の方法を定めるに当たっての調整に資する財産を遺産分割の対象とすること
に対する要請も広く存在する」との判示もされており、現金類似の性質を有
する預貯金債権の性質等を考慮して従前の判例を変更し、預貯金債権を遺産
分割の対象とする旨の判断がされたことに鑑みると、立法により、預貯金債
権の一部について単独で権利行使をすることができることにするとしても、
その適用範囲は本決定の趣旨に反しない限度にとどめるのが相当であると考
えられる。

　そこで、909条の2では、その範囲を、各預貯金債権の額の3分の1に払
戻しを求める共同相続人の法定相続分を乗じた額に限定している。換言する
と、預貯金債権の3分の2は遺産分割の対象財産として確保することによ
り、預貯金債権も含めた公平な遺産分割を実現しようとした本決定の趣旨を
没却しないよう配慮している。

　また、同条の規定によって権利行使をすることができる預貯金債権の割合
及び額については、個々の預貯金債権ごとに判断されることになる。例え
ば、遺産のうち、A銀行の普通預金に300万円、A銀行の定期預金に240万円
あった場合には、法定相続分が2分の1である相続人が単独で権利行使をす
ることができるのは、普通預金のうちの50万円、定期預金のうちの40万円
（ただし、満期が到来していることが前提。以下同じ）となり、その範囲内で払
戻しを受けることはできるが、普通預金だけから90万円の払戻しを受けるこ
とはできないことになる。

　なお、同条では、権利行使をすることができる預貯金債権の割合及び額を
計算する場合の基準時は、「相続開始の時」としている。このように、その
基準時を相続開始の時に固定することとしたのは、この制度では、預貯金債
権の債務者である金融機関において、権利行使可能な範囲内にあるかどうか
を判断することが予定されており、金融機関が明確にその判断をすることが

できるようにする必要があるためである。したがって、相続開始後に何らか
の理由によって預貯金債権の額が増減した場合であっても、金融機関として
は相続開始の時の預貯金債権の額を基準として計算すれば足りることとな
る（注1）。

　b　金融機関ごとの上限

　また、909条の2では、上記aの割合による上限のほか、同一の金融機関
に対して権利行使をすることができる金額についても上限を設けており、こ
の金額については法務省令に委任している。したがって、同一の金融機関に
複数の口座がある場合でも、その金融機関から払戻しを受けることができる
額は法務省令で定める額が限度となる。

　このような金額による上限を設けることとしたのは、①この制度は裁判所
の個別的判断を経ずに払戻しを認めるものであるため、類型的に預貯金の払
戻しの必要性が認められる額に限定すべきであると考えられること、②上限
額を設けないと、具体的相続分を超過した支払が行われた場合にその超過額
が大きくなって、他の共同相続人の利益を害する程度が大きくなり、本決定
の趣旨を没却するおそれがあることを考慮したものである。また、上限額を
設ける場合には、㋐預貯金債権ごとに定めるという考え方（複数の口座があ
ればその分上限額が増えることになる。）、㋑金融機関ごとに定めるという考え
方（同一の金融機関に複数の口座があっても上限額は変わらないが、複数の金融
機関に口座がある場合はその分上限額が増えることになる。）、㋒被相続人が有し
ている預貯金債権全体を基準に定めるという考え方（複数の金融機関に口座
があったとしても上限額は変わらないことになる。）があり得るが、同条では、
金額による上限額を設けることにより、他の共同相続人の利益を害さないよ
うにするという要請と、簡易かつ迅速に一部の預貯金の払戻しを受けられる
ようにするという要請の両者を満たすものとして、㋑の考え方を採用したも
のである。

　同条に規定する法務省令で定める額を定める法務省令については、標準的
な当面の必要生計費、平均的な葬式費用の額その他の事情を勘案して定める
こととされている。標準的な生計費の額については、毎年、国家公務員の給

与勧告を行う際に人事院が参考資料として算定を行っており、平成30年4月時点において、世帯人員が一人の標準生計費は12万円弱とされている。また、平均的な葬式費用の額については、150万円前後（注2）といわれている。さらに、その他の事情として考慮の対象となるのは、例えば、高齢者の資産保有状況が考えられる。具体的には、60歳以上69歳以下の高齢世帯の貯蓄金額の中央値は1567万円であり、このうち預貯金が占める割合は全体の約65％であり（総務省「家計調査（2人以上の世帯）」平成28年）、これらを単純に掛け合わせると高齢世帯が保有する預貯金額の中央値は1018万円となる。また、我が国の金融機関における平均口座保有数は約3.5個である（株式会社日本統計センター「金融機関の利用に関する調査」平成23年）という統計データもある。なお、これらの事情は、景気や社会情勢によって変動する可能性があるため、上限額を法律で規定するのではなく、法務省令に委任をして柔軟な対応を図ることとしている。

　そして、平成30年11月、法務省令で定める上限額は150万円と定められた（民法第九百九条の二に規定する法務省令で定める額を定める省令（平成30年法務省令第29号））。したがって、例えば、A銀行の普通預金に600万円、A銀行の定期預金に1200万円、B銀行の普通預金に720万円あった場合には、法定相続分が2分の1の相続人が同条の規定によって払戻しが得られる金額は、A銀行から150万円、B銀行から120万円ということになる。なお、A銀行からの払戻しについては、普通預金口座からは最大100万円、定期預金口座からは最大150万円、それぞれ払戻しを得ることができるが、150万円に満つるまで、どの口座からいくら払戻しを得るかについては、その請求をする相続人の判断に委ねられる（普通預金から80万円、定期預金から70万円の払戻しを求めてもよいし、普通預金から100万円、定期預金から50万円の払戻しを求めてもよい。）（注3）。

（注1）　909条の2の規定による払戻し請求を受けた金融機関において、相続開始後にATM等による出金を確認できた場合であっても、相続人の資金需要に対して簡易迅速な払戻しを行うという同条の趣旨からすると、当該出金が

誰によるものなのか、調査をした上で同条の払戻しを行うという義務までは
ないものと考えられる。なお、金融機関において、当該払戻しを求めた者が
相続開始後にATM等で出金をしていたということが明らかな場合（例えば、
本人が自認をしていた場合）には、当該払戻しの請求は権利の濫用に当たる
として、その支払を拒むことができる場合があると考えられる。
（注2）　葬儀費用の平均的な額については、公的な統計データは存在しないが、
　　交通事故の損害賠償の基準として多く採用されている「民事交通事故訴訟
　　損害賠償額算定基準」（日弁連交通事故相談センター東京支部。いわゆる赤本）
　　によれば葬儀費用は原則として150万円とされている。また、経済産業省によ
　　る「特定サービス産業実態調査」（平成21年）によれば、葬祭業者における葬
　　儀1件当たりの売上高は約125万円とされている。
（注3）　909条の2では、払戻しの請求の回数については、特段の制限を設けて
　　いない。したがって、上限額に満つるまでは、回数の制限なく払戻しの請求
　　をすることは可能である（もっとも、払戻しに当たって、金融機関が定める
　　手数料を請求されることはあり得る。）。

(2) 909条の2の規定に基づき払戻しがされた場合の効果

　909条の2後段では、同条前段の規定に基づき権利行使がされた預貯金債
権については、その権利行使をした共同相続人が遺産の一部分割によりこれ
を取得したものとみなすこととしている（注）。

　これにより、仮に共同相続人の一部の者が同条前段の規定に基づき払い戻
した預貯金の額がその者の具体的相続分を超過する場合でも、当該共同相続
人は、遺産分割においてその超過部分を清算すべき義務を負うことになり、
共同相続人間の公平が確保されることになる。また、本来は共同相続された
預貯金債権は遺産分割の対象財産となっており、各共同相続人の単独での権
利行使は認められないところ、同条前段は、その例外として、各共同相続人
の小口の資金需要に対応できるよう預貯金債権の一部について単独での権利
行使を認めることとしたものであり、権利行使をするか否かも当該相続人の
判断に委ねられているのであるから、この制度により具体的相続分を超える
預貯金の払戻しをした相続人に遺産分割において清算の義務を課したとして
も、当該相続人に特段過大な負担を課し、または、不利益を課すことにはな
らないものと考えられる。

（注）　具体例

　　例えば、以下の事例においては、下記のような結論になるものと思われる。

【事例】

　　相続人Ａ、Ｂ2名（法定相続分は各2分の1）

　　積極財産　1000万円（預金）のみ

　　Ａに対する特別受益　1000万円（生前贈与）

　　Ａが、改正法の規律により、上記預金から50万円の払戻しを受けたものとする。

【結論】

　　遺産分割の対象財産　950万＋50万＝1000万円

　　Ａの具体的相続分　$(1000万＋1000万) \times \frac{1}{2} － 1000万 ＝ 0$

　　Ｂの具体的相続分　$(1000万＋1000万) \times \frac{1}{2} ＝ 1000万$

　　しかし、実際には残余の遺産は950万円しかないので、Ｂは、預金債権950万円とＡに対する代償金請求権50万円を取得することになる。そうすると、遺産分割審判においては、下記のような主文になると思われる。

　　「Ｂに、預金債権（950万円）を取得させる。

　　Ａは、（代償金として）Ｂに対して50万円を支払え。」

(3)　その他の論点

a　払戻し請求をするに当たって必要な書類等

　909条の2の規定の適用を受けるに際し、金融機関にどのような資料を提示する必要があるかについては、法律上規定を設けていない。

　もっとも、同条では、相続開始時の預貯金債権の額の3分の1に払戻しを求める者の法定相続分を乗じた額の範囲内で払戻しを認めることとしていることから、①被相続人が死亡した事実、②相続人の範囲、及び③払戻しを求める者の法定相続分がわかる資料の提示が必要になるものと考えられ、具体的には、これらの事実を証する戸籍（全部事項証明書等）や法定相続情報一覧図（法務局における認証を受けたもの）がこれに該当することになるものと考えられる。

　このように、この制度は、金融機関において、払戻し可能な金額の範囲内にあるかどうかを確認した上で弁済をすることを前提とするものであるた

め、金融機関においては、①誰に、②いつ、③いくら、払戻しを行ったのか正確に記録をしておくことが求められることになる。

b 葬儀費用の支払

909条の2の規定は、前記1のとおり、本決定により、遺産分割までの間、預貯金債権について他の共同相続人の同意なくして権利行使をすることができなくなったことにより、相続開始後に生ずる資金需要に対応することができないという不都合に対応するものである。

相続開始後に生ずる資金需要としては、葬儀費用の支払、被相続人の入院費用の支払、被相続人が負っていたローン等の債務の支払、被相続人から生前扶養を受けていた者の生活費の支弁など様々なものが考えられるが、実務上、最も遺産分割前の預貯金の払戻しの資金需要があるのは、葬儀費用の支払であるという指摘もあるところである。

このため、相続関係部会では、葬儀費用の支払については、金額等の上限を設けることなく、払戻しを認めるという考え方についても検討を行った。もっとも、葬儀費用の負担者については、ケースバイケースにより異なるものと考えられるが、一般的には葬儀の主宰者がこれを負担するという考え方（いわゆる喪主負担説）が有力であるところ、特に預貯金債権の額が十分でない場合に、葬儀費用については金額の上限を設けることなく払戻しを認めてしまうと、葬儀を主宰する相続人の無資力の負担を他の共同相続人に負わせることになり（注1）、預貯金を遺産分割の対象に含め公平な遺産分割を実現するという本決定の趣旨に反する結果となりかねないことから、このような考え方は採用されなかった（注2）。

もっとも、既に一部の金融機関において実施されているように、被相続人が生前、金融機関との間で、葬儀費用の支払に充てるため、事前に指定した者に対して相続開始後に被相続人の保有していた預貯金の一部を払い戻す権限を付与する旨の契約を締結するという方法を採れば、相続開始時の預貯金債権額が十分でなかったとしても、葬儀費用の支払のために被相続人が保有していた預貯金から支払を行うということは可能ではないかと考えられる。上記のような契約の法的性質については、様々な位置付けが可能であるとは

考えられるものの、被相続人と金融機関との間の支払委託契約、すなわち一定の事由が生じた場合には指定した者に対して支払を行う旨の契約と位置付けることが可能であるように思われる。なお、支払委託契約については、委任契約又は準委任契約と位置付けられるが、委任者の死亡が委任の終了事由とされていること（653条1号）との関係も問題となり得る。もっとも、同号の規定は任意規定であり、当事者間の合意によって委任者の死後の事務を含めた法律行為の委任を行うことは可能であると解されていることからすれば（最三小判平4．9．22金法1358号55頁参照）、このような契約の効力を否定する必要性はないように思われる。

c　906条の2との関係

今回の改正では、906条の2において、遺産分割前に遺産に属する財産が処分された場合に、共同相続人全員の合意により、その処分された財産を遺産とみなすことができるという規定が設けられたが、同条の規定と909条の2の規定との関係をどのように考えるべきか、問題となり得る。

まず、906条の2の規定は、相続開始後の処分がされた場合一般に関する規定であるのに対し、909条の2の規定は、そのうち、遺産に属する預貯金債権について共同相続人単独での権利行使を認めた（同条前段）上で、その権利行使がされた場合について一部分割により取得したものとみなすという特則を設ける（同条後段）ものである。したがって、906条の2の規定は、その特則である909条の2後段の規定が適用されない場合にのみ適用されることとなる。

また、909条の2前段の規定に基づき各共同相続人が預貯金の払戻しを求めてきた場合には、預貯金債権の債務者である金融機関において、同条前段の規定による権利行使可能な範囲内にあるかどうかを判断することが予定されている。

そうすると、例えば、共同相続人の一人が、債務者である金融機関に対し、自らが相続人であることを主張して被相続人の預貯金債権の一部について払戻しを求めてきた場合には、金融機関において上記の判断をすることが可能であるから、この場合については909条の2の規定が適用されることに

なる。

　これに対し、共同相続人の一人が、被相続人名義のキャッシュカードを用いて ATM から預金を払い戻した場合や、自らが被相続人であると偽って被相続人名義の払戻請求書を作成し、金融機関の窓口で払戻しを受けた場合については、金融機関はこれらの払戻しが909条の2の規定に基づくものであるかを判断し得ないから、同条の規定は適用されないものと考えられる。したがって、これらの場合については906条の2の規定が適用されることになる。

d　909条の2の払戻し請求権の差押え及び譲渡の可否

　909条の2の規定により、各共同相続人は、遺産分割前であっても、共同相続された預貯金債権のうち一定額については、他の共同相続人の同意を得ることなく単独で払戻しを求めることができるが、各共同相続人が有する同条の規定による払戻し請求権を第三者が差し押さえ、又は、譲渡を受けるなどした上で、当該第三者が同条の規定による払戻し請求権を行使することができるか、問題となり得る。

　前記1のとおり、同条の規律は、本決定による判例変更を踏まえ、新たに規定を設けて預貯金債権のうち一定額については各共同相続人単独での権利行使を可能とするものであって、同条によって性質の異なる複数の預貯金債権を創設するものではない。したがって、相続開始により準共有となったものと解される預貯金債権の準共有持分を譲渡し、又はこれを差し押さえることは可能であるが、同条の規定による払戻し請求権それ自体を独自に観念することはできず、これを譲渡し、又は差し押さえることはできないものと考えられる。もっとも、預貯金債権の準共有持分を譲渡することにより、同条の規定によって払戻しを請求することができる地位も第三者に移転することになるかについてはさらに問題となるが、同条が、遺産分割までの間は預貯金債権の単独での権利行使が否定されることにより類型的に相続人に生じ得る不都合を解消するために特に設けられた制度であることからすれば、当該持分の譲渡を受け、又は差押えをした第三者が同条に基づき権利行使をすることはできないと考えられる（なお、当該持分を譲り受けた第三者としては、

（準）共有物分割を経るなどして、換価する手段は残されている。）。なお、同条は、あくまでも共有法理の例外を設けたものであるから、第三者が相続人の共有持分を差し押さえた場合には、その相続人は、差押えによる処分禁止効により、同条による払戻しを受けることもできなくなるものと考えられる。

e　遺言相続との関係

909条の2は、その文言上、「遺産に属する預貯金債権」を対象としているが、預貯金債権が遺贈や特定財産承継遺言の対象となっている場合に、同条の払戻しの対象となるか、問題となり得る。

この点について、ある預貯金債権が遺贈や特定財産承継遺言の対象となった場合には、遺産に属しないこととなるから、同条の規定による払戻しの対象とはならないのが原則であるが、改正法の下では、遺贈だけでなく、特定財産承継遺言についても対抗要件主義が適用されることとなったから（899条の2）、金融機関としては所定の債務者対抗要件（遺贈については467条、特定財産承継遺言については899条の2第2項参照）が具備されるまでは、当該預貯金債権が遺産に属していることを前提に処理をすれば足り、その後に債務者対抗要件が具備されたとしても、既にされた909条の2の規定による払戻しが無効になることはないものと考えられる。

（注1）　例えば、相続人がA、B（法定相続分は各2分の1）の2名で、遺産が預金120万円しかないとする。この場合に、Aが被相続人の葬儀を行うとして100万円の払戻しを認めることとすると、Bは後の遺産分割において、残預金の20万円とAに対する代償金40万円の請求権を取得することになるものと考えられるが、Aが無資力であれば代償金請求権を取得したとしても、現実には回収することができず、不利益を受けることになる。

（注2）　本文にもあるとおり、葬儀費用の支払に限って金額等の上限なく払戻しを認めるという考え方は採用されず、909条の2では、金額等の上限は設けられているが、資金使途については特段の限定は設けられていない。したがって、同条の規定による払戻し請求を受けた金融機関において、資金使途等を確認する義務はない。

3 家事事件手続法の保全処分の要件を緩和する方策
（家事事件手続法200条3項関係）

(1) 家事事件手続法200条3項の要件

a 本案係属要件等

　家事事件手続法200条3項では、他の家事事件の保全処分と同様に、同項の規定による保全処分を申し立てるに当たっては、遺産分割の調停又は審判の本案が家庭裁判所に係属していることを要するという、いわゆる本案係属要件を要求している。

　相続関係部会における議論では、同項の規定に基づく申立てについては、本案係属要件を外すことも検討されたが、このような考え方については、他の家事事件の保全処分とは異なり、なぜ預貯金債権の仮分割の仮処分に限り本案係属要件を外すことができるのか、理論的な説明が困難であるとの指摘がされた。また、遺産分割の調停の申立て自体は簡易かつ廉価ですることができ（書式は裁判所のホームページに掲載されており、申立費用も1200円と低額である。）、また、提出すべき添付書類という観点でみても審判前の保全処分と本案とでさほど差異はなく、本案係属要件を要求したとしても当事者に過大な負担を課すわけではないと考えられる。以上の点を考慮して、同項の保全処分においても、本案係属要件を外すこととはしていない。

　このため、家事事件手続法200条3項の規定に基づく申立てについても、同条2項の仮処分等と同様、遺産分割の調停又は審判の申立てをした申立人又は相手方（共同相続人の一人又は数人）がすることができることとしている。

b 権利行使の必要性

　預貯金債権の仮分割の仮処分は、相続財産に属する債務の弁済、相続人の生活費の支弁など家庭裁判所が遺産に属する預貯金債権を行使する必要があると認める場合に許容される。

　家事事件手続法200条3項では、相続財産に属する債務の弁済、相続人の生活費の支弁といった事情を例示として掲げているが、これに限る趣旨ではなく、必要性の判断については、家庭裁判所の裁量に委ねることとしている。

c 他の共同相続人の利益を害しないこと

家事事件手続法200条3項では、他の共同相続人の利益を害しない限り、預貯金債権の仮分割の仮処分を認めることとしている。具体的な審査の内容については、個別具体的な事件を担当する裁判官の判断に委ねられるが、一般に、預貯金債権についてはその取得を希望する共同相続人が多いと考えられるから、当該預貯金債権の額に申立人の法定相続分を乗じた額の範囲内に限定するのが相当な場合も多いと考えられる。また、仮処分の申立てをした者に多額の特別受益がある場合には、他の共同相続人の具体的相続分を侵害することがないよう、さらにその額を限定すべきことになるものと考えられる。他方で、他の共同相続人が特に預貯金債権の取得を希望していないような場合には、遺産の総額に申立人の法定相続分を乗じた額の範囲内（相手方から特別受益の主張がある場合には具体的相続分の範囲内）で仮分割の仮処分を認めることも可能であり、さらには、被相続人の債務の弁済を行う場合など事後的な清算も含めると相続人間の公平が担保され得る場合には、一定の条件の下でさらなる増額を認めることもあり得るものと考えられる（注）。

（注）　例えば、相続人がA、B、Cの3名（法定相続分は各3分の1）で、積極財産が600万円（預金）、弁済期が到来した相続債務が240万円存在する事例においては、Aの積極財産における取り分は200万円であるが、Aの申立てにより、相続債務全額の弁済のため、預金のうち240万円をAに仮分割することも、場合によっては許容され得るものと思われる（なお、Aが240万円の相続債務を現に弁済する蓋然性が認められる場合でなければ、B及びCの利益を害することになるから、法定相続分を超えての仮分割を認めることはできないものと考えられる。）。

　　このような処理がされた場合の本分割の在り方については、最終的な清算も見据えて本分割において代償金の支払を命ずる方法（【方法1】）と、積極財産を法定相続分で割り付け、代償金による清算が生じないようにする方法（【方法2】）があり得るが、事案に応じていずれの処理も許容され得るものと思われる。

【方法1】

① 本分割において

　「Aに、預金債権（600万円）のうち360万円を取得させる

　（実際は、仮分割の分を除き、120万円を取得させる。）。

Bに、預金債権のうち120万円を取得させる。
　　Cに、預金債権のうち120万円を取得させる。
　　Aは、代償金として、Bに対して80万円を支払え。
　　Aは、代償金として、Cに対して80万円を支払え。」
　との遺産分割審判を行い、
　②　AがBの債務を第三者弁済したことによって取得した求償債権（80万円）
　　をもって、BがAに対して本分割により取得した代償金債権と相殺するこ
　　とで（AC間も同じ）、清算処理を行うことができる。
【方法2】
①　本分割において、
　　「Aに、預金債権のうち200万円を取得させる
　　（実際は、仮分割で240万円もらっているので、本分割では0円）。
　　Bに、預金債権のうち200万円を取得させる
　　（実際は180万円しかもらえない）。
　　Cに、預金債権のうち200万円を取得する
　　（実際は180万円しかもらえない）。」
　との遺産分割審判を行い、
②　本分割の結果、Aに対する過払い分（40万円）については、B及びCが
　各20万円の不当利得返還請求権を有している、また、Aは、B及びCに対
　して各80万円の求償債権を有していることになるので、結局、Aが、B及
　びCに対して、相殺の上、各60万円の求償債権の行使をすることができる。

(2)　仮処分の効果

　前記(1)の各要件を満たす場合には、家庭裁判所は、仮分割の仮処分とし
て、預貯金債権を申立人に仮に取得させることができる。

　仮分割の仮処分がされた場合に、これが本案の遺産分割（以下「本分割」
という。）に与える影響については、民事事件における保全処分（仮地位仮処
分）と本案訴訟との関係と同様に解することができるものと考えられ（最三
小判昭54．4．17民集33巻3号366頁参照）、原則として、仮分割により申立人に
預貯金の一部が給付されたとしても、本分割においてはそれを考慮すべきで
はなく、改めて仮分割された預貯金債権を含めて遺産分割の調停又は審判を
すべきものと考えられる。

　例えば、相続人がA、B、Cの3名（法定相続分は各3分の1）で、相続財
産として預金200万円、甲不動産（200万円分）、乙不動産（200万円分）があ

り、Aの生活費のために上記預金200万円を仮に取得させる旨の仮分割の仮処分をした場合には、本案である遺産分割の審判においては、上記預金債権も含めて改めて遺産分割する旨の審判をすることになり、その主文は、例えば、次のようなものになるものと考えられる。

「被相続人の遺産を次のとおり分割する。

　　1　Aに、預金債権（200万円）を取得させる。

　　2　Bに、甲不動産を取得させる。

　　3　Cに、乙不動産を取得させる。」

(3) 家事審判手続（必要書類、審判に要する期間、主文）

　家事事件手続法200条3項の規定に基づく預貯金の仮分割の仮処分は、審判前の保全処分（仮分割の仮処分）であるから、その申立てに当たっては、申立書のほか、戸籍関係書類、住所関係書類及び遺産関係書類等の本案において提出すべき書類も必要になるものと考えられる（もっとも、原本を本案において提出済の場合は、写しを提出することで足りるものと考えられる。）。そして、遺産関係書類としては、遺産の全体像を明らかにする書面のほか、仮に取得させるべき預貯金の範囲を判断するため、原則として直近の残高証明書の提出が必要になるものと考えられる。さらに、仮分割の仮処分の必要性を判断するために、申立人の収入状況のほか、仮払いを必要とする費目及びその金額を裏付ける資料（請求書、陳述書等）等の提出が必要になるものと考えられる。

　また、同項の規定による仮分割の仮処分については、仮の地位を定める仮処分という法的性質を有することから、原則として、審判を受ける者となるべき者の陳述を聴かなければ、審判をすることができない（家事事件手続法107条）。このため、家庭裁判所が仮分割の仮処分の申立てを受けた場合には、共同相続人全員に対してその陳述を聴取する期日を通知し、その陳述を現実に聴取したり、照会書を送付することにより陳述を聴取するなどの手続を経た上で審判をする必要があり、仮分割の仮処分の審判を得るまでには、相応の日数を要することになるものと考えられる。

家事事件手続法200条３項は、「遺産に属する特定の預貯金債権の全部又は
一部を」仮に取得させることができるとしていることから、その主文におい
ては、預貯金債権の特定とともに、その一部を取得させる場合にはその金額
の明示が必要になると考えられる。なお、申立人に、金融機関から払戻しを
受ける権限がある旨を明示する必要があるかどうかは考え方が分かれ得ると
ころであるが、これを明示しておけば、金融機関としては安心して払戻しに
応じることができるといったメリットがあるものと考えられる。具体的に
は、下記のような主文とすることが考えられる。

「主文
　1　被相続人○○（令和○年○月○日死亡）の遺産である別紙債権目録
　　　記載１の預金債権を、同目録記載２の申立人取得額のとおり申立人に
　　　仮に取得させる。
　2　申立人は、別紙債権目録記載１の金融機関から前項の取得額の払戻
　　　しを受けることができる。
　3　手続費用は、○○の負担とする。
〔別紙〕債権目録
　1　預金債権
　　　○○銀行○支店普通預金　口座番号　1234567（名義人○○）
　2　申立人の取得額
　　　上記１の預金債権のうち○○円」

① 　共同相続人間の協議により、遺産の一部について分割をすることができることを明文化する。
② 　①の協議が調わないとき、又は協議することができないときは、各共同相続人は、他の共同相続人の利益を害するおそれがある場合を除き、家庭裁判所に対し、遺産の一部について分割をするよう請求することができる。

解　説

1　改正の趣旨

　遺産分割事件を早期に解決するためには、争いのない遺産について先行して一部分割を行うことが有益な場合があり、また、旧法下における実務においても、一定の要件の下で一部分割が許されるとする見解が一般的であったが、法文上、一部分割が許容されているか否かは必ずしも明確でなかった。

　そこで、907条では、いかなる場合に一部分割をすることができるのかについて、明文の規定を設けることとしたものである。

　なお、旧法下における実務上、「一部分割」とされている審判の中には、①家事事件手続法73条2項に規定する一部審判として行われる一部分割（残余遺産について審判事件が引き続き係属するもの）と、②全部審判として行われている一部分割（残余遺産については審判事件が係属せず、事件が終了するもの）の二類型があり、後者は、さらに、㋐審判の時点において、分割の対象となる残余遺産が存在しないか、裁判所（及び当事者）に判明していない場合と、㋑残余遺産が存在するが、当事者が現時点では残余遺産の分割を希望

していないこと等を理由としてその一部のみの分割が行われる場合の二種類に分けられるものと考えられる。

そして、①の一部分割については、家庭裁判所が遺産分割の一部について審判をするのに熟していると判断をしたときに、一部分割の審判をすることができるが、その審判の成熟性の判断の中で、一部分割をする必要性と相当性の審査が行われているものと考えられ、特に①の場合を規律するルールを別途設ける必要性は乏しいと考えられる。また、②-⑦の場合については、少なくとも裁判所は他に分割の対象となる遺産はないものと認識をして全部分割の審判をしているのであるから、このような場合を対象として規律を設けることは困難である。

そのため、907条では、②-④の場合を念頭に置いて規定を設けることとしている。具体的には、遺産の範囲について相続人間で訴訟が提起されるなど争いがあるが、相続人間で争いのない遺産については先に分割をしたいという希望がある場合や、遺産のうち不動産の帰属については相続人間で意見の相違があり調整に時間を要するが、預貯金については法定相続分で分割したいという希望がある場合などに、907条の規定による遺産の一部分割が用いられることになると考えられる。

2　改正の内容

(1)　共同相続人間の協議による一部分割

共同相続人は、遺産についての処分権限があることから、いつでも、遺産の一部を残余の遺産から分離独立させて、確定的に分割をすることができるものと考えられる。

そこで、改正法では、907条1項の文言を「遺産の全部又は一部の分割をすることができる」と改めることにより、共同相続人間の協議による一部分割が可能であることを明示することとしている。

(2)　家庭裁判所に対する一部分割の請求

次に、907条2項本文において、遺産分割について共同相続人間の協議が

調わない場合には、共同相続人が、遺産の全部分割のみならず、その一部のみの分割を家庭裁判所に求めることができることを明らかにしている（注1）。

　これは、遺産分割の範囲について、一次的に共同相続人の処分権限を認めるものである。なお、申立人以外の共同相続人が、遺産の全部分割又は当初の申立てとは異なる範囲の一部分割を求めた場合には、遺産分割の対象は、遺産の全部又は拡張された一部の遺産（当初の申立部分に加え、追加された申立部分を含むもの）ということになるものと考えられる（注2）（注3）。

　また、遺産の一部分割をすることにより他の共同相続人の利益を害するおそれがある場合には、一部分割の請求を認めないこととしている（同項ただし書）。これは、家庭裁判所が一部分割の審判をすることができる場合の実質的な要件を定めるものである。

　審判によって一部分割をすることができる要件については、一般に、一部分割をすることに合理的な理由があり（一部分割の必要性）、かつ、その一部分割によって遺産全体についての適正な分割が不可能とならない場合（一部分割の許容性）でなければならないと解されている（大阪高決昭46.12.7家月25巻1号42頁参照）。そして、一部分割をするのに合理的な理由がある場合としては、ⓐ相続人全員の合意がある場合、ⓑ一部分割をすることについて相続人全員の合意がなく、遺産の全部が既に遺産分割審判の対象となっているが、一部の遺産の評価について争いがあり、その審理に長期間を要する場合、ⓒ分割を禁止された遺産を除いたその余の遺産を分割する場合などが、これに当たるものといわれているが、ⓑの場合に一部分割をするというのは、前記1の①の一部分割をする場合であり、ⓒの場合に一部分割をするというのは、その時点における分割可能な財産を全部分割していることから、前記1の②－㋐の一部分割に該当するものと思われ、残るのは上記ⓐの場合（遺産の一部について分割をすることにつき相続人全員の合意がある場合）ということになる。そして、上記のとおり、申立人以外の共同相続人が、当初の申立てとは異なる範囲の一部分割を求めた場合には、遺産分割の対象は、遺産の全部又は拡張された一部の遺産（当初の申立部分に加え、追加された申立部

分を含むもの）ということになるから、結局、当事者全員が申立てに係る一部の遺産について分割を求めているということは、遺産分割を求めている範囲の上限については当事者全員に異論がないということになる（注4）。このように考えると、一部分割の必要性については、家庭裁判所が一部分割の審判をする場合の要件として特に明文化する必要はないものと考えられる。

　一方、一部分割の許容性については、上記のとおり、一般には一部分割によって遺産全体についての適正な分割が不可能にならない場合に許容されるものと解されており、具体的には、特別受益の有無等を検討し、代償金、換価等の分割方法をも検討した上で、最終的に適正な分割を達成し得るという明確な見通しが得られた場合に許容されるものと考えられ、一部分割においては具体的相続分を超過する遺産を取得させることとなるおそれがある場合であっても、残部分割の際に当該遺産を取得する相続人が代償金を支払うことが確実視されるような場合であれば、一部分割を行うことも可能であると考えられる。

　そして、このような観点で検討しても、一部分割をすることによって、最終的に適正な分割を達成し得るという明確な見通しが立たない場合には、当事者の合意がある場合であっても、家庭裁判所が一部分割の審判をするのは相当ではなく、当該一部分割の請求は不適法であるとして、却下するのが相当であると考えられる。

　そこで、907条2項ただし書では、「遺産の一部を分割することにより他の共同相続人の利益を害するおそれがある場合」は、一部分割の請求は不適法であることとしており、この場合には、家庭裁判所は、一部分割の請求を却下しなければならないことになる（注5）（注6）。

　これは、遺産分割の範囲について、一次的には当事者の処分権を認めつつも、それによって適正な遺産分割を実現することができない場合には、家庭裁判所の後見的な役割を優先させ、当事者の処分権を認めないという考えに基づくものである。

（注1）　家事審判の申立てにおいては、申立ての趣旨及び理由を特定して申立

てをする必要があるが（家事事件手続法49条2項2号）、審判を求める事項の特定について、具体的にどの程度の詳細さが求められるかは、条文上明らかにされておらず、解釈に委ねられている。一般に、遺産分割については、「遺産分割を求める。」という記載があれば申立ての趣旨の特定性は満たされていると考えられてきたが、907条2項の規律を前提とすると、一部分割の申立てをする場合には、「別紙遺産全体目録中、○番及び○番の遺産の分割を求める。」というように、分割を求める遺産の範囲を特定すべきということになるものと考えられる（なお、遺産の全部について分割を求める場合は、これまでどおり「遺産分割を求める。」ということのみで、申立てとしては特定していると考えられる。）。

(注2)　一部分割の申立てと全部分割の申立てが重複した場合には、申立ての利益についてどのように考えるべきかという問題はあるが、いずれにしても、遺産の全部が審判の対象になるものと考えられる。なお、例えば、相続人Aが遺産甲の分割を、相続人Bが遺産乙の分割をそれぞれ求めた場合には、包含関係にないことから、いずれの申立ても適法として、裁判所は、遺産甲及び乙の分割をそれぞれ行うことになるものと考えられる（通常は併合して審理することになるものと思われる。）。

(注3)　なお、申立人以外の共同相続人が、当初の申立てとは異なる範囲の一部分割を求める場合には、その旨の新たな申立てが必要になるものと考えられる。また、一部分割の申立てをした申立人が当初の申立てとは異なる範囲の分割を求める場合についても、申立ての趣旨の拡張が必要になるものと考えられる。

(注4)　なお、一部の共同相続人が一部分割を求めているのに対し、他の共同相続人があくまで協議による分割を求め、あるいは、より小さい範囲の遺産の分割を求めるということもあり得るところであり、このような観点からみると、全ての共同相続人が申立てに係る一部の遺産について分割をすることについて異論がないとはいえない。もっとも、共同相続人は、いつでも遺産の分割をすることができるものとされ（907条1項）、特別の事由があるときに、一定の期間、分割が禁止されることがあり得るに過ぎず（同条3項）、遺産の分割をしたくないという希望は必ずしも法律上保障されているとはいえないことからすると、分割をしたくない又はより小さい範囲で分割をしたいという当事者がいるとしても、その希望は必ずしも法律上保護されるべき利益とはいえないものと考えられる。

(注5)　具体例（他の共同相続人の利益を害するおそれがある場合）
　　以下のような事例においては、一部分割を行うと他の共同相続人の利益を害するおそれがあるものと考えられる。
【事例】
　　相続人A（配偶者）、B～E（子4名）

遺産として居住用不動産（1000万円）のほか、田畑等の不動産が複数筆ある（合計2000万円）。なお、Aには、特別受益（生前贈与）が2000万円ある。

　上記事例において、居住用不動産をAに取得させるべく一部分割の申立てがあったものとする（その他の不動産については、B～E間の協議がまとまっておらず、もう少し時間をかけて協議をしたいという希望がある。）。

【検討】

　相続人間で協議が調うのであれば、審判を経ることなく、Aに居住用不動産を取得させる旨の遺産分割をすれば足りる。もっとも、例えば、Eが行方不明で協議による分割ができないが、B～DはAに具体的相続分を超えて居住用不動産を取得させることについて特段異議がないという場合には、一部分割の審判を経る必要がある。

　この場合において、Aに代償金支払の資力（B～Dは代償金の支払を現実に受けなくても構わないという意思を示している場合には、Eに対する125万円の代償金支払の資力があればよいと考えられる。）がない場合には、居住用不動産の一部分割をするとEの利益を害するおそれがあるので、そのような一部分割の審判をすることができないということになる。

　なお、Aが居住用不動産につきEと共有をしてもよいと考えている場合には、Aに居住用不動産の8分の7の持分、Eに居住用不動産の8分の1の持分を取得させるという審判をすることは可能である。

（注6）　裁判所としては、一部分割をすることにより、共同相続人の一人又は数人の利益を害すると認めるときは、直ちに却下するのではなく、釈明権を行使して、当事者に申立ての範囲を拡張するか否かを確認するなどした上で判断をするという運用になるものと思われる。

4 遺産の分割前に遺産に属する財産が処分された場合の取扱い（906条の2関係）

ポイント

① 遺産分割前に遺産に属する財産が処分された場合であっても、共同相続人全員の同意により、当該処分された財産を遺産分割の対象に含めることができる。

② 共同相続人の一人又は数人が遺産分割前に遺産に属する財産の処分をした場合には、当該処分をした共同相続人については、①の同意を得ることを要しない。

解　説

1　改正の趣旨

　共同相続された相続財産については、原則として遺産共有となるところ（898条）、その共有状態の解消については、遺産分割の手続によることとされており（907条）、遺産分割の手続においては、903条及び904条の2の規定によって算定される具体的相続分を基準として各相続人に遺産を分割することとされている。

　一方、共同相続人が遺産分割前にその共有持分を処分することは禁じられていないが、旧法下では、当該処分がされた場合に遺産分割においてどのような処理をすべきかについて明文の規定はなく、また、明確にこれに言及した判例も見当たらなかった。実務においては、遺産分割は遺産分割の時に実際に存在する財産を共同相続人間で分配する手続であるという伝統的な考え方に従い、共同相続人の一人が遺産分割の前に遺産の一部を処分した場合には、その時点で実際に存在する財産（当該処分された財産を除いた遺産）を基準に遺産分割を行い、当該処分によって当該共同相続人が得た利益も遺産分

割においては特段考慮しないという取扱いがされていた（注１）。そうすると、当該処分をした者の最終的な取得額が、当該処分を行わなかった場合と比べると大きくなり、その反面、他の共同相続人の遺産分割における取得額が小さくなるという計算上の不公平が生じ得ることとなっていた（注２）。

　また、前記②2のとおり、改正法では、各共同相続人が家庭裁判所の判断を経ないで相続された預貯金の払戻しを認める制度を設けることとしているが（909条の2）、この方策に基づく適法な払戻しであれば、遺産分割においてその清算がされるのに対し、この方策に基づかずに違法に払戻しを受けた場合には清算がされないということになれば、違法行為を助長することにもなりかねず、具体的妥当性等の観点からも極めて不当な結果となる（注３）。

　そこで、906条の2では、遺産分割前に遺産に属する特定の財産を共同相続人の一人が処分した場合に、処分をしなかった場合と比べて利得をすることがないようにするため、遺産分割においてこれを調整することを容易にする規律を設けることとしている。

（注１）　もっとも、旧法下の実務においても、例外的に、遺産分割の当事者の間で当該処分された財産を遺産分割の対象とする旨の合意が成立した場合等には、その財産を遺産分割の対象とする取扱いがされていた。この点については、小田正二ほか5名「東京家庭裁判所家事第5部における遺産分割事件の運用—家事事件手続法の趣旨を踏まえ、法的枠組みの説明をわかりやすく行い、適正な解決に導く手続進行—」（判タ1418号5頁以下）によれば、全当事者の合意があることを前提として、①ある当事者が預金を既に取得したものとして相続分・具体的取得金額を計算する、②ある当事者が（払い戻した預金である）一定額の現金を保管しているとして、これを分割対象財産とする、③払い戻した預金が被相続人からの贈与と認められるとして、当該当事者に同額の特別受益があるとの前提で具体的相続分を計算する、などの方法が採られていたようである。このうち、②の考え方は、計算上、改正法の規定を適用したのと同じ結果になる一方、③の考え方によると、当該当事者が既に本来の具体的相続分を超過する利益を受けている場合には対応することができないことになる。①の考え方については、上記超過利益が生じている場合にその超過分を返還させる（代償金債務を負わせる。）場合には②の考え方と同じ帰結になり、そうでない場合には③の考え方と同じ帰結になる。
（注２）　具体例

【事例】

　相続人A、B2名（法定相続分は各2分の1）

　遺産　　　1400万円分（1000万円（預金）＋400万円分（不動産））

　特別受益　Aに対して生前贈与1000万円

　Aが相続開始後にBの同意なく500万円を払い戻した場合（受領権者としての外観を有する者に対する弁済として有効であることを前提とする。）について、A及びBの遺産分割等における取得額について検討する。

【計算】

（①　Aの出金がなかったとした場合の計算）

Aの具体的相続分　（1400万 ＋ 1000万）× $\dfrac{1}{2}$ － 1000万 ＝ 200万円

Bの具体的相続分　　1200万円

　したがって、遺産分割において、Aは200万円分の財産（特別受益を含めると1200万円分）、Bは1200万円分の財産を取得することができる。

（②　旧法の考え方）

　具体的相続分の計算は①と同じ。したがって、Aの具体的相続分は200万円、Bの具体的相続分は1200万円となる。

　遺産分割時の遺産（900万円）を具体的相続分で割付けをすると（1万円未満は四捨五入）、

　　Aは、　900万 × $\dfrac{200万}{1200万 + 200万}$ ≒ 129万円

　　Bは、　900万 × $\dfrac{1200万}{1200万 + 200万}$ ≒ 771万円

となり、結局、最終的な取得額は、

　　A　1000万 ＋ 500万 ＋ 129万 ＝ 1629万円

　　B　771万円

となり、不当な払戻しをしたAが払戻しをしなかった場合と比べて得をすることになる。

　なお、Aの500万円の払戻しについては、1000万円の預金のうち法定相続分に相当する額の払戻しに過ぎないが、遺産分割の対象となる信託受益権について当該相続人の法定相続分以内の処分であっても当該処分のうち他の共同相続人の法定相続分に相当する額については不当利得が成立する旨判示をした最一小判平26.9.25（判時2258号30頁）の趣旨からすると、Bは、Aに対して法定相続分に従って250万円の損害賠償請求又は不当利得返還請求をすることができると考えることができる。

　もっとも、仮に民事訴訟によってこの権利を行使したとしても、最終的な取得額は、

　　A　1629万 － 250万 ＝ 1379万円

B　771万＋250万＝1021万円

となり、依然として不当な払戻しをしたＡが払戻しをしなかった場合と比べて得をすることになる。

(注3)　なお、預貯金債権については、本決定により遺産分割の対象財産となるとともに、各共同相続人による単独での権利行使も禁じられることになったものと考えられる。そうすると、共同相続人の一人によって預貯金の払戻しが行われることは違法であり、他の共同相続人は不法行為に基づく損害賠償請求又は不当利得返還請求をすることができるものと解し得る。この場合にも、具体的相続分を前提として損害額又は損失額の算定がされるのであれば結果的に計算上の不公平を是正することができるが、具体的相続分については権利性がないという判例（最一小判平12．2．24民集54巻2号523頁）の解釈を前提とすれば、不法行為又は不当利得の解釈においても、法定相続分を前提として損害額又は損失額の算定がされることになる可能性が高いものと考えられる。

2　改正の内容

(1)　共同相続人全員の同意によって遺産分割の対象財産とすることを認める規律

遺産分割は、一般に、相続開始時に存在し、かつ、遺産分割時にも現に存在する財産を共同相続人間において分配する手続であるとされており、第三者が相続財産を毀損、滅失させた場合など遺産分割時には存在しない財産については、遺産分割の対象とはならないものと考えられてきた。もっとも、判例及び実務（最一小判昭54．2．22家月32巻1号149頁、高松高判平11．1．8家月51巻7号44頁、福岡高裁那覇支判平13．4．26判時1764号76頁）においては、遺産分割時には存在しない財産であっても、共同相続人の全員がこれを遺産分割の対象に含める旨の合意をした場合には、例外的にこれを遺産分割の対象とする取扱いがされてきたところである。

906条の2第1項の規律は、従来の判例や実務によって承認されてきた考え方を明文化するものである。

なお、同条の「処分」とは、預貯金の払戻しのように遺産に含まれる財産を法律上消滅させる行為のほか、相続開始により遺産共有となった不動産等に係る共有持分を第三者に対して譲渡する行為、さらには遺産に含まれる動

産等を現実に毀損・滅失させる行為などが含まれるものと考えられる。

(2) 処分を行った共同相続人の同意を得る必要がないこと

906条の2は、前記1のとおり、遺産分割前に、共同相続人の一人が他の共同相続人の同意を得ずに遺産に属する財産の処分をした場合に、処分がなかった場合と比べて多くの利得を得るという不公平が生じないようにするため、遺産分割における調整を容易にすることを目的とするものである。遺産分割前の処分が違法である場合はもとより、適法である場合にも、当該処分をした相続人がこれにより受けた利益を考慮して遺産分割をすることは、当該相続人に不利益を課すものではなく、むしろ相続人間の公平に資するものであることから、同条2項では、共同相続人の一人が遺産分割前に遺産に属する財産を処分した場合には、当該共同相続人の同意を得ることを要しないこととしている。これにより、当該処分を行ったのが共同相続人の一人である場合には、遺産分割時に当該処分した財産を遺産に含めることについて他の共同相続人の同意さえあれば、これを遺産分割の対象として含めることができることとなり、公平な遺産分割を実現することができることとなる（注）。

(注) 具体例
　　前記1（注2）と同じ【事例】で、906条の2の規定を適用した場合（共同相続人Bの同意はあるものとする。）には、下記のような審判（主文）をすることによって、公平な遺産分割を実現することができる。
　　「Aに、（既に払い戻した）預金500万円を取得させる。
　　　Aは、Bに対して、代償金300万円を支払え。
　　　Bに、預金500万円及び不動産（400万円）を取得させる。」

(3) その他の論点

a 第三者による処分

906条の2の規定は、遺産分割前に遺産に属する財産を処分したのが相続人以外の第三者である場合にも適用されるか、問題となり得る。

同条1項は、「遺産の分割前に遺産に属する財産が処分された場合であっても、共同相続人は、その全員の同意により、当該処分された財産が遺産の分割時に遺産として存在するものとみなすことができる。」としており、その文言上、当該処分が共同相続人によるものか、それ以外の第三者によるものかで区別をしていないから、同項については、遺産分割前に遺産に属する財産を処分したのが相続人以外の第三者である場合にも適用がある。

　これは、第三者が遺産を処分した場合であっても、第三者に対する損害賠償請求権や処分された財産に関する保険金請求権を遺産分割の対象とするために、全共同相続人の同意により処分された財産を遺産分割の対象とするということも考えられ、実務上も、全共同相続人の同意によりいわゆる代償財産を遺産分割の対象とするという取扱いがされていること等を踏まえ、同項では、第三者により処分された場合を含め、当該処分された財産が遺産として存在するものとみなすことができることとしている。

　これに対し、同条2項は、遺産分割前の遺産に属する財産の処分が共同相続人の一人又は数人により行われた場合にその処分者の同意を要しないとするものであるから、同項については、第三者がその処分を行った場合には適用されない。同項の規定は、遺産に属する財産を処分した共同相続人が同条1項の同意をしないことにより、処分がなかった場合と比べて利得をするという不公平を是正することを目的としているが、当該処分を行った者が共同相続人以外の第三者である場合には、当該処分により共同相続人の誰かが利得をするという関係にはないため、同条2項の規定を適用する必要はないためである。

b　共有持分の差押え

　906条の2の規定は、共同相続人の一人の債権者等が、遺産共有となっている不動産の共有持分を差し押えた場合にも適用があるか、問題となり得る。

　この点については、遺産に属する不動産の共有持分が相続債権者又は相続人の債権者によって差し押さえられた場合には、債務者による不動産の処分行為が禁止されることになるため、当該差押えを受けた共有持分を含めた遺

産分割を行うことはできなくなり、実質的には遺産から逸失することとなるとも考えられなくはない。そして、共有持分の差押え及び競売等により利益を受けるのは、その差押えを受けた共同相続人の一人であり、他の共同相続人がその結果により遺産分割において損失を被る理由がないことは、共同相続人の一人が実際に処分を行った場合と同様である。

　もっとも、差押えの処分禁止効については相対的な効力を有するに過ぎないと解されており、また、所有権移転の効果は、売却許可決定確定後代金納付時に生ずる（民事執行法79条）ことから、遺産から逸出するのは、その時であると考えられる。このように考えると、共有持分につき差押えがあったとしても、遺産から未だ逸出はしておらず、差押えがされた持分も含めて遺産分割をすれば足りるものと考えられる（実際の遺産分割においては、当該差押えを受けた共有持分については、当該差押えを受けた共同相続人の一人に取得させることになる場合が多いものと思われる。）。なお、売却決定がされ代金が納付された場合には、当該差押えを受けた共同相続人の一人が、遺産に属する財産を処分したとして、906条の2の規定を適用又は類推適用することができるものと考えられる。

　c　共同相続人間で処分者について争いがある場合

　遺産分割前に遺産に属する財産が処分されたが、共同相続人間で、誰がその処分をしたのか争いがある場合も考えられる。

　このような場合、すなわち、共同相続人間において、遺産に属する財産の処分者が争われる場合には、遺産分割事件を取り扱う家庭裁判所において、遺産分割の前提問題としてその処分者について事実認定をした上で、遺産分割の審判をすることは可能である。

　もっとも、家庭裁判所が遺産分割の審判の中でした事実認定については既判力等の拘束力が生じないため、後にその事実認定が既判力のある確定判決等に抵触することとなった場合には、遺産分割の審判の全部又は一部の効力が否定されるおそれがある。遺産分割の当事者としては、このような事態が生じないようにするため、遺産分割の前提問題として、当該処分された財産が906条の2の規律により遺産に含まれることの確認を求める民事訴訟を提

起することができるものと考えられる（最一小判昭61．3．13民集40巻2号389頁参照）。

　例えば、相続人がA、Bの2名おり、Aが遺産に属する財産を処分したとして、Bが906条の2の規定により遺産に含めるべきであると主張している場合において、Aが自分は当該処分をしていないとして争っているといった事例を想定する。この場合に、Bは、①当該処分された財産が相続開始時に被相続人の遺産に属していたこと、②処分された財産の処分者はAであること、③Bは、処分された財産を遺産分割の対象に含めることに同意をしていることを主張して、処分された財産が遺産に含まれることの確認を求める訴えを地方裁判所等に提起することができるものと考えられる。

　そして、その民事訴訟において、処分された財産が遺産に含まれるという事実が確認され、その判決が確定した場合には、その判断に既判力が生ずるため、遺産分割手続を行う家庭裁判所は、その事実を前提として遺産分割の審判を行うことになる（注）。

d　遺産分割が終了している場合等

　906条の2の規定は、遺産分割前に遺産に属する財産が全て処分された場合にも適用があるのか、問題となり得る。

　同条は、遺産分割前に遺産に属する財産が処分された場合には、当該処分された財産についてはもはや遺産ではないことを前提として、処分をした者以外の共同相続人の全員の同意を条件として、遺産分割時に当該処分された財産を遺産として存在するものとみなすことができることとするものである。もっとも、遺産分割は、一般に、相続開始時に存在し、かつ、分割時にも存在する相続財産を分割する手続であるとされており、このような考え方を前提とすれば、遺産分割前に遺産に属する財産が全て処分され、遺産分割の対象となる財産が存在しない場合には、そもそも遺産分割を行うことができないことになる。同条の規定は、あくまでも遺産分割をすることができる場合であることを前提として、処分された財産を遺産とみなすことができるという規定であるから、遺産分割をすることができない場合については、適用の対象とならないものと考えられる。

以上のとおり、遺産分割前に遺産に属する財産が全て処分された場合又は先行する遺産分割手続において処分された財産以外の全財産について全て分割が終了している場合については、そもそも遺産分割がされるべき場合でないため、同条の適用はないものと考えられる。

　もっとも、動産等も含めれば、遺産分割前に遺産に属する財産全てが処分されてしまい、何も分割すべき遺産がないといったケースはかなり稀ではないかと思われる。

e　同意の撤回の可否

　906条の2第1項は、「遺産の分割前に遺産に属する財産が処分された場合であっても、共同相続人は、その全員の同意により、当該処分された財産が遺産の分割時に遺産として存在するものとみなすことができる。」としており、共同相続人全員の合意が成立した時点で、処分財産を遺産としてみなすという実体法上の効果を生じさせるものであるが、このような効果は共同相続人の意思に沿ったものであるから、各共同相続人の同意は意思表示に当たる。

　そして、改正法においても、同意の撤回について特段の措置は設けていないから、同項の「同意」については、他の意思表示と同様、原則として撤回することができないものと考えられる。

　もっとも、共同相続人の同意の一部又は全部が錯誤、詐欺又は強迫によってされたものである場合については、その同意の意思表示は取り消し得ることになる（95条、96条）。

　（注）　共同相続人A、Bにおいて、処分財産がAによって処分されたのか、Bによって処分されたのかについては争いがあるが、遺産分割時に遺産として存在するものとみなすことについては争いがなく、A、B間に同意がある場合については、906条の2第1項の共同相続人全員の同意があるものとして、処分財産が遺産分割時に遺産として存在するものとみなすことができることになる。もっとも、このような場合でも、AとBとの間で、そのいずれが当該処分財産を処分したかをめぐり激しく主張が対立し、当事者双方が感情的になっているような場合には、当事者間の真意として遺産に組み入れることの同意がないとみるべき場合もあり、遺産分割時に遺産として存在するも

とみなすことに一方が同意をしないものとして、他方が遺産確認訴訟を提起
することが認められる場合もあるものと考えられる。

第4 遺言制度に関する見直し

1 自筆証書遺言の方式緩和 （968条関係）

> **ポイント**
>
> ① 自筆証書によって遺言をする場合において、自筆証書に相続財産の全部又は一部の目録を添付するときは、その目録については自書することを要しない。
> ② 自筆証書に自書によらない目録を添付する場合には、遺言者は、目録の各頁に署名押印をしなければならない。

解　説

1 改正の趣旨

遺言は、遺産の分配方法等に関する被相続人の最終意思を明らかにするものであり、これにより遺産分割をめぐる紛争を防止するという効果も期待することができることからすれば、基本的には、遺言の利用を促進することは望ましいと考えられる。この点について、家庭裁判所における遺言書（自筆証書遺言及び秘密証書遺言等）の検認件数（新受件数）は、昭和60年は3301件であったのが、平成15年は1万1364件、平成20年は1万3632件、平成29年には1万7394件と増加してきており、自筆証書遺言の利用は年々増加しているものと考えられる（注1）。もっとも、平成29年の死亡者数が134万433人であることからすると、同年中の遺言書の検認件数1万7394件に公正証書遺言の作成件数11万191件を足し合わせても死亡者数の1割にも達していないこととなり、遺言の利用が十分に進んでいるとはいえないように思われる。

旧法下では、自筆証書遺言は、その全文を自書しなければならないものとされていたが（改正前の968条1項）、とりわけ高齢者等にとって遺言書の全文を自書することはかなりの労力を伴うものであり、このような厳格な方式が遺言者の負担となって自筆証書遺言の利用が阻害されているとの指摘がされていた。特に、遺言者が多数の不動産や預貯金口座等を有しており、それらを遺贈等の対象として遺言書に記載しようとする場合には、その負担は相当重くなるものと考えられる。

　他方で、968条1項において全文の自書が要件とされているのは、偽造・変造を防止し、遺言が遺言者の真意によるものであることを担保するためであると考えられるが、財産目録は対象財産を特定するだけの形式的な事項であるため、この部分については、自書を要求する必要性が必ずしも高くないと考えられる。

　そこで、自筆証書遺言をより使いやすいものとすることによってその利用を促進する観点から、自筆証書に相続財産等の目録を添付する場合には、その目録については自書を要しないこととして、自筆証書遺言の方式を緩和することとしたものである。

　もっとも、偽造・変造を防止する観点から、遺言者は、自書によらない目録の各頁（注2）に署名押印をしなければならないこととしている。

（注1）　公正証書による遺言を除き、遺言書の保管者は、相続の開始を知った後、遅滞なく家庭裁判所に遺言書を提出してその検認を請求しなければならないとされているが（1004条1項、2項）、検認の手続を経ていなくても、遺言の有効性には影響しないものと考えられており、実際に自筆証書遺言のうちどの程度の割合について検認がされているかは明らかでない。また、検認件数に占める自筆証書の割合についても明らかでない。したがって、厳密には、検認件数の増加によって自筆証書遺言の作成件数の増加が裏付けられるわけではないが、特に秘密証書遺言や特別の方式による遺言の利用のみが増えていることをうかがわせる事情も見当たらないことからすれば、自筆証書遺言の利用も増加しているものと考えられる。
（注2）　968条2項では、「各頁」ではなく、「毎葉」という文言を用いている。もっとも、同項では、「毎葉」としつつ、かっこ書で、「自書によらない記載がその両面にある場合にあっては、その両面」と規定しているため、「各頁」

という文言を用いるのと実際上の差異はほとんど生じないが、厳密には、後記2(1)b(a)のとおり、自書によらない記載が用紙の片面にしかない場合には、その裏面に署名押印をすれば要件を満たすことになる点で違いがある。

2　改正の内容

(1)　自書によらない財産目録を添付する場合の規律

a　財産目録の作成

(a)　968条2項は、基本的には、相続財産について財産目録を添付する場合の規律であるが、遺贈の場合には、相続財産に属しない権利を目的とするもの（いわゆる他人物遺贈）も認められていることから（997条1項）、その目的となる権利についても自書によらない財産目録を作成することができることを明らかにするために、「相続財産（第997条第1項に規定する場合における同項に規定する権利を含む。）」と規定している。

財産目録には、通常、対象財産が不動産である場合にはその地番、地積等又は不動産番号（不動産登記規則90条）が、対象財産が預貯金債権である場合には金融機関名、口座番号等が記載されることになるものと考えられる。財産目録の記載内容については、特段の規定はないため、財産を特定することができれば有効なものとして取り扱われることになると考えられるが、事後の紛争を防止する観点からも、財産の特定について疑義が生じないような記載をする必要がある。

(b)　財産目録については、各頁に署名押印を要求する以外には、特段の方式を定めていない。したがって、遺言者本人がパソコン等を用いて作成した財産目録を添付することはもとより、遺言者以外の者が作成した財産目録を添付したり、不動産の登記事項証明書や預貯金通帳の写し等を財産目録として添付したりすることも許される。

(c)　「添付する」の意味は、文字どおり、書類などに他のものを付け加えるという意味であり、自筆証書に添付する財産目録についても、本文の記載がされた用紙とは別の用紙に財産目録を作成する必要がある。したがって、遺言書の本文が記載された自筆証書と同一の用紙の一部に財産目録を

印刷して遺言書を作成することはできない。

　これは、同一の用紙の中に自書による部分と印刷による部分とを混在させて遺言書を作成することを認める必要性に乏しい一方で、自筆による遺言書の本文と同一の用紙に財産目録を印刷して遺言書を作成することを認めた場合には、完成した遺言書の余白部分に第三者が財産目録を印刷するなどして遺言書の変造を容易にするおそれがあることや、許される方式とそうでない方式との区別が曖昧になるおそれがあること等を考慮したものである。

　b　署名押印

(a)　自書によらない財産目録を添付して自筆証書遺言をする場合には、遺言者は、自書によらない目録の「毎葉」に署名押印をしなければならず、特に自書によらない記載がその両面にある場合には、財産目録の両面に署名押印をしなければならない。「毎葉」とは財産目録の全ての用紙という意味であり、表裏は問わないため、自書によらない記載が財産目録の片面にしかない場合には、遺言者は、財産目録の用紙のいずれかの面に署名押印をすれば足りる。したがって、例えば、不動産の登記事項証明書を財産目録として添付する場合には、裏面にも自書によらない記載がされている場合を除き、遺言者は、証明書が記載された印刷面を避けて裏面に署名押印をすることもできる。

　財産目録の「毎葉」に署名押印をすることを要件としたのは、自筆証書遺言の要件を緩和した場合には、旧法下よりも遺言書の偽造・変造が容易になるおそれがあるためである。単に財産目録については自書によらなくてもよいこととするだけでは、受遺者とされている者（特定財産承継遺言により利益を受ける者を含む。）が、遺贈等の目的物を自己に有利なものにするために自書によらない財産目録を差し替えたり、自己に対する遺贈等の目的物が記載された財産目録の裏面に他の財産を記載することにより遺贈等の目的物を増やしたりすることによって、遺言書を偽造・変造することが容易になり得ると考えられる。そこで、前者については財産目録の「毎葉」に署名押印を求めることで差替えを防止し、また、後者について

は、財産目録の記載が両面にある場合にはその両面に署名押印を求めることで裏面に事後的記載をすることを防止することとしたものである。

(b) 財産目録への押印に用いる印については、遺言者の印であること以外に特段の要件はない。したがって、本文が記載された自筆証書に押された印と同一のものである必要はなく、また、いわゆる認印であっても差し支えない。

この点に関し、相続関係部会では、本文が記載されている自筆証書に押された印と同一のものであることを要求することも検討されたが、これにより偽造・変造の防止に一定の効果があるとしても、その効果は限定的であると考えられるのに対し、この点の方式違反により無効とされる遺言が増えるおそれがあることから、このような考え方は採用されなかった。

(c) 押印は、財産目録の各用紙にされれば足り、本文と財産目録との間や、財産目録の各用紙の間に契印をする必要はない。

旧法下でも、自書した財産目録を添付して自筆証書遺言を作成することはできたが、その場合であっても、本文と財産目録との間に契印を要することとはされていなかった。このため、自書によらない財産目録を添付する場合に、旧法下で要求されていなかった契印の要件を新たに設けることにすると、この点の法的知識がなかったり、あるいは契印を失念したりするなどして、契印の要件を満たさずに遺言が無効となる事案が増加するおそれがある。そのため、自書によらない財産目録を添付する場合にも、契印を必要的なものとすることとはしなかったものである。

なお、遺言者において、財産目録の署名押印の他にも遺言書全体の一体性を確保する手段を講じたい場合には、契印をする方法のほか、同一の封筒に入れて封緘することや、遺言書全体を編綴するといった方法が考えられ、遺言者において適切な方法を選択することができる（注）。

(注) 968条2項では、「自筆証書にこれと一体のものとして相続財産…の全部又は一部の目録を添付する場合には」と規定しているが、ここでの一体性は、遺言書の保管状況等に照らし、本文の記載がある書面と財産目録の記載があ

る書面とが一体の文書であると認められれば足り、本文に記載したような契印、封緘、編綴がされている場合のように、物理的に一体となっていることまで要求する趣旨ではない。

⑵　財産目録中の記載の加除その他の変更に関する規律

a　968条3項は、改正前の968条2項とほぼ同様の規定であるが、自書によらない財産目録中の加除その他の変更についても、自筆部分の変更と同様の方式によらなければ、変更の効力を生じないこととしている。

　　具体的には、財産目録中の加除その他の変更は、遺言者が、変更の場所を指示し、これを変更した旨を付記して特にこれに署名し、かつ、その変更の場所に印を押さなければ、その効力を生じない。したがって、財産目録中の記載の一部を訂正する場合には、適宜の方法で訂正をした上で、例えば、「目録（一）第参行目中、弐文字削除、弐文字追加」等の文言を付記した上で署名し、さらに訂正箇所に押印をする必要がある。

b　目録を差し替える方法で遺言書を変更することは可能であるが、単に古い財産目録を破棄して新しい財産目録を添付することで、あたかも作成時から差替え後の財産目録が添付されていたような遺言書を作出することは想定されていない。

　　財産目録を差し替える場合にも、968条3項に定める方式で行う必要があり、例えば、旧目録を斜線等で抹消した上でその斜線上に抹消印を押し、新目録の紙面上に追加印を押した上でこれを添付し、さらに、本文が記載された紙面上に訂正文言（「旧目録を削除し、新目録を追加した。」等）を記載し、遺言者自ら署名することが必要である。

　　なお、このような財産目録の差替えに関しては、遺言作成時に有していた効果意思とは異なる内容の財産目録に差し替えることができるのかという問題が生じ得る。これを認める場合には、本来であれば遺言によってしなければならない法律行為を、日付の記載が要求されていない遺言書の変更によってすることを認めることになるからである。もっとも、この点については、旧法下でも類似の問題が生じ得るところであり、最終的には裁

判所の解釈に委ねられることになるが、一般論としては、968条3項の規定に則って差替えが行われている以上は、適式な変更として許されることになるのではないかと思われる。

2 遺贈の担保責任（998条関係）

> **ポイント**
>
> 遺贈義務者は、遺贈の目的である物又は権利を、相続開始の時（その後に当該物又は権利について遺贈の目的として特定した場合にあっては、その特定した時）の状態で引き渡し、又は移転する義務を負う。ただし、遺言者がその遺言に別段の意思を表示したときは、その意思に従う。

解　説

1　改正の趣旨

旧法下では、遺贈の担保責任について、特定物と不特定物とを区別した上でそれぞれに異なる規律を設けていたが（改正前の998条、1000条）、平成29年5月に成立した債権法改正法では、贈与の担保責任に関する規律の見直しが行われ、贈与者は、特定物と不特定物とを問わず、契約内容に適合する物又は権利を引き渡し、又は移転する義務を負うことを前提とした上で、その無償性に鑑み、贈与の目的として特定した時の状態で引き渡し、又は移転することを約したものと推定するとの規定が設けられた（551条1項）。

改正法では、贈与と同じく無償行為である遺贈についても、贈与に関する規定の内容を踏まえ、遺贈義務者は、遺贈の目的である物又は権利を、相続開始の時（その後に当該物又は権利について遺贈の目的として特定した場合にあっては、その特定した時）の状態で引き渡し、又は移転する義務を負うが、遺言者がその遺言に別段の意思を表示したときは、その意思に従うこととしている（998条）。

2 改正の内容

998条では、その規律の対象となる財産の範囲について、単に「遺贈の目的である物又は権利」として、相続財産に属するもののほか、相続財産に属さないもの（他人物）も対象となることとしている。これは、贈与に関する規律においても、他人物であるか否かによって規律を区別していないこと等に鑑み、遺贈においても、相続財産に属するものか否かを問わず、同条の規律の対象とすることとしたものである。

また、同条ただし書では、同条本文の例外を規定している。具体的には、「遺言者がその遺言に別段の意思を表示したとき」としており、贈与とは異なり、別段の意思を表示する方法を遺言に限定している。その趣旨は、死者の意思をめぐる紛争を可及的に防止する点にある。

このほか、改正前の1000条では、遺贈の目的である物又は権利が遺言者の死亡の時において第三者の権利の目的であるときは、受遺者は、遺贈義務者に対してその権利を消滅させるよう請求することができないこととされていた。これは、例えば、遺贈の目的とされた不動産に地上権や抵当権が設定されていたとしても、遺贈義務者は、これらの権利を消滅させる義務を負わない旨を規定するものであるが、このような規律は、998条の規定の内容に当然に含まれることになるため、改正法では、改正前の1000条の規定を削除することとしている。

3 遺言執行者の権限の明確化等

ポイント

① 遺言執行者は、遺言の内容を実現するため、遺言の執行に必要な一切の行為をする権利義務を有し、遺言執行者がその権限内において遺言執行者であることを示してした行為は、相続人に対して直接にその効力を生ずる。

② 遺言執行者は、その任務を開始したときは、遅滞なく、遺言の内容を相続人に対して通知しなければならない。

③ 遺言執行者がある場合には、特定遺贈であるか包括遺贈であるかを問わず、遺贈の履行は、遺言執行者のみが行うことができる。

④ 特定財産承継遺言（いわゆる相続させる旨の遺言）がされた場合には、遺言執行者は、原則として、対抗要件の具備に必要な行為をする権限や、預貯金債権についての払戻し・解約をする権限を有する。

⑤ 遺言執行者は、他の法定代理人の場合と同様の要件で復任権を有し、復任権を行使した場合には、他の法定代理人と同様の責任を負う。

解　説

1　改正の趣旨

　旧法下では、遺言執行者の権利義務等に関する一般的・抽象的な規定はあったものの（改正前の1012条）、遺言執行者は誰の利益のために職務を遂行すべきであるかといった点や、例えば、特定財産承継遺言（いわゆる相続させる旨の遺言）（注）や遺贈がされた場合に遺言執行者が具体的にどのような権限を有するかといった点など、規定上必ずしも明確でない部分が多く、判

例等によってその規律の明確化が図られていた。

　近年、遺言の件数が増加しており、改正法でも遺言の利用の促進を図ることを目的とする見直しをしているが、遺言を円滑に執行し、相続をめぐる紛争をできる限り防止するためには、遺言執行者の果たす役割がさらに重要になるものと考えられる。

　そこで、改正法では、遺言執行者の権限の内容をめぐる紛争をできる限り防止し、円滑な遺言の執行を促進する観点から、その法的地位を明確にするとともに、遺言執行者の権限と遺贈の履行義務との関係や特定財産承継遺言がされた場合の具体的な権限の内容について新たな規定を設け、さらには、遺言執行者の復任権に関する規律を見直すこととしている。

　(注)　相続させる旨の遺言については、判例上、「遺言書の記載から、その趣旨が遺贈であることが明らかであるか又は遺贈と解すべき特段の事情のない限り、…遺産の分割の方法を定めた遺言であり、…当該遺言において相続による承継を当該相続人の受諾の意思表示にかからせたなどの特段の事情のない限り、何らの行為を要せずして、被相続人の死亡の時（遺言の効力の生じた時）に直ちに当該遺産が当該相続人に相続により承継されるものと解すべき」とされている（最二小判平３．４．19民集45巻４号477頁）。したがって、相続させる旨の遺言については、厳密にいうと、遺産分割方法の指定がされたと解すべきものと遺贈と解すべきものの２つに分かれることになるが、改正法においては、前者について新たに定義規定を設けることとし、これを「特定財産承継遺言」と呼ぶことにしている（1014条２項）。

2　改正の内容

(1)　遺言執行者の法的地位（1012条１項、1015条関係）

　改正前の1012条１項では、遺言執行者の一般的な権利義務として、相続財産の管理その他遺言の執行に必要な一切の行為をする権利義務を有する旨を定めていたが、遺言執行者の権限についてはこのような包括的な規定しかなく、その法的地位が不明確であるとの指摘がされていた。また、改正前の1015条では、「遺言執行者は、相続人の代理人とみなす」と規定されていた

ことから、遺留分に関する権利行使がされた場合など、遺言者の意思と相続人の利益とが対立する場合に、遺言執行者は、遺留分権利者である相続人の利益にも配慮して職務を行うべき義務があるなどと主張され、遺言執行者と相続人との間でトラブルになることが少なくないとの指摘がされていた(注)。

そこで、1015条では、遺言執行者と相続人との間で無用の紛争が生ずるのを防止する観点から、「相続人の代理人とみなす」という表現を改め、その実質を正面から規定することにするとともに、1012条1項において、遺言執行者の職務は、遺言の内容を実現するために行うということを明示し、その法的地位の明確化を図ることとしている。

> (注) 遺言執行者の法的地位について、判例は、「遺言執行者の任務は、遺言者の真実の意思を実現するにあるから、民法1015条が、遺言執行者は相続人の代理人とみなす旨規定しているからといつて、必ずしも相続人の利益のためにのみ行為すべき責務を負うものとは解されない。」と判示していた（最三小判昭30．5．10民集9巻6号657頁）。

(2) 遺言執行者の通知義務 (1007条2項関係)

旧法下では、遺言執行者には、相続財産の目録を作成してこれを相続人に交付すべき義務はあった（改正前の1011条1項）が、遺言の内容を相続人に通知する義務についての規定は存在しなかった。

もっとも、遺言の内容の実現は、遺言執行者がある場合には遺言執行者が、遺言執行者がない場合には相続人がすべきことになるため、相続人としては、遺言の内容及び遺言執行者の存否については重大な利害関係を有することになる。

また、今後、遺言の利用がますます促進されることが予想され、相続人の手続保障の観点から、相続人がこれらの情報を知る手段を確保する必要があるものと考えられる。

そこで、1007条2項では、遺言執行者が就職した場合には、遅滞なく、遺言の内容を相続人に通知しなければならないこととしている。

⑶ 遺言執行者と遺贈義務者の関係（1012条2項関係）

987条では、遺贈義務者の定義規定が置かれており、「遺贈の履行をする義務を負う者をいう。」とされているが、遺贈義務者と遺言執行者の権限との関係等については規定上必ずしも明確でないとの指摘がされていた。

この点に関し、判例は、特定遺贈がされた場合には、一次的には相続人が遺贈義務者となるが、遺言執行者がある場合には、遺言執行者のみが遺贈義務者となると判示していた（最二小判昭43.5.31民集22巻5号1137頁）。

そこで、1012条2項では、遺言執行者の権限に関する判例を明文化する観点から、「遺言執行者がある場合には、遺贈の履行は、遺言執行者のみが行うことができる」とする規定を設けることとしている。

ここでいう「遺贈」とは、特定遺贈のみならず包括遺贈をも含むものであり、したがって、同項は、包括遺贈についてもその規律の対象としている。これは、遺言の執行方法については、特定遺贈と包括遺贈とで異なるところはないと考えるべきであり、いずれにおいても、遺言執行者がある場合には、遺言執行者に対して遺贈の履行を請求させるのが相当であると考えられるためである。

なお、同項は、遺言執行者がいる場合には、遺贈の履行は遺言執行者のみが行うことができる旨を規定することによって、各共同相続人は遺贈の履行義務を負わないということを明らかにしているに過ぎない。したがって、例えば、ある預貯金債権が第三者に遺贈された場合に、遺言執行者がいたとしても、当該預貯金債権の債務者たる金融機関は、遺贈による債権譲渡を承諾して、当該受遺者に対して直接弁済することも許容されているものと考えられる。

⑷ 特定財産承継遺言がされた場合の遺言執行者の権限

a 対抗要件具備の権限（1014条2項関係）

旧法下で特定の相続人に不動産を相続させる旨の遺言がされた場合について、判例は、不動産取引における登記の重要性に鑑みると、相続させる旨の遺言による権利移転について対抗要件を必要とすると解するか否かを問わ

ず、当該不動産の所有権移転登記を取得させることは遺言執行者の職務権限に属するとした上で、相続させる旨の遺言については、不動産登記法上、権利を承継した相続人が単独で登記申請をすることができるとされていることから、当該不動産が被相続人名義である限りは、遺言執行者の職務は顕在化せず、遺言執行者は登記手続をすべき権利も義務も有しないと判示していた（最一小判平11.12.16民集53巻 9 号1989頁）（注 1 ）。

　また、899条の 2 では、特定財産承継遺言（いわゆる相続させる旨の遺言）がされた場合についても、取引の安全等を図る観点から、遺贈や遺産分割と同様に対抗要件主義を導入し、法定相続分を超える権利の承継については、対抗要件を具備しなければ第三者に権利の取得を対抗することができないこととしており、遺言執行者において、遺言の内容を実現するためにも、速やかに対抗要件の具備をさせる必要性が高まったといえる。また、対抗要件の具備を遺言執行者の権限とすることにより、相続登記の促進を図る効果も期待される。

　そこで、1014条 2 項では、特定財産承継遺言がされた場合について、遺言執行者は、原則として、その遺言によって財産を承継する受益相続人のために対抗要件を具備する権限を有することを明確化することとしている。

　この改正に伴い、不動産登記の実務においても、不動産を目的とする特定財産承継遺言がされた場合には、遺言執行者は、単独で、相続による権利の移転の登記を申請することができるようになると考えられる。なお、受益相続人が対抗要件である登記を備えることは、1013条 1 項の「その他遺言の執行を妨げるべき行為」に該当しないことから、改正法の下でも、受益相続人が単独で相続による権利の移転の登記を申請することができることに変わりはない。

b　預貯金債権についての払戻し・解約に関する権限（1014条 3 項関係）

　旧法下では、特定の相続人に預貯金債権を相続させる旨の遺言がされた場合に、遺言執行者が当然に預貯金の払戻しや預貯金契約の解約の申入れをすることができるかについて明文の規定はなかった。そのため、遺言執行者から預貯金の払戻し等の請求があった場合に、遺言執行者と金融機関との間で

遺言の解釈等をめぐってトラブルになるおそれがあるなどとして、遺言執行者に預貯金の払戻し等の権限があることを規定上明確にすべきであるとの指摘がされていた。また、遺言者としても、特定の相続人に預貯金債権を承継させ、かつ、遺言執行者を指定している場合には、遺言執行者に預貯金の払戻し等の権限を付与する意思を有していた場合が多いものと考えられる。

そこで、1014条3項では、預貯金債権を目的とする特定財産承継遺言がされた場合には、遺言執行者は、原則として、預貯金の払戻しや預貯金契約の解約の申入れをする権限を有することを規定上明確にすることとしている（注2）。もっとも、預貯金債権の一部が特定財産承継遺言の目的となっているに過ぎない場合に、遺言執行者に預貯金契約の解約を認め、その債権全部の払戻しを認めることとすると、受益相続人以外の相続人の利益を害するおそれがあること等に鑑み、預貯金契約の解約権限については、預貯金債権の全部が特定財産承継遺言の目的となっている場合に限定することとしている（同項ただし書）。

同項は、特定財産承継遺言の目的である権利が「預貯金債権である場合」に限定された規律であり、預貯金以外の金融商品について、遺言執行者の権限の内容を具体化する規定を設けることとはしていない。これは、預貯金以外の金融商品には様々なものが考えられる上、特にその価額が大幅に上下する可能性があるものについては、遺言執行者の解約権の行使時期によっては受益相続人に不利益が生ずることも想定され、遺言者としても、このような場合に解約権の行使時期を遺言執行者の判断に委ねる意思までは有していない場合も多いと考えられること等を考慮したものである。したがって、預貯金以外の金融商品に係る権利を目的とする特定財産承継遺言がされた場合に、遺言執行者に解約権限があるかどうかについては、これまでどおり解釈に委ねられることになるが、遺言者が遺言において遺言執行者に解約権限等を付与することは、当然に可能である。

（注1）　相続させる旨の遺言がされた場合には、登記実務上、不動産登記法63条2項に基づき、受益相続人が単独で相続登記をすることができるため、従

来は、この登記実務の取扱いを根拠に、相続させる旨の遺言についてはおよそ遺言執行の余地がなく、ひいては、遺言執行者の指定も無効であるとの見解も有力に主張されていた。

　しかし、河邉義典「判解」『最高裁判所判例解説民事篇 平成11年度（下）』1009頁によれば、この判決は、上記のような考え方は採らず、民法の解釈としては、受益相続人に当該不動産の所有権移転登記を取得させることが、改正前の1012条1項所定の「遺言の執行に必要な行為」に当たり、遺言執行者の本来的な職務権限に含まれるものと判断したとの解説がされている。その意味では、1014条2項は、この判例を明文化したものということができる。

（注2）　1014条3項は、預貯金債権を目的とする特定財産承継遺言がされた場合における遺言執行者の権限を定めた規定であり、預貯金債権の遺贈がされた場合については適用されない。これは、次のような理由による。

　すなわち、旧法下では、特定財産承継遺言と遺贈とでは、遺言執行者がいない場合に相続人が遺言の内容を実現する義務を負うか否かで異なるものと解されており、特定財産承継遺言の場合には遺言執行者がなくとも相続人はその義務を負わないが、遺贈の場合には遺言執行者がなければ相続人がその義務を負うこととされていた。このように、遺贈の場合には、遺贈を実現する義務を負う者が遺言執行者に限られないため、遺贈がされた場合における遺言執行者の権限を明らかにしようとすれば、遺言執行者の権限としてこれを規定するのではなく、遺贈義務の具体的内容を定める規定を設ける必要があることになる。もっとも、遺贈と類似の性質を有する贈与についてはこのような規定は設けられておらず、遺贈についてのみこのような規定を設けることは法制的に困難であると考えられる。また、預貯金債権の遺贈がされた場合において、遺言執行者が指定されていないときに、各相続人に預貯金の払戻し権限を認めることは、遺贈義務者である各相続人と受遺者との利害が対立することから、必ずしも相当ではないと考えられる。

　これらの点を考慮して、預貯金債権が遺贈された場合に遺言執行者がどのような権限を有するかについては、これまでどおり解釈に委ねることとしたものである。

　なお、遺言者が遺言において遺言執行者に預貯金の払戻し権限等を付与することは当然に可能であり、その場合には、遺言執行者は預貯金の払戻し等を請求することができることになる。

⑸　遺言執行者の復任権に関する見直し（1016条関係）

　改正前の1016条は、遺言執行者は、原則として、やむを得ない事由がなければ第三者にその任務を行わせることができないとして、その復任権を制限していた。これは、一般に、遺言執行者は法定代理人であると解されている

が、他の法定代理人とは異なり、遺言者との信頼関係に基づいて選任される場合が多く、任意代理人に近い関係があることを考慮したものであるといわれていた。

しかし、遺言者が遺言執行者を指定しない場合には、家庭裁判所がこれを選任することになるのであるから、その意味では、一概に任意代理人に近い関係があるとはいい難い。また、任意代理人の場合に復任権が制限されているのは、本人の意思に従った処理をすべき要請が高く、復任の必要がある場合には本人の同意を得た上で任務代行者を選任すれば足りると考えられるためである。これに対し、遺言執行者の場合には、遺言者は既に死亡しているため、任務代行者の選任について相続人全員の同意を得ることが必要となるが、それが困難な場合も多いものと考えられ、その意味では、一般の任意代理の場合よりも復任の自由を認める必要性が高いと考えられる。

他方で、法定代理人は、原則としてその責任において復代理人を選任することができるとされているが（105条）、これは、法定代理人の職務は広範に及ぶため単独では処理し得ない場合も多く、復代理人を選任する必要性が一般的に高いこと、また、法定代理人が選任される場合の本人は制限行為能力者や不在者など、復代理人を選任することについての許諾能力に欠ける場合が多いこと等を考慮したものであるといわれている。遺言執行者についても、遺言の内容によっては、その職務が非常に広範に及ぶこともあり得ること、また、上記のとおり、遺言執行者が任務代行者を選任する際に相続人全員の同意を得るのは困難な場合が多いこと等の事情が存在し、法定代理一般の場合と状況が類似しているものと考えられる。

さらに、判例上、遺言執行者の任務の一部を委任することは改正前の1016条に違反しないとの判断がされているが（大決昭2．9．17民集6巻501頁）、遺言執行者は法律上包括的な権限が付与されている者ではなく、遺言の執行をするのに必要な範囲で権限が付与されているに過ぎないのであるから、任務の一部について委任することはできるが、任務の全部を委任することはできないこととする合理性に乏しいものと考えられる（注）。

1016条では、以上の点を考慮して、遺言執行者についても、他の法定代理

人と同様の要件で復任権を認めることとしたものである。具体的には、自己の責任で第三者にその任務を行わせることができることとし（同条1項）、また、復任権を行使した場合の責任についても、他の法定代理人の場合と同様に、第三者に任務を負わせることについてやむを得ない事由があるときは、遺言執行者は相続人に対してその選任及び監督についての責任のみを負うこととし、その責任の範囲を明確にしている（同条2項）。

　　（注）　例えば、破産法77条では、破産管財人は、必要があるときは、裁判所の許可を得て、自己の責任で破産管財人代理を選任することができることとされているが、この規定については、一般に、破産管財人が包括的な代理権を付与する場合に適用があり、特定の事項について個別に代理人を選任する場合には適用されず、したがって裁判所の許可は不要であると解されている。その意味では、上記判例と類似の解釈が採られているものと考えられるが、破産管財人は破産財団についての包括的な管理権限を有しているため、このような解釈にも一定の合理性があると考えられるが、遺言執行者の場合には、もともと遺言者や家庭裁判所から特定の事項について権限が付与されたに過ぎないことからすれば、任務の一部について委任することはできるが、任務の全部を委任することはできないとする合理性に乏しいものと考えられる。

第5 遺留分制度に関する見直し

1 遺留分減殺請求権の金銭債権化

> **ポイント**
>
> ① 遺留分に関する権利の行使によって、遺留分権利者は、受遺者又は受贈者に対し、遺留分侵害額に相当する金銭債権を取得する。
>
> ② 受遺者又は受贈者は、遺贈又は贈与の目的の価額（受遺者又は受贈者が相続人である場合には、当該目的の価額から当該相続人の遺留分額を控除した額）を限度として、以下のルールで遺留分侵害額を負担する。
>
> ㋐ 受遺者と受贈者がいるときは、受遺者が先に負担する。
>
> ㋑ 受遺者が複数いるときは、遺贈の目的の価額の割合に応じて負担する。
>
> ㋒ 受贈者が複数存在し、かつ、その贈与が同時にされたものであるときも、贈与の目的の価額の割合に応じて負担する。
>
> ㋓ 受贈者が複数いるとき（㋒の場合を除く。）は、新しい贈与を受けた者から先に負担する。
>
> ③ 遺留分権利者から金銭請求を受けた受遺者又は受贈者が、金銭を直ちに準備することができない場合には、受遺者等は、裁判所に対し、金銭債務の全部又は一部の支払につき期限の許与を求めることができる。

1　改正の趣旨

　旧法下においては、遺留分減殺請求権を行使することにより当然に物権的効果が生ずることとされていたため、遺留分減殺請求の結果、遺贈又は贈与の目的財産は受遺者又は受贈者と遺留分権利者との共有になることが多かったが、このような帰結は、円滑な事業承継を困難にするものであり、また、共有関係の解消をめぐって新たな紛争を生じさせることになるとの指摘がされていた。例えば、被相続人が特定の相続人に家業を継がせるため、株式や店舗等の事業用財産の遺贈等をしても、遺留分減殺請求により株式や事業用財産が他の相続人との共有となる結果これらの財産の処分が困難になるなど、事業承継後の経営の支障になる場合があるとの指摘もされていた。

　また、明治民法が採用していた家督相続制度の下では、遺留分制度は家産の維持を目的とするものであり、家督を相続する遺留分権利者に遺贈又は贈与の目的財産の所有権等を帰属させる必要があったため、物権的効果を認める必要性が高かったが、現行の遺留分制度は、遺留分権利者の生活保障や遺産の形成に貢献した遺留分権利者の潜在的持分の清算等を目的とする制度となっており、その目的を達成するために、必ずしも物権的効果まで認める必要性はなく、遺留分権利者に遺留分侵害額に相当する価値を返還させることで十分ではないかとの指摘もされていた。

　そこで、改正法においては、遺留分に関する権利行使により生ずる権利を金銭債権化することとした。

2　改正の内容

(1)　遺留分侵害額請求権の法的性質

　旧法下においては、遺留分減殺請求権は形成権であり、行使上の一身専属権であるとされていたが、この点については改正後も変わりはない。すなわち、遺留分権利者が受遺者又は受贈者に対して遺留分に関する権利を行使す

る旨の意思表示をしないと、遺留分権利者と受遺者等との間に、遺留分侵害額に相当する金銭債権は発生しない。

　なお、形成権の行使としての遺留分に関する権利行使については、旧法下においては、遺留分減殺請求権の行使と定義されていたが（改正前の1031条、1042条）、改正法においては、遺留分侵害額請求権の行使と定義されている（1046条1項、1048条）。そして、遺留分権利者が有する形成権としての遺留分侵害額請求権については、旧法と同様、短期間で消滅することとしており、遺留分権利者が相続の開始及び遺留分を侵害する贈与又は遺贈を知った時から1年間行使しないときは時効により、また、相続開始の時から10年間を経過したときは除斥期間により、それぞれ消滅することとしている（1048条）。

(2)　遺留分侵害額請求権の行使により生じた金銭債権

　前記(1)のとおり、改正法では、改正前の1031条の規律を改め、遺留分に関する権利行使により生ずる権利を金銭債権化することとしている（1046条1項）（注1）。遺留分権利者の権利行使により、遺留分権利者と受遺者等との間に、遺留分侵害額に相当する金銭債権が発生するが、その権利行使はあくまで形成権の行使であるから、その時点では、必ずしも金額を明示して行う必要はない。

　そして、その形成権の行使によって発生した金銭債権に係る債務については、期限の定めのない債務となり、遺留分権利者が受遺者等に対して具体的な金額を示してその履行を請求した時点で初めて履行遅滞に陥るものと考えられる（412条3項）。もっとも、遺留分に関する権利を行使する旨の形成権の行使と、金銭債務の履行請求とを同時に行うことは可能であるから、遺留分権利者が受遺者等に対して形成権を行使する際に、併せて具体的な金額を示して金銭の支払を求めた場合には、その時点から金銭債務は履行遅滞に陥ることになる。

　なお、形成権の行使によって発生した金銭債権については、通常の金銭債権と同様に消滅時効にかかることになる。したがって、債権法改正法施行前

においては10年間の（債権法改正前の167条１項）、その施行後においては５年間の消滅時効にかかることになる（166条１項１号）（注２）。

（注１）　旧法下でも、一般に、特定財産承継遺言や相続分の指定も遺留分減殺の対象となると解されていたが、1046条１項では、この点を明らかにする観点から、同項の「受遺者」に特定財産承継遺言により財産を承継し又は相続分の指定を受けた相続人を含める旨を明らかにすることとしている。

（注２）　相続開始が改正法の施行日後かつ債権法改正法の施行日前で、遺留分侵害額請求権（形成権）の行使が債権法改正法の施行日後にされた場合については、時効期間が10年間となるのか、それとも５年間となるかが問題となり得る。債権法改正法附則10条４項では、「施行日前に債権が生じた場合におけるその債権の消滅時効の期間については、なお従前の例による。」とされ、同条１項において「施行日前に債権が生じた場合（施行日以後に債権が生じた場合であって、その原因である法律行為が施行日前にされたときを含む。以下同じ。）」とされているので、施行日前に相続が開始し、遺留分侵害額請求権の行使が施行日以後にされた場合についても、「施行日以後に債権が生じた場合であって、その原因である法律行為が施行日前にされたとき」に該当するかどうかが問題となる。この点については、相続開始により客観的には遺留分の侵害の有無は確定するとしても、相続開始前に法律行為に相当するものは何らされていないから、相続開始の時点では遺留分侵害額請求権の「原因である法律行為がされた」とはいえないものと考えられる。したがって、相続開始が債権法改正法の施行日前であっても、遺留分侵害額請求権（形成権）の行使が債権法改正法の施行日後にされた場合には、債権法改正法施行後の民法の規律が適用され、時効期間が５年間となるものと考えられる。

⑶　受遺者又は受贈者の負担額（1047条１項関係）

　遺留分を侵害している者が複数いる場合の金銭債務の負担割合については、旧法の減殺の順序に関するルールを変更する必要性もないことから、1047条１項において、改正前の1033条から1035条までの規定と同様の実質を有する規律を設けている。

　具体的には、以下のとおりである（注１）。

a　遺贈又は贈与の目的の価額を上限とすること

　受遺者又は受贈者は、その受けた遺贈又は贈与の目的の価額を超えて、遺

留分侵害額を負担する理由はないことから、遺贈又は贈与の目的の価額を限度として遺留分侵害額を負担することとしている（1047条1項柱書）。

また、受遺者又は受贈者が相続人である場合には、遺贈又は贈与の目的の価額から当該相続人が受けるべき遺留分の額を控除した額を上限とすることとしている（同項柱書）。これは、負担の上限額について受遺者又は受贈者が相続人である場合の特則を設けるものである。旧法下では、改正前の1034条の「目的の価額」の解釈として、受遺者が相続人である場合にはその遺留分を超過した額を「遺贈の目的の価額」とするという解釈が有力であり（いわゆる遺留分超過額説）、判例（最一小判平10.2.26民集52巻1号274頁）もこの解釈を是認していることから、改正法においても、基本的にその趣旨を明文化することとしたものである（注2）。また、受贈者の負担額の基準となる贈与については、遺留分を算定するための財産の価額に算入されるものに限る趣旨で、遺留分の章（第5編第9章）に規定する「贈与」は遺留分を算定するための財産の価額に算入されるものに限られる旨を明らかにしている（1047条1項柱書）。

b　受遺者と受贈者の負担の順序

受遺者と受贈者がいるときは、受遺者が先に遺留分侵害額を負担することとしている（1047条1項1号）。改正前の1033条の規律（遺贈と贈与があるときは、遺贈が先に減殺される旨を定めるもの）を実質的に維持するものである。

c　複数の受遺者がいる場合の負担割合

受遺者が複数いるときは、遺贈の目的の価額に応じて遺留分侵害額を負担することとしている（1047条1項2号）。改正前の1034条の規律（遺贈が複数あるときは、その目的の価額の割合に応じて減殺される旨を定めるもの）を実質的に維持するものである。

なお、改正前の1034条ただし書は、「遺言者がその遺言に別段の意思を表示したときは、その意思に従う。」と規定しており、同順位の遺贈であっても、遺言者の意思によって減殺の順序を定めることができることとしていたが、改正法においても、この点については旧法の規律を維持することとしている（1047条1項2号ただし書）。

d 複数の受贈者が存在し、かつ、その贈与が同時にされた場合の負担割合

複数の受贈者が存在し、かつ、その贈与が同時にされたものであるときは、贈与の目的の価額に応じて遺留分侵害額を負担することとしている（1047条1項2号）。

複数の贈与が同時に行われた場合については、旧法下では明示の規定がないが、一般に贈与財産の割合に応じて減殺すべきであると考えられており（大判昭9.9.15民集13巻1792頁参照）、改正法では、その実質を明文化することとしたものである。なお、贈与の先後関係については、贈与契約の先後によるのか、履行の先後によるのか見解の対立があるが、この点については、明確な判例もなく、これまで十分な議論もされてこなかったことから、今後も解釈に委ねるのが相当であると考えられる。このため、1047条1項2号において、その点を立法的に解決することとはせずに、「その贈与が同時にされたもの」と表現するにとどめている。

e 複数の受贈者がいる場合（前記dの場合を除く。）の負担の順序

受贈者が複数いるときは、新しい贈与を受けた者から遺留分侵害額を負担することとしている（1047条1項3号）。改正前の1035条の規律（複数の贈与がある場合に、新しい贈与から減殺される旨を定めるもの）を実質的に維持するものである。

f 死因贈与の取扱い

1047条1項各号においては、受遺者又は受贈者が複数いる場合における遺留分侵害額の負担の順序等を定めているが、死因贈与の扱いについては、特段明文上の規定を設けていない。

したがって、死因贈与の扱いについては、専ら解釈問題となるものの、死因贈与の減殺の順序に関するリーディングケースとしてしばしば取り上げられる東京高判平12.3.8（判時1753号57頁）を前提とすると、遺贈、死因贈与、生前贈与の順で、これらを受けた者が負担することになるものと考えられる。

この点について、相続関係部会では、死因贈与に関する規律を設けるべきではないかとの指摘もされたが、死因贈与の取扱いが判例又は学説上必ずし

も固まっているわけではないこと等を考慮し（注3）、この点について立法的な解決を図ることとはしなかったものである。

（注1）　具体例

　以下のような【事例】で、旧法下においては、Xが遺留分減殺請求権を行使したことにより、甲土地の所有権及び乙土地の持分権（7分の1）を取得するが、改正法の規律によれば、Xは、Aに対する500万円の債権、Yに対する500万円の債権を取得することとなる。

【事例】

　相続人がXとYの2名の子で、被相続人が、第三者Aに対し甲土地（500万円分）を遺贈し、また、Yに対して相続開始3年前に乙土地（3500万円分）を贈与した。その他に遺産はなく、Xが、A及びYに対して遺留分減殺請求権又は遺留分侵害額請求権の行使をしたものとする。

【計算】

$$X の遺留分侵害額 ＝ （500万 ＋ 3500万）\times \frac{1}{2} \times \frac{1}{2} ＝ 1000万円$$

したがって、

①　旧法下においては、

　Xは、Aに対して　甲土地（500万円分）の減殺を、

　また、Yに対して　乙土地の持分7分の1（500万円分）の減殺を、

　それぞれ求めることができ、また、

②　改正法の規律によれば、

　Xは、Aに対して500万円、Yに対して500万円の支払をそれぞれ求めることができる。

（注2）　判例がこのような解釈を採っているのは、受遺者又は受贈者が相続人である場合には、その相続人も遺留分を有していることから、その相続人についても最低限の取り分として、遺留分を確保する必要があるためである（そうしないと、遺留分減殺請求の循環が生ずるなど複雑な法律関係が生ずることとなる。）。

　例えば、相続人がA、Bの2名の子で、被相続人がBに対し1000万円の遺贈をし、第三者Cに対し3000万円の遺贈をしたというケースについては、Aの遺留分は1000万円ということになるが、Bの遺留分も1000万円であるため、Aは、Bに対して遺留分侵害額の請求をすることはできないこととなり、Cが遺留分侵害額の全額を負担することになる。

（注3）　死因贈与の減殺の順序については、本文記載のとおり、前掲東京高判平12.3.8が一定の考え方を示しているが、最高裁判所の判例が存在するわけでもなく、また、遺贈と同順位で考えるべきという有力な見解もある。こ

のほかにも、遺贈に準じて考えるとしても行為時（贈与契約の先後）を基準に考えるべきであるとする見解や、贈与の履行時を基準に考えるべきであるとする見解等が存在する。

(4)　期限の許与（1047条5項関係）

1047条5項では、受遺者又は受贈者の請求により、裁判所は、金銭債務の全部又は一部の支払につき相当の期限を許与することができることとしている（注1）。

被相続人から受けた遺贈の対象財産が換価困難な不動産や動産である場合や、被相続人から金銭の贈与を受けたが、遺留分侵害額請求を受けた時点では相当期間経過しており十分な資金がない場合のように、遺留分権利者から金銭請求を受けた受遺者又は受贈者が直ちには金銭を準備することができない場合にも、金銭請求を受けた時点から当然に遅延損害金の支払義務を負わせることとすると受遺者又は受贈者に酷な場合があること等を考慮したものである（注2）。

なお、1047条5項の規定による期限の許与の請求を訴訟上どのように行使すべきか、すなわち、遺留分権利者が提起した金銭請求訴訟の中で抗弁として主張すれば足りるのか、それとも別訴又は反訴を提起する必要があるかという問題がある。

この点については、まず、遺留分権利者と受遺者等との間で、金銭債務の額については争いがなく、遺留分権利者が金銭請求訴訟を提起しない場合には、受遺者等が遺留分権利者を相手方として訴訟を提起して、期限の許与のみの裁判（形成の訴え）を求めることができるものと考えられる。

次に、遺留分権利者が金銭請求訴訟を提起している場合に、受遺者等が期限の許与を求めるときは、抗弁として主張すれば足りるのか、それとも別訴又は反訴といった独立の訴えの提起が必要なのかが問題となる。当事者の請求により、裁判所が相当の期限を許与することができるとされている制度は、この制度のほかにも、有益費償還請求がされた場合などいくつか例が存在するが（196条2項ただし書、583条2項ただし書、借地借家法13条2項、建物

の区分所有等に関する法律63条5項など）、この問題は、既に存在するこれらの制度における解釈と同様に解すべきことになるものと考えられる。そして、この点について、裁判例は必ずしも多くはないものの、当事者の期限の許与の請求を抗弁として位置付けている例（大阪高判平24．5．31判時2157号19頁、函館地判昭27．4．16下民集3巻4号516頁）も複数ある一方で、独立の訴えの提起が必要であると判示した例（大阪高判平14．6．21判時1812号101頁。なお、別訴提起が必要と判示した部分は傍論である。）もあり、必ずしも解釈は固まっていないように思われる（注3）。

（注1）　裁判所が期限を許与した場合は、当該期限の許与をした金銭債務の全部又は一部について、その弁済期が変更されることになる。すなわち、金銭債務は、遺留分に関する権利の行使に加え、その支払の請求により遅滞に陥るものと考えられる（412条3項）が、裁判所の期限の許与によって、遡及的に履行遅滞に陥っていないことになる。したがって、例えば、裁判所が、令和2年（2020年）7月13日まで期限を許与した場合には、遅延損害金が発生するのはその翌日の同月14日午前零時からになる。

（注2）　相続関係部会においては、金銭請求を受けた受遺者又は受贈者が直ちに金銭を準備することができない場合に対処するための方策として、金銭債務の支払に代えて遺贈又は贈与の目的物を給付することができるという制度を検討し、中間試案や追加試案においてそれぞれ一定の考え方を示したが、いずれも問題があるとして、結局、このような制度は設けられなかった。

　　　　中間試案及び追加試案の考え方の概要及びその問題点については、以下のとおりである。

　　　　中間試案においては、金銭請求を受けた受遺者又は受贈者が、遺贈又は贈与の目的財産による現物給付をすることができるとしつつ、その給付する財産の内容を裁判所が定めるという案（甲案）と、現物給付の主張がされた場合には旧法と同様の規律で物権的効果が生ずるという案（乙案）の両案を提示し、これらの案をパブリックコメントに付した。

　　　　もっとも、パブリックコメントにおいては、甲案と乙案で比較すると甲案を支持する意見が多かったものの、いずれの案にも反対するとの意見も相当数寄せられた。相続関係部会においては、パブリックコメントの後は甲案を中心に検討を行ったが、裁判所の裁量的判断により現物給付の内容を定めることとすると、裁判所が当事者の予期せぬ財産を指定するおそれもあって予測可能性を欠くとの意見が強く、結局、採用されなかった。

　　　　そこで、相続関係部会においては、現物給付の指定権を裁判所に委ねるの

ではなく、受遺者又は受贈者に付与するという案について検討を行い、これを追加試案として掲げることとした。

　　もっとも、追加試案をパブリックコメントに付したところ、受遺者等に指定権を与えると、遺留分権利者に不要な財産を押しつけることになり、遺留分権利者の権利を不当に弱めることになるとの意見が多く寄せられ、その後の会議においても、追加試案の規律を修正し、受遺者等の裁量権を限定する方向で検討を行ったものの、完全にはその懸念を払拭するには至らず、追加試案の考え方も採用されなかった。

（注３）　なお、1047条５項と同様の規律を有する建物の区分所有等に関する法律63条５項（建替え決議がされ、区分所有権等の売渡し請求があった場合について、建物の明渡しについて相当の期限を許与することができる旨の規定）について、当時の政府の担当者は、国会において、期限の許与の請求については訴えが必要であり、抗弁として主張することは許されないと考えられるとの答弁をしている（昭和58年５月12日参議院法務委員会における中島一郎政府委員の答弁）。

3　その他の論点

(1)　期限の許与がされた場合の判決主文

　1047条５項では、遺留分侵害額請求を受けた受遺者又は受贈者が金銭を直ちには準備することができない場合には、受遺者又は受贈者の請求により、金銭債務の全部又は一部の支払につき期限を猶予することができることとしているが、遺留分権利者が提起した金銭請求訴訟において裁判所が許与した期限が口頭弁論終結後に到来する場合には、どのような判決主文とすべきか、問題となり得る。

　裁判所が、同項の規定により期限を許与した場合には、当該期限を許与した債務の全部又は一部については、弁済期が到来していないことになるので、遺留分権利者の請求をそのまま認容することはできない。

　もっとも、遺留分権利者の無条件の給付請求に対して、裁判所が期限を許与する場合でも、その猶予期間は受遺者等が通常その資金調達をするのに必要な期間となり、それほど長期間とはならないものと考えられることからすれば、通常は民事訴訟法135条の要件を満たし、将来の給付判決をすることが許されるものと考えられる。また、遺留分権利者の請求には、通常、裁判

所が期限を許与した場合にはその期限到来時の給付を求める請求も包含され
ていると解することができるから、裁判所が将来の給付判決をするのに訴え
の変更は要しないものと思われる（最三小判平23.3.1金法1937号119頁も、場
面は異なるが、原告の無条件の給付請求について、裁判所が期限を許与した場合
にはその期限到来時の給付を求める請求も包含されていると解することができる
旨の判示をしている。）。

　そして、裁判所が将来の給付判決をする場合で、例えば、遺留分侵害額が
500万円であり、その期限を令和2年（2020年）4月1日まで許与したとき
には、

「1　被告は、原告に対し、令和2年4月1日が到来したときは500万円及
　　びこれに対する令和2年4月2日から支払済みまで年5分の割合による
　　金員を支払え。

　2　原告のその余の請求を棄却する。」

といった主文になるものと考えられる（なお、上記に加えて、期限を許与す
る旨の主文が必要となるか否かは、前記2(4)のとおり、期限の許与の請求につい
て独立の訴え提起を要するものと考えるか否かによるものと考えられる（注1）。）。

　また、金銭債務の一部について期限を許与する場合（注2）、例えば、遺
留分の額1000万円のうち、300万円については期限の許与を付す場合で、か
つ、金銭請求の日が令和2年（2020年）4月1日で、裁判所が定めた期限が
令和3年（2021年）4月1日である場合には、

「1　被告は、原告に対し、700万円及びこれに対する令和2年4月2日か
　　ら支払済みまで年5分の割合による金員を支払え。

　2　被告は、原告に対し、令和3年4月1日が到来したときは300万円及
　　びこれに対する令和3年4月2日から支払済みまで年5分の割合による
　　金員を支払え。

　3　原告のその余の請求を棄却する。」

といった主文になるものと考えられる。

　（注1）　仮に、期限の許与の申立てにつき、独立の訴えが必要であるとする立

場を採用した場合には、判決の確定により形成的効力が生ずることになるが、裁判所は、期限の許与の申立てに係る自らの判決が確定することを前提にして、その余の請求の当否についても判断することになるものと考えられるから、上記の立場を採った場合にも、遺留分権利者の金銭請求につき、一部認容判決をすることになるものと考えられる。

（注2）　1047条5項は、受遺者又は受贈者の請求により、裁判所が、金銭債務の全部又は一部の支払につき相当の期限を許与することができることとしているが、少額訴訟の場合のように分割払いを許容する規定とはなっていない（民事訴訟法375条1項参照）。

　　もっとも、最終的には個々のケースにおける裁判所の判断ということになるものの、例えば、1000万円の金銭債務のうち、500万円については令和2年（2020年）4月末日まで期限の許与をし、残りの500万円については令和3年（2021年）4月末日まで期限の許与をするとの裁判をすることも規定上否定はされておらず、このような手法を採ることによって、事実上、分割払いと異ならない支払を命ずる余地があるものと考えられる。

⑵　金銭債権化に伴う規定の整備

　遺留分に関する権利行使によって生ずる権利を金銭債権化することに伴い、改正法においては、以下のとおり用語及び規定の整備を行っている。

a　減殺という用語の廃止

　旧法下においては、遺留分に関する権利を行使すると、遺留分を侵害する遺贈又は贈与の全部又は一部が当然に無効となり、その無効とされた部分に関する権利が遺留分権利者に移転することとされており、遺贈又は贈与の全部又は一部を無効にするという意味で、「減殺」という用語が用いられていた。

　これに対し、改正法においては、遺留分侵害の原因となった遺贈や贈与の効力は維持した上で、受遺者又は受贈者に遺留分侵害額に相当する金銭の支払義務を負わせることとしていることから（1046条1項）、改正後に「減殺」という文言を用いるのは相当でないと考えられる。

　そこで、改正法においては、「減殺」という文言を用いないこととしており、例えば、現行の「減殺の請求権」という文言については「遺留分侵害額の請求権」などと改めることとしている（1048条参照）。

b　改正前の885条2項の削除

旧法には、相続財産に関する費用は相続財産から支弁する旨の規定（改正前の885条1項）や、相続財産に関する費用は遺留分権利者が贈与の減殺によって得た財産から支弁する必要がない旨の規定（同条2項）が置かれていた。

遺留分減殺請求権の行使によって取り戻した財産が、①遺留分権利者に帰属するか、②相続財産に復帰するかについて見解の対立があったものの、民法の起草者は、遺留分権利者が被相続人のした贈与を減殺することにより取得した財産も性質上相続財産に当たるとして後者の見解を採ることを前提に、遺留分権利者の利益のために与えるものであり他の相続財産とは性質が異なるとして、改正前の885条2項において遺留分権利者が負担する必要がない旨の規定を設けたなどと説明していた。

もっとも、今回の改正により、遺留分に関する権利行使によって生ずる権利が金銭債権化され、遺贈又は贈与の効果が否定されることはなくなったことに伴い、遺留分権利者の権利行使によって新たに相続財産が生ずると解すべき余地はなくなったことから、改正法においては、改正前の885条2項の規定を削除することとしている。

c　改正前の902条1項ただし書の削除

改正前の902条1項本文は、被相続人は、遺言で、相続分を指定することができるとした上で、同項ただし書において、相続分の指定については、遺留分に関する規定に違反することができない旨を定めていた。そして、同項ただし書については、遺留分を侵害する相続分の指定は当然に無効となるのか、遺留分権利者の減殺請求を要するのかについては解釈上の争いがあった。

改正法では、遺留分を侵害する相続分の指定がされた場合も遺留分侵害額請求権の行使の対象になることや、相続分の指定による遺産の割合的取得についても受遺者又は受贈者の負担額の基準となることをそれぞれ明確にしている（1046条1項、1047条1項）が、これにより、解釈上疑義があった改正前の902条1項ただし書の規定は不要となるから、これを削除することとして

いる。

d　改正前の964条ただし書の削除

　改正前の964条は、遺言者は、包括遺贈又は特定遺贈をすることができるが、遺留分に関する規定に違反することができない旨を定めており、遺留分減殺請求により、遺留分を侵害する部分に限り、その包括遺贈又は特定遺贈が無効になることとされていた。

　もっとも、今回の改正により、遺留分に関する権利行使によって生ずる権利を金銭債権化することになるから、包括遺贈又は特定遺贈を無効とする必要はなくなり、遺留分を侵害している者に対して金銭請求をすれば足りることとなる。これにより、改正前の964条ただし書の規定は不要となるから、これを削除することとしている。

2 | 遺留分の算定方法の見直し

ポイント

① 遺留分及び遺留分侵害額を求める下記計算式を明文化する。

【遺留分を求める計算式】

遺留分＝（遺留分を算定するための財産の価額）$\times \dfrac{1}{2}$（※）

$\times$（遺留分権利者の法定相続分の割合）

※ 直系尊属のみが相続人である場合には、3分の1

【遺留分侵害額を求める計算式】

遺留分侵害額＝（遺留分額）

－（遺留分権利者が受けた特別受益の額）

－（遺産分割の対象財産がある場合（既に遺産分割が終了している場合も含む。）には遺留分権利者の具体的相続分（ただし、寄与分による修正は考慮しない。）に相当する額）

＋（被相続人に債務がある場合には、その債務のうち遺留分権利者が負担する債務の額）

② 相続人に対する贈与は、相続開始前の10年間にされたものに限り（※）、その価額を遺留分を算定するための財産の価額に算入する。

※ 1030条後段の規定は維持する。

1　改正の趣旨

　遺留分制度は、兄弟姉妹以外の相続人について、その生活保障を図るなどの観点から、被相続人の意思にかかわらず被相続人の財産から最低限の取り分を確保する制度であり、遺留分とは、その相続人の最低限の取り分を示す概念である。もっとも、旧法下においては、遺留分の額に関する規定は存在したものの、一定の条文操作をした上でないと規律が明らかにならず、一般国民からみて極めてわかりにくいという問題点があった（注）。また、遺留分侵害額は、遺留分権利者が被相続人の財産（遺産に限らず、贈与等の目的財産を含む。）から遺留分に相当する財産を受け取ることができない場合に、その不足額を意味する概念であり、遺留分権利者が実際に受遺者又は受贈者から取り戻すことができる価額という意味で重要な意義を有するが、旧法下では、この点に関する明確な規定が存在せず、判例により規律の明確化が図られていた。

　そこで、改正法では、遺留分や遺留分侵害額の算定方法を明確化し、その計算式をわかりやすく規定することとしている。

　また、遺留分の額を計算する際に前提となる「遺留分を算定するための財産の価額」に算入すべき贈与の価額については、判例（最三小判平10.3.24民集52巻2号433頁）により明文の規律（改正前の1030条）が修正されており、その内容が一見して明らかでないという問題点があるほか、判例の考え方によると、受遺者や受贈者が相続人以外の第三者である場合等にこれらの者に不測の損害を生じさせるおそれがあるとの指摘等がされていた。

　そこで、改正法では、「遺留分を算定するための財産の価額」に算入すべき贈与の価額に関する規律について、合理化かつ明文化することとしている。

　（注）　具体的には、旧法下においては、改正前の1029条の規定によって計算された遺留分を算定するための財産の価額に、改正前の1028条に規定する総体

的遺留分率を乗じ、かつ、改正前の1044条の規定によって準用されていた900条及び901条の規定によって算定される遺留分権利者の相続分を乗じた額が、遺留分の額であると解されていた。

2　改正の内容

(1)　遺留分の額を求める計算式（1042条関係）

　改正前の1028条は、遺留分の帰属範囲とその割合を定めた条文であり、遺留分の割合についても総体的遺留分率を定めたものであるといわれていた。このため、同条だけでは、個々の遺留分権利者が取得することができる財産の価額（遺留分）は明らかにならなかった。

　明治民法においては単独相続が原則であったため、遺留分の割合さえ定めれば、遺留分減殺請求権を行使することにより遺留分権利者が取得することとなる財産の内容・価額は明らかになっていたが（明治民法1130条、1131条）（注1）、戦後の改正により共同相続が原則とされた際、必要最低限の見直ししかされなかった結果、改正前の1028条は総体的遺留分率を定めたものであることとなり、共同相続の場合は計算上の数値としてしか意味を有さないものとなっていた。

　そこで、改正法では、遺留分侵害額請求権の行使によって生ずる権利を金銭債権化するのに併せて遺留分に関する規律を平易かつ簡明にする観点から、遺留分の計算方法を明らかにすることとしている。具体的には、①1042条1項において、遺留分を算定するための財産の価額に2分の1（直系尊属のみが相続人である場合は3分の1）を乗じた額を遺留分として受けるとして、まずは単独相続が行われる場合の計算方法を規定した上で、②同条2項において、相続人が複数いる場合（共同相続の場合）には、さらに900条及び901条の規定により算定した遺留分権利者の法定相続分を乗じて求めることを明らかにしている（注2）。

　（注1）　明治民法（明治31年6月21日法律第9号）
　　　第1130條　法定家督相續人タル直系卑屬ハ遺留分トシテ被相續人ノ財産ノ半

額ヲ受ク
　　2　此他ノ家督相續人ハ遺留分トシテ被相續人ノ財産ノ三分ノ一ヲ受ク
　第1131條　遺産相續人タル直系卑屬ハ遺留分トシテ被相續人ノ財産ノ半額ヲ
　　　受ク
　　2　遺産相續人タル配偶者又ハ直系尊屬ハ遺留分トシテ被相續人ノ財産ノ
　　　三分ノ一ヲ受ク

（注2）　本文のとおり、1042条2項では、「相続人が数人ある場合には」、同条
　　1項に規定する計算により求められる遺留分の額に、さらに遺留分権利者の
　　法定相続分を乗じて計算する旨規定しているが、同条2項は、同条1項を受
　　けて規定されていることから明らかなとおり、同条2項の「相続人が数人あ
　　る場合」とは、遺留分を有する相続人が数人いる場合という趣旨である。す
　　なわち、相続人が、配偶者と兄弟姉妹のみである場合には、配偶者の相続分
　　は4分の3（900条3号）であるが、兄弟姉妹は遺留分を有しないことから、
　　「相続人が数人ある場合」には該当せず、1042条2項の適用はないこととなる。
　　したがって、相続人が配偶者Xと被相続人の弟Yのみであり、被相続人が甲
　　土地（1億円相当）を第三者Aに対して遺贈をし、その他の相続財産がない
　　といったケースでは、XはAに対し、5000万円の遺留分侵害額請求をするこ
　　とができる（3750万円（＝1億×$\frac{1}{2}$×$\frac{3}{4}$）が請求額になるわけではない。）。

⑵　遺留分を算定するための財産の価額（1043条関係）

　1043条では、遺留分の額を計算する前提となる「遺留分を算定するための
財産の価額」に関する規定について整備をしている。

　すなわち、改正前の1029条は、その見出しが「遺留分の算定」とされ、同
条1項において「遺留分は、被相続人が相続開始の時において有した財産の
価額にその贈与した財産の価額を加えた額から債務の全額を控除して、これ
を算定する。」と規定されていたが、同条の「遺留分」が、「遺留分を算定す
るための財産の価額」であることは、学説上も争いがないところであった。

　そこで、改正前の1029条に対応する1043条の見出しを「遺留分を算定する
ための財産の価額」に改めた上、同条1項を「遺留分を算定するための財産
の価額は、被相続人が相続開始の時において有した財産の価額にその贈与し
た財産の価額を加えた額から債務の全額を控除した額とする。」と改めるこ
とにより、その実質を明確にしている。

改正法における遺留分を算定するための財産の価額の計算式は、以下のとおりである。

> 【遺留分を算定するための財産の価額を求める計算式（1043条1項、1044条関係）】
>
> 　遺留分を算定するための財産の価額
> 　＝（相続開始時における被相続人の積極財産の額）＋（相続人に対する
> 　　生前贈与の額（原則10年以内））＋（第三者に対する生前贈与の額
> 　　（原則1年以内））－（被相続人の債務の額）

(3)　遺留分を算定するための財産の価額に算入する贈与の価額（1044条関係）

a　相続人に対する贈与については相続開始前10年間にしたものに限り算入すること

改正前の1030条では、遺留分を算定するための財産の価額に含める生前贈与については、「相続開始前の1年間にしたものに限り」その価額を算入するものと規定されていたが、前掲最三小判平10.3.24及び実務は、同条の規定は、相続人以外の第三者に対して贈与がされた場合に適用されるものであり、相続人に対して生前贈与がされた場合には、改正前の1044条において903条が準用されていたことを根拠に、その時期を問わず原則としてその全てが遺留分を算定するための財産の価額に算入されるとの立場を採用していた。

しかしながら、このような考え方によると、被相続人が相続開始時の何十年も前にした相続人に対する贈与の存在によって、第三者である受遺者又は受贈者が受ける減殺の範囲が大きく変わることになり得るが、第三者である受遺者又は受贈者は、相続人に対する古い贈与の存在を知り得ないのが通常であるため、第三者である受遺者又は受贈者に不測の損害を与え、その法的安定性を害するおそれがあるとの指摘がされていた（注）。他方で、前掲最

三小判平10.3.24が相続人に対する特別受益について改正前の1030条の適用を否定した実質的根拠は、このような解釈を採らないと各相続人が被相続人から受けた財産の額に大きな格差がある場合にも特別受益の時期いかんによってこれを是正することができなくなることを考慮したものであると考えられ、このような考え方にも相応の理由があるものと考えられる。

そこで、1044条3項では、第三者である受遺者等の法的安定性と相続人間の実質的公平という相反する2つの要請の調和の観点から、相続人に対する生前贈与についての特則を設けることとし、これについては、相続開始前の10年間にされたものに限り、遺留分を算定するための財産の価額に含めることとしている（第三者に対する贈与については、原則相続開始前の1年間にされたものに限るという改正前の1030条の規律を維持している（1044条1項)。)。

もっとも、被相続人と受贈者がいずれも遺留分権利者に損害を加えることを知って贈与をした場合には、10年よりも前にされた贈与についても遺留分を算定するための財産の価額に含まれることになる点は、旧法と同様であり、この点についての見直しはしていない（1044条3項の規定により読み替えて適用される同条1項後段の規定が適用される。)。

b 相続人に対する贈与については特別受益に該当する贈与に限ること

相続人に対する贈与については、改正前の1044条が903条を準用していたことから、旧法下においても、原則として同条1項に規定する贈与（特別受益に該当する贈与）である必要があるものと考えられていたが、この点は改正後も維持する必要があると考えられる。そこで、改正法においては、1044条3項の読み替え規定において、相続人に対する贈与については、903条1項の贈与、すなわち、婚姻若しくは養子縁組のため又は生計の資本として受けた贈与に限定することを明らかにしている。

なお、相続人に対する贈与のうち、相続開始前1年以内にしたものについても特別受益に当たるものに限るのかどうかは、さらに問題となり得る。第三者に対する贈与については、「婚姻若しくは養子縁組のため又は生計の資本として」という限定は付されておらず、全ての贈与が計算の対象となることとの平仄を重視すれば、相続開始前1年以内にした贈与については、特別

受益に該当する贈与に限らず、全ての贈与を含めるべきであると考えること
になるが（非限定説。この考え方によれば、1年以内の贈与については全ての贈
与、1年超10年以内の贈与については特別受益に該当する贈与に限ることにな
る。）、相続人に対する贈与については、日常的な生活費の交付と区別し難い
ものも多く、相当額以上のものに限るべきとも考えられ、このような立場に
よれば、相続開始前1年以内にした贈与についても、特別受益に該当しなけ
れば計算の対象に含めるべきではないと考えることになる（限定説。このよ
うな考え方によれば、相続人に対する贈与については、その時期にかかわらず、
特別受益に該当する贈与のみが計算の対象に含まれることになる。）。一般的に人
的な関係が強い相続人に対する贈与と第三者に対する贈与については意味内
容が異なり、相続人に対する贈与については特別受益に限定する相応の理由
がある上、非限定説によると贈与の時期によって計算の対象とするか否か区
別しなければならず、遺留分に関する争点を増やすことになり徒に紛争を複
雑化させるおそれがあることからすると、限定説を採用するのが相当である
と考えられる。そこで、1044条3項では、相続人に対する贈与については、
その時期にかかわらず、特別受益に該当する贈与に限り、遺留分を算定する
ための財産の価額に含めることとしている。

（注）　具体的には、以下のような事例が考えられる。
　【事例】
　　相続人は、X（法定相続分2分の1）、Y（法定相続分4分の1）、Z（法
　　定相続分4分の1）の3名で、被相続人が相続開始時に有していた財産（遺
　　贈分については除く。）は0円、相続人Yに対する30年前の生前贈与が1億円、
　　第三者Aに対する遺贈が6000万円あったものとする。
　【検討】
　○　旧法による帰結
　（遺産分割）　なし
　（遺留分）

　　・Xの遺留分侵害額＝（6000万円＋1億円）$\times \frac{1}{2} \times \frac{1}{2}$＝4000万円

　　・Yの遺留分侵害額＝（6000万円＋1億円）$\times \frac{1}{2} \times \frac{1}{4}$－1億円＝－8000万円

・Zの遺留分侵害額 ＝ $(6000万円 + 1億円) \times \dfrac{1}{2} \times \dfrac{1}{4} = 2000万円$

（まとめ）

Xの最終的な取得額^{（※）} ＝ 4000万円

※　なお、ここでいう「最終的な取得額」とは、遺産分割で取得することのできる額、遺贈又は贈与によって取得した額、遺留分減殺請求又は遺留分侵害額請求によって取得することのできる額（又は遺留分権利者に対して負担することとなる額）を合算（又は控除）した額をいう。以下同じ。

Yの最終的な取得額 ＝ 1億円（減殺なし）

Zの最終的な取得額 ＝ 2000万円

Aの最終的な取得額 ＝ 0円（全て減殺）

○　改正法による帰結（相続人Yに対する生前贈与を遺留分を算定するための財産の価額に算入しない場合）

（遺産分割）なし

（遺留分）

・Xの遺留分侵害額 ＝ $6000万円 \times \dfrac{1}{2} \times \dfrac{1}{2} = 1500万円$

・Yの遺留分侵害額 ＝ $6000万円 \times \dfrac{1}{2} \times \dfrac{1}{4} － 1億円 ＝ －9250万円$

・Zの遺留分侵害額 ＝ $6000万円 \times \dfrac{1}{2} \times \dfrac{1}{4} = 750万円$

（まとめ）

Xの最終的な取得額 ＝ 1500万円

Yの最終的な取得額 ＝ 1億円

Zの最終的な取得額 ＝ 750万円

Aの最終的な取得額 ＝ 3750万円

⑷　遺留分侵害額の算定方法（1046条2項関係）

a　総　論

前記1のとおり、遺留分侵害額は、遺留分権利者が被相続人の財産から遺留分に相当する財産を受け取ることができない場合に、その不足額を意味する概念である。このため、遺留分権利者が被相続人から生前贈与を受けている場合や、遺産分割における取得額がある場合には、遺留分侵害額を算定する際に、遺留分の額からこれらの取得額を控除することとされている。

また、遺留分の額は、遺留分権利者の手元に最終的に残る額を意味するも

のであるため、被相続人に債務があり遺留分権利者がその債務を承継する場合には、遺留分権利者がその債務を弁済した後に遺留分に相当する財産が残るようにする必要がある。このため、遺留分権利者が被相続人の債務を相続により承継した場合には、遺留分の額にその承継した債務の額を加算することとされている。

以上のとおり、遺留分侵害額は、遺留分の額から、①遺留分権利者が生前贈与等を受けている場合には、その価額を控除し、また、②遺産分割の対象財産がある場合には、遺産分割手続において遺留分権利者が取得する財産の価額を控除し、さらに、③相続債務がある場合には、遺留分権利者が相続によって負担する債務の額を加算することにより、求めることとされている（最三小判平8.11.26民集50巻10号2747頁参照）。

この算定方法を式で表すと前記【ポイント】①のとおりであるが、1046条2項は、遺留分侵害額は、1042条に規定する遺留分から、1号（遺留分権利者の特別受益の額）及び2号（遺留分権利者が遺産分割において取得すべき財産の額）に掲げる額を控除し、3号（遺留分権利者が相続によって負担する債務の額）を加算して求めるという計算式を法文化したものである。

b　遺留分権利者が受けた特別受益の額の控除（1号）

1046条2項1号では、遺留分権利者が遺贈又は903条1項に規定する贈与（特別受益）を受けていた場合には、その価額を控除することを明らかにしている。

c　遺産分割すべき対象財産がある場合の控除額（2号）

1046条2項2号では、遺産分割の対象となる財産がある場合には、遺留分権利者が遺産分割において取得すべき財産の価額を遺留分の額から控除することを明らかにしている。

この点について、旧法下の実務では、遺産分割の対象となる財産がある場合に、遺留分侵害額をどのように算定すべきかについて争いがあった。すなわち、この点については、学説及び実務上、いわゆる法定相続分を前提に算定すべきという見解（以下「法定相続分説」という。）と、具体的相続分（ただし、寄与分による修正は考慮しない。）を前提に算定すべきという見解（以下

「具体的相続分説」という。）に分かれていた。また、遺留分侵害額の算定をする時点で既に遺産分割が終了している場合の算定方法についても、実際に行われた遺産分割の結果を前提として算定すべきという考え方と、未分割の遺産がある場合と同様の算定方法によるべきという考え方に分かれていた。

　同号では、「第900条から第902条まで、第903条及び第904条の規定により算定した相続分に応じて遺留分権利者が取得すべき遺産の価額」を控除するものとしており、遺産分割が終了しているか否かにかかわらず、具体的相続分に応じて遺産を分配したとした場合に取得できる遺産の価額を控除することとし、具体的相続分説を採用することを明らかにしている。

　その理由は、以下のとおりである。

　まず、法定相続分説は、主として、遺留分侵害額は相続開始時に算定することができるものでなければならないが、具体的相続分は実体法上の権利関係によって当然に定まるものではなく、相続開始時には確定していないものであるため、これを基準にするのは相当でないこと等を根拠とするものであった。そして、その時点で考慮することができるのは、未分割の遺産に対して遺留分権利者が有する権利であるが、遺留分権利者は、その時点では、未分割の遺産につき法定相続分の割合による共有持分等を有しているのであるから、法定相続分に相当する額を控除すべきであるとしていた。

　これに対し、具体的相続分説は、主として、特別受益の有無は相続開始時までに生じた事実であり、その価額を考慮して算出された具体的相続分は相続開始時にも観念し得るものであるとして、具体的相続分に相当する額を控除すべきであるという考え方に基づくものであるが、具体的相続分説においても、寄与分の有無及び額は相続開始時には確定していないため、寄与分による修正は考慮しないこととされていた。

　以上を前提として検討すると、まず、具体的相続分説の論者がいうとおり、寄与分による修正を考慮しなければ、具体的相続分についても相続開始時に客観的に算定可能であるから、その権利性の有無にかかわらずこれを遺留分侵害額の算定において考慮することに理論的な障害はないものと考えられる。また、遺留分の侵害が問題となる事案においては多くの特別受益が存

する場合が多いにもかかわらず、「遺留分権利者が遺産分割において取得すべき財産の価額」を算定する際に特別受益の存在を考慮しない考え方（法定相続分説）を採用すると、その後に行われる遺産分割の結果との離齬が大きくなり、事案によっては、遺贈を受けている相続人が、遺贈を受けていない相続人に比して最終的な取得額が少ないという逆転現象が生じ得ることとなり、相当でないものと考えられる（注）。以上によれば、具体的相続分説を前提とした規律を採用するのが相当であると考えられる。

次に、遺産分割が終了している場合の取扱いについては、上記のとおり、実務的には、現実に分割された内容を前提に控除すべきという見解と、計算上算定される相続分を前提に控除すべきであるという見解が存在した。前者の見解に対しては、遺留分減殺請求の効果は、減殺請求によって当然に生じ、その内容は相続開始時に存在する諸要因（相続開始時の積極・消極財産の額、特別受益の有無及び額等）により定まるはずであり、遺産分割手続の進行状況いかんによって遺留分侵害額が変動し、これによって遺留分権利者に帰属した権利の内容が変動するというのは理論的にも説明が困難であるといった指摘や、遺産が未分割の場合と既分割の場合で最終的な取得額が異なることとなるのは相当でないとの指摘がされていた。

1046条2項2号では、これらの点を考慮して、遺産分割の対象財産がある場合には、遺産分割が終了しているか否かにかかわらず、具体的相続分に相当する額を控除することとしている。

これに対し、寄与分については、寄与分権者が遺産に対する自己の実質的な持分を取得したものと評価することが可能であり、被相続人の処分によって生じた特別受益とはその性質が異なること、遺留分侵害額請求権は遺留分権利者の権利行使により、当然に金銭債権が発生するという権利であるのに対し、寄与分は家庭裁判所の審判により初めてその有無及び額が決定されるものであり、権利の性質及びそれを実現するための手続が異なること等を考慮し、寄与分による修正は考慮しないこととしている（したがって、1046条2項2号においては、904条の2の規定は引用していない。）。

d　相続債務がある場合の加算額（3号）

　1046条2項3号では、相続債務がある場合には、遺留分権利者が負担する相続債務の額を加算することを明らかにしている。遺留分権利者が相続債務を支払った後に最低限の取り分（遺留分）を確保することができるようにする趣旨である。

　ところで、相続分の指定がある場合に、遺留分侵害額を算定するに当たって加算すべき相続債務の額については、法定相続分を前提に算定するという考え方と、指定相続分を前提に算定するという考え方があり得るが、判例（最三小判平21.3.24民集63巻3号427頁）は、相続人の一人に対して財産全部を相続させる旨の遺言がされ、相続債務を当該相続人に相続させる意思のないことが明らかであるなどの特段の事情がなく、当該相続人が相続債務も全て承継したと解される場合には、遺留分侵害額の算定において、遺留分権利者の法定相続分に応じた相続債務の額を遺留分額に加算することは許されないと判示し、後者の考え方を採用していた。実質的にみても、相続債務の加算を認めるのは、遺留分権利者が相続債務を支払った後に最終的に最低限の取り分（遺留分）を確保できるようにする趣旨であるから、相続人間で求償関係が生ずる場合にはその清算後の額を加算すべきであると考えられる。相続債務については、899条により、その相続分に応じて承継され、同条の「相続分」とは法定相続分又は指定相続分を意味するものと解されているが、相続分の指定がされた場合には、仮に相続債権者により法定相続分に応じた権利行使がされた場合でも、相続人間では指定相続分に応じた求償関係が生ずることになる。このため、1046条2項3号においては、相続分の指定がされた場合には、指定相続分を前提として遺留分侵害額を算定すべき旨を明らかにする趣旨で、「第899条の規定により遺留分権利者が承継する債務…の額」を加算することとしている。

　なお、遺留分権利者が、他の相続人と合意をするなどして、他の相続人が負担すべき相続債務を引き受けるということも考えられ、このような場合に、遺留分権利者が引き受けた相続債務についても遺留分に加算すべきか問題となり得るところである。しかしながら、このような場合に加算を認める

と、遺留分侵害額を負担する受遺者又は受贈者の与り知らないところで、遺留分侵害額の増大が生ずることになり、相当でないと考えられる。したがって、遺留分に加算する額については、法定相続分又は指定相続分に応じて遺留分権利者が負担すべき額とすることとしており、上記のような場合にさらなる加算は認めないこととしている。

（注）　具体的には、以下のような事例において逆転現象が生ずることとなる。
【事例】
　相続人は、X（法定相続分２分の１）、Y（法定相続分４分の１）、Z（法定相続分４分の１）の３名で、被相続人が相続開始時に有していた財産（遺贈分については除く。）が1000万円、相続人Yに対する遺贈が1000万円、第三者Aに対する遺贈が8000万円あったものとする。
【検討】
○　法定相続分説を採用した場合（１万円未満四捨五入）
（遺産分割）

・Xの具体的相続分＝（1000万円＋1000万円）× $\frac{1}{2}$ ＝1000万円

・Yの具体的相続分＝（1000万円＋1000万円）× $\frac{1}{4}$ －1000万＝－500万円

・Zの具体的相続分＝（1000万円＋1000万円）× $\frac{1}{4}$ ＝500万円

・Xの取得額＝1000万円× $\dfrac{1000万}{500万＋1000万}$ ≒666万6667円

・Zの取得額＝1000万円× $\dfrac{500万}{500万＋1000万}$ ≒333万3333円

（遺留分）

・Xの遺留分侵害額＝（1000万円＋1000万円＋8000万円）× $\frac{1}{2}$ × $\frac{1}{2}$

　 $－\underline{1000万円 × \frac{1}{2}（遺産分割の対象残余財産のうちXの法定相続分）}$

　＝2000万円

・Yの遺留分侵害額＝１億円× $\frac{1}{2}$ × $\frac{1}{4}$ －1000万円× $\frac{1}{4}$ －1000万円＝０円

・Zの遺留分侵害額＝１億円× $\frac{1}{2}$ × $\frac{1}{4}$ －1000万円× $\frac{1}{4}$ ＝1000万円

・Yへの遺贈については、Yの遺留分の範囲内なので、Yの負担額は０円

として計算。

・したがって、XはAに対して2000万円、ZはAに対して1000万円、それぞれ遺留分侵害額請求をすることができる。

（まとめ）

・Xの最終的な取得額＝2000万円＋666万6667円＝2666万6667円

・Yの最終的な取得額＝1000万円

・Zの最終的な取得額＝1333万3333円

・Aの最終的な取得額＝5000万円

　このように、遺贈を受けたYの最終的な取得額の方が、遺贈を受けていないZの最終的な取得額よりも少ないという逆転現象が生ずる。

○　具体的相続分説を採用した場合

（遺産分割）

　遺産分割の計算は同じ。

（遺留分）

・Xの遺留分侵害額＝$(1000万円＋1000万円＋8000万円)×\frac{1}{2}×\frac{1}{2}$

　$－666万6667円$（遺産分割の対象残余財産のうちXの具体的相続分）

　$＝1833万3333円$

・Yの遺留分侵害額＝$1億円×\frac{1}{2}×\frac{1}{4}－0－1000万円＝250万円$

・Zの遺留分侵害額＝$1億円×\frac{1}{2}×\frac{1}{4}－333万3333円＝916万6667円$

・したがって、XはAに対して1833万3333円、YはAに対して250万円、ZはAに対して916万6667円、それぞれ遺留分侵害額請求をすることができる。

（まとめ）

・Xの最終的な取得額＝1833万3333円＋666万6667円＝2500万円

・Yの最終的な取得額＝250万円＋1000万円＝1250万円

・Zの最終的な取得額＝916万6667円＋333万3333円＝1250万円

・Aの最終的な取得額＝5000万円

3　その他の論点

(1)　負担付贈与の取扱い（1045条1項関係）

　旧法下においては、負担付贈与がされた場合については、その目的財産の価額から負担の価額を控除したものについて遺留分減殺を請求することができるとされていたが（改正前の1038条）、この規定が遺留分を算定するための

財産の価額を算定するに当たっても同様の取扱いをすることを意図したものなのか（一部算入説）、それとも、遺留分を算定するための財産の価額を算定する際には、その目的財産の価額を全額算入しつつ、減殺の対象をその控除後の残額に限定した趣旨なのか（全額算入説）については、学説上見解が分かれていた。

しかしながら、遺留分を算定するための財産の価額に、目的財産の価額全額を算入するという立場を採用すると、贈与を受けている者の方が最終的な取得額が少ないという逆転現象が生じ得るなどの問題があった（注）。

そこで、改正法においては、負担付贈与がされた場合に「遺留分を算定するための財産の価額」に加算する贈与の価額は、贈与の目的財産の価額から負担の価額を控除した額とすることとし（1045条1項）、解釈上疑義があった負担付贈与がされた場合における規律を明確化することとしている。

（注）　具体例及び計算例
【事例】
　相続人がX、Yの2名（法定相続分は各2分の1）であり、被相続人が第三者Aに対して6000万円を遺贈し（その余の遺産はない。）、相続人Xに対して相続開始の5年前に被相続人の債務2000万円を引き受ける代わりに（重畳的債務引受）4000万円を交付し（Xは相続開始時までに債務を完済）、Yが遺留分侵害額請求権を行使したとする。
【全額算入説の問題点】
　上記事例において、全額算入説には以下のような問題がある。
　すなわち、上記事例では、Xに対する4000万円の交付の法的性質が問題となるが、仮にこれが負担付贈与であるとすると、全額算入説によれば、Yは、Aに対しては2500万円を請求できることになる結果、贈与を受けたXの最終的な取得額の方が、贈与を受けていないYの最終的な取得額よりも少ないという逆転現象が生ずることになる。これに対し、一部算入説においては、YはAに対して2000万円請求できるにとどまり、上記のような逆転現象は生じない（後記計算1）。
　他方、Xに対する4000万円の交付のうち、2000万円の部分は費用の前払いであり、その残り（2000万円）が贈与であるとすると、いずれの説を前提としても、YはAに対して2000万円請求することができることになる（後記計算2）。
　このように、全額算入説を採用すると、贈与を受けている者の方が最終的な取得額が少ないという逆転現象が生ずることがあるほか、Xに対する4000万円

の交付のうち2000万円の部分を負担付贈与の負担部分とみるか費用の前払いとみるかで大きく結論が変わることになるが、実際の事案においてはそのいずれに当たるか微妙なケースも多く、その認定いかんによって大きく結論が変わるという問題がある。

（計算1）負担付贈与とみた場合における計算

　①　全部算入説を採用した場合

　　遺留分を算定するための財産の価額　6000万円＋4000万円＝1億円

　　Yの遺留分侵害額　　　$1億円 \times \frac{1}{2} \times \frac{1}{2} = 2500万円$

　　最終的な取得額　　A　6000万円－2500万円＝3500万円

　　　　　　　　　　X　4000万円－2000万円＝2000万円

　　　　　　　　　　Y　2500万円

　②　一部算入説を採用した場合

　　遺留分を算定するための財産の価額

　　　　　　　6000万円＋（4000万円－2000万円）＝8000万円

　　Yの遺留分侵害額　$8000万円 \times \frac{1}{2} \times \frac{1}{2} = 2000万円$

　　最終的な取得額　　A　6000万円－2000万円＝4000万円

　　　　　　　　　　X　4000万円－2000万円＝2000万円

　　　　　　　　　　Y　2000万円

（計算2）費用の前払いとみた場合における計算

　　遺留分を算定するための財産の価額　6000万円＋2000万円＝8000万円

　　Yの遺留分侵害額　$8000万円 \times \frac{1}{2} \times \frac{1}{2} = 2000万円$

　　最終的な取得額　　A　6000万円－2000万円＝4000万円

　　　　　　　　　　X　4000万円－2000万円＝2000万円

　　　　　　　　　　Y　2000万円

(2)　不相当な対価による有償行為に関する規律（1045条2項関係）

　旧法下においては、不相当な対価による有償行為がされた場合については、当事者双方が遺留分権利者に損害を加えることを知ってしたものに限り、これを贈与とみなし、また、遺留分権利者が減殺請求をしたときは、その対価を償還しなければならないこととされていた（改正前の1039条）。

　この規定については、一般に、遺留分を算定するための財産の価額を計算する際には対価を控除した残額部分が加算されるが、その行為の全体が遺留

分減殺の対象となり得ることを前提としたものであると解されていた（注1）。

　もっとも、今回の改正では、遺留分に関する権利の行使によって生ずる権利を金銭債権化することとしたため、このような複雑な処理をする必要性、合理性はなくなったものと考えられる。

　そこで、改正法においては、不相当な対価をもってした有償行為が行われた場合には、①その対価を負担の価額とする負担付贈与とみなすこととし、その目的の価額から対価の価額を控除したものを、遺留分を算定するための財産の価額に加算することとした上で（1045条2項。なお、この点は旧法と変わらない。）、②遺留分侵害額の負担割合の基準においても、その目的の価額から対価の価額を控除したものを贈与の目的の価額とみなすこととしている（1047条2項において1045条2項を準用している。）（注2）。

　（注1）　このような解釈を前提とすると、例えば、相続人がX、Yの2名（法定相続分は各2分の1）であり、被相続人が、第三者Aに対して死亡半年前に1000万円の価値がある土地（以下「本件土地」という。）を代金200万円で売却し、相続人Xに対して死亡3年前に3200万円贈与したという事例（相続開始時の財産はないものとする。）において、Yが減殺請求をした場合を想定すると、Yの遺留分侵害額は1000万円となるから、①YはまずAに対して本件土地全部の減殺を請求できるが、200万円は償還しなければならないこととなり、②YはAに200万円償還した結果、遺留分侵害額につき200万円（1000万円－（1000万円－200万円）＝200万円）は満足を得られていないから、次にXに対して、さらに200万円を減殺請求することができることとなる。
　（注2）　改正法における帰結について
　　　前記（注1）の事例について、改正法の下においては、Yは、遺留分侵害額である1000万円について、Aに対して800万円の支払を、Xに対して200万円の支払を求めることができることになる。
　　　その結果、最終的な財産の帰属は、
　　　A　本件土地全部－800万円
　　　X　3000万円（3200万円－200万円）
　　　Y　800万円（Aからの取得額）＋200万円（Xからの取得額）
　　　となる。

⑶ その他の規定の整備

その他改正法においては、改正前の1044条の規定を削除するなどの規定の整備をしている。

改正前の1044条は、民法上、遺留分の章（改正前の第5編第8章）の末尾に位置付けられており、887条2項及び3項、900条、901条、903条並びに904条の規定を遺留分について準用するとしていたが、これらの規定が具体的にどのように準用されるのか判然とせず、遺留分に関する理解を一層困難にし、また、解釈上の争いを生じさせる原因になっているという指摘がされていた。

そこで、改正法においては、包括的な準用規定である改正前の1044条の規定を削除することとした上、同条において準用されている各条については、それぞれ準用の趣旨やその具体的内容が明らかになるように、条文の位置付けを明確にしている。

例えば、①法定相続分を規定する900条、901条については、相続人が複数いる場合の遺留分を算定するために適用する規律として1042条2項に、②相続人に対する贈与が行われた場合の特別受益に関する903条については、遺留分を算定するための財産の価額に含める贈与の範囲に関する規律として、相続開始前10年以内の贈与に限定した上、1044条3項に、③受贈者の行為によって贈与の目的物の滅失等があった場合に関する904条については、贈与の目的物であった滅失物等の財産評価の方法に関する規律として、1044条2項に、それぞれ規定することとしている（注）。

　（注）　なお、改正前の1044条は887条2項及び3項を準用していたが、改正法においては、887条2項及び3項の準用規定を改めて設けることはしていない。すなわち、これらの規定が準用されているのは、遺留分権利者の範囲として、代襲相続人及び再代襲相続人も含み得るということを明らかにする点に意義があるものとされていた。そうすると、1042条1項の「兄弟姉妹以外の相続人」に、その代襲相続人と再代襲相続人が含まれるということを明らかにすることも考えられるが、代襲相続人も再代襲相続人も、「相続人」であることには変わりなく、本条についてのみ相続人に代襲相続人等が含まれることを明文化することは、他の条文の解釈に影響を与えるおそれがあることから、

改正法においては、887条２項及び３項の準用の趣旨を明らかにすることはしていない。

① 遺留分侵害額の請求を受けた受遺者又は受贈者は、遺留分権利者が承継する相続債務について免責的債務引受、弁済その他の債務を消滅させる行為をしたときは、消滅した債務の額の限度において、遺留分権利者に対する意思表示により、遺留分侵害額に係る債務を消滅させることができる。

② ①の場合には、①の行為によって遺留分権利者に対して取得した求償権は、①の規律により消滅した遺留分侵害額に係る債務の額の限度において消滅する。

解　説

1　改正の内容

　遺留分侵害額の算定については、前記[2]【ポイント】にもあるとおり下記計算式（計算式は、同ポイントを簡略にしたもの）により求めるものとされており、相続債務がある場合には、遺留分権利者が相続によって負担する債務の額を加算することとされているが、遺留分侵害額請求を受けた受遺者又は受贈者が当該債務を弁済するなどして消滅させた場合には、当該債務の加算をする必要がないものと考えられる。特に、遺留分に関する権利の行使により生ずる権利を金銭債権化する場合には、相続債務額の加算は、文字どおり、受遺者又は受贈者が遺留分権利者の弁済資金を事前に提供したのと同様の状態を生じさせることになるが、例えば、被相続人が個人事業を営んでおり、事業に関連して多額の債務を負担していたところ、被相続人の死亡に伴い受遺者又は受贈者が当該事業を承継したという事案では、遺留分権利者が

その承継する相続債務の支払をしないからといって、その分の支払を怠ることができない場合が多いと考えられる。そのような場合に、受遺者又は受贈者がその分の支払をした上で遺留分権利者にこれを求償するというのは迂遠であり、また、遺留分権利者の資力に問題がある場合には、受遺者又は受贈者が損害を受けるおそれがある。

　そこで、1047条3項では、上記のような場合に、①受遺者又は受贈者の請求により、当該債務の加算をしない扱いをすることとした上（同項前段）、②遺留分権利者に対して求償権を取得した場合のその権利の帰趨について規定すること（同項後段）としている（注）。以下、各点について説明する。

【遺留分侵害額を求める計算式】
　遺留分侵害額＝（遺留分額）－（遺留分権利者が受けた特別受益の額）－（遺留分権利者が遺産分割において取得すべき財産の価額）＋（遺留分権利者が相続によって負担する債務の額）

（注）　具体例
　【事例】
　　相続人がXとYの2名の子で、被相続人がYに対して3000万円を遺贈し、その他に遺産はないが、債務が1000万円（弁済期は既に到来済み）あるとする。そして、XがYに対して遺留分侵害額請求権を行使したが、YがXの負担する相続債務を第三者弁済し、改正法の規定による消滅請求をしたものとする。
　【結果】
$$Xの遺留分侵害額 = (3000万 - 1000万) \times \frac{1}{2} \times \frac{1}{2} + 1000万 \times \frac{1}{2}$$
$$= 1000万円$$
　　そして、YがXの相続債務を第三者弁済し、1047条3項前段の規定による消滅請求をすると、Xの遺留分侵害額は、500万円減少することになり、最終的には、XはYに500万円しか請求することができないことになる。そして、YがXの相続債務を第三者弁済することにより取得した求償権（500万円）については、消滅請求をした時点で、消滅することとなる（同項後段）。

2 1047条3項前段について

　1047条3項前段では、遺留分権利者が承継した相続債務について、受遺者又は受贈者が弁済をするなど、その債務を消滅させる行為をした場合には、当該弁済等を行った受遺者又は受贈者の請求により、当該消滅した債務の額の限度において、当該受遺者又は受贈者が負担する遺留分侵害額に係る債務を消滅させることができることとしている。

　前記1のとおり、遺留分侵害額を算定する場合には、遺留分権利者が承継した相続債務の額を加算する取扱いがされるが、これは遺留分権利者が相続債務を弁済した後にも、遺留分権利者に一定の財産が残るようにするためである。もっとも、遺留分権利者が承継した相続債務についてその責任を免れた場合にまで相続債務分の加算をする必要はないことから、上記のような取扱いをすることを認めることとしたものである。

　この点に関し、受遺者又は受贈者が遺留分権利者の負担する相続債務を弁済した場合には、遺留分権利者に対して求償権を取得することになるため、受遺者又は受贈者は、その求償権と遺留分侵害額に係る請求権とを相殺することもできる。もっとも、受遺者又は受贈者が免責的債務引受をした場合には求償権を取得せず、相殺による処理は不可能である（472条の3）し、受遺者又は受贈者が第三者弁済をした場合であっても、その債務が弁済期前のものであれば受遺者又は受贈者はその弁済期が到来するまで相殺をすることはできないため（505条1項本文）、相殺による処理には限界があるといえ、これとは別にこのような規律を設ける意義があるものと考えられる。

　もっとも、相殺によって処理することができる場合には、改正法の規定による権利行使と、相殺権の行使のいずれもができることとなるが、改正法の規定による権利行使の場合には、その権利行使をした時点において金銭債務が縮減することになる一方で、相殺権の行使の場合にはその効力は相殺適状時に遡及することになる（506条2項）といった点で効果が異なることに留意する必要がある（注）。

（注）　このため、受遺者又は受贈者が遺留分権利者に対する求償権を取得した時点で既に相殺適状が生じている場合には、相殺によって処理する方が受遺者等に有利となるが、1047条3項の規定による権利行使が可能な時点で相殺適状になっていない場合には、同項による処理の方が受遺者等に有利となる。

3　1047条3項後段について

　1047条3項後段では、受遺者又は受贈者が遺留分権利者が負担する相続債務を弁済するなどして取得した求償権は、同項前段の規定により消滅した債務の価額の限度において消滅することを定めている。相殺により処理するのであれば、遺留分権利者に対して取得した求償権も対当額で当然に消滅することになるが（505条1項本文）、1047条3項前段による消滅請求により遺留分侵害額に係る債務が消滅した場合に、求償権がどうなるかは必ずしも明らかではないことから、同項後段において明文の規律を設けることとしたものである。

第6 相続の効力等に関する見直し

1 権利の承継に関する規律 (899条の2関係)

ポイント

① 相続人が特定財産承継遺言（いわゆる相続させる旨の遺言）や相続分の指定により財産を取得した場合でも、その法定相続分を超える部分については、登記、登録その他の対抗要件を備えなければ、その権利の取得を第三者に対抗することができない。

② ①の財産が債権である場合には、その債権を承継した相続人が遺言の内容又は遺産分割の内容を明らかにして債務者にその承継の通知をすれば、その権利の取得を債務者その他の第三者に対抗することができる（※）。

※ 債務者以外の第三者に対抗するためには、確定日付のある証書によって通知をすることが必要。

解　説

1　改正の趣旨

　旧法下で、判例は、特定財産承継遺言（いわゆる相続させる旨の遺言のうち遺産分割方法の指定がされたもの）や相続分の指定がされた場合のように、遺言による権利変動のうち相続を原因とするものについては、登記等の対抗要件を備えなくても、その権利取得を第三者に主張することができると判示していた（特定財産承継遺言につき、最二小判平14.6.10家月55巻1号77頁。相続分の指定につき、最二小判平5.7.19家月46巻5号23頁）。

しかし、このような考え方によると、例えば、相続債権者が法定相続分による権利の承継があったことを前提として相続財産に属する債権の差押え及びその取立てを行い、被相続人の債務者（第三債務者）がその取立てに応じて弁済をしたとしても、遺言に抵触する部分は無効となり得るため、遺言の有無及び内容を知る手段を有していない相続債権者や被相続人の債務者に不測の損害を与えるおそれがある（注1）（注2）（注3）。

　また、判例の考え方によると、遺言によって利益を受ける相続人（受益相続人）は登記等の対抗要件を備えなくても、その権利取得を第三者に対抗することができ、早期に登記等の対抗要件を備えようとするインセンティブが働かない結果、遺言による権利変動について登記がされずに、実体的な権利と公示の不一致が生ずる場面が増えることになり、取引の安全が害され、ひいては不動産登記制度等の対抗要件制度に対する信頼が害されるおそれがある。

　他方で、被相続人の法的地位を包括的に承継するという相続の法的性質に照らすと、相続開始の前後で相続債権者や被相続人の債務者の法的地位については、できる限り変動が生じないようにするのが相当であると考えられ、相続債権者がその権利を行使し、あるいは被相続人の債務者が弁済をするのに、遺言の有無及びその内容等を調査する必要があるというのは必ずしも相当でないように思われる。そのような考え方を前提とすれば、各共同相続人は、権利の承継の場面でも、被相続人から法定相続分に応じた権利を承継したものとして、相続債権者から権利行使を受けてもやむを得ない地位にあるということも可能であると考えられる（注4）。

　そこで、899条の2では、相続を原因とする権利変動についても、これによって利益を受ける相続人は、登記等の対抗要件を備えなければ法定相続分を超える権利の取得を第三者に主張することができないこととしたものである。

（注1）　仮に相続債権者が遺言の存在及び内容を知っており、これに従って相続財産に属する債権の差押えをした場合でも、遺言が遺言能力の欠如等によ

り無効である場合には、法定相続分と異なる差押えは無効となり、結果的に取立権限がなかったことになる。このため、遺言の効力について相続人間に争いがある場合には、相続債権者は、その争いが確定しない限り、法定相続分と指定相続分のいずれを前提に権利行使をすればよいかわからないことになり、遺言の効力に関する紛争に巻き込まれることになるが、相続債権者がその債務者である被相続人の死亡という自己に無関係の事情によってこのような不利益を受けるのは必ずしも相当でないように思われる。

（注2）　本文の場合や前記（注1）の場合について、被相続人の債務者は、受領権者としての外観を有する者に対する弁済（478条）に当たるとして、弁済の有効性を主張することが考えられるが、この場合には、自らこの点に関する主張立証責任を負うことになり、これに失敗すれば二重弁済を強いられることになる点で、その法的地位が不安定になることは否めないものと考えられる。

（注3）　相続分の指定を対抗要件主義の対象から除外することについても、ほぼ同様の問題が生ずる。割合的な相続分の指定（例えば、Aの相続分を3分の2、Bの相続分を3分の1と指定する旨の遺言）がされ、その後に遺産分割をすることが予定されている場合には、遺産分割前に登記等の対抗要件の具備を要求するのは相続人に酷であるとの指摘もあり得るが、遺言がない場合と割合的な相続分の指定がされた場合とでは、遺産分割が終了するまでの間に相応の時間を要する点では特段の差異はないものと考えられる。遺言がなく、遺産分割をする場合には、旧法下の判例でも対抗要件主義の適用があるのであるから、割合的な相続分の指定がされた場合に、対抗要件主義の適用を認めたとしても、特に相続人に酷であるとはいえないように思われる。また、判例のように、遺産分割方法の指定によって特定の相続人に本来の相続分を超える財産を取得させる場合には、その遺言は原則として、相続分の指定を伴うものであるとの理解を前提にすると、特定財産承継遺言については対抗要件主義を適用するが、相続分の指定については対抗要件主義を適用しないという考え方を採ることは理論的にも困難であると考えられる。

（注4）　この点については、例えば、旧法下でも、遺産分割については、相続人間では、具体的相続分に従って遺産を分けるのが公平であるとされているが、具体的相続分は相続債権者等の第三者にはわからないので、遺産分割前は、法定相続分に従った権利の承継があったものとして、相続債権者の権利行使が認められているという説明が可能であり、今回の改正は、そのような考え方を特定財産承継遺言や相続分の指定にも及ぼしたものということができるように思われる。なお、この改正は、相続開始後に受益相続人以外の相続人から遺産を譲り受けた者の保護を図ることよりも、相続債権者など、相続開始前から利害関係を有していた者の保護を図ることにより重点を置くものであり、このことが遺言の執行を妨害する行為がされた場合の効力に関す

る1013条２項及び３項の規律の在り方に影響を与えている（後記**3**参照）。

2　改正の内容

（1）　総　　論

　899条の２第１項の「相続による権利の承継」には、遺産分割によるものの外か、特定財産承継遺言や相続分の指定によるものが含まれる。「遺産の分割によるものかどうかにかかわらず、」と規定したのは、遺産分割によるものについては、旧法下の判例法理においても対抗要件主義の適用があることとされていたことから、同項はそれ以外の「相続による権利の承継」、すなわち、特定財産承継遺言と相続分の指定にも対抗要件主義を適用することを明らかにする点に主たる目的があるためである。もっとも、旧法下で、判例は、遺産分割による権利の承継が177条の「物権の得喪」や178条の「物権の譲渡」に当たることを前提としているが、今回の改正によって、遺産分割による権利の承継についても899条の２第１項が適用されることになる。その意味では、遺産分割による権利の承継については、改正法施行の前後でその根拠条文が変わることになる。

　同項の「権利」には、不動産、動産に関する所有権等の物権や債権はもとより、株式や著作権など、その権利の譲渡等につき対抗要件主義を採用しているもの全般がこれに含まれる（注１）。

　このように、同項は、相続による権利の承継について対抗要件主義を適用することの根拠規定となるものであるが、各権利の承継に必要な対抗要件の内容については直接規定しておらず、「登記、登録その他の対抗要件を備えなければ、…」と規定している。これは、対抗要件の内容については、権利の「譲渡」等において必要となる対抗要件と同じものを要求する趣旨である。したがって、同項の「対抗要件」は、その権利が不動産に関する物権であれば登記（177条）が、動産に関する物権であれば引渡し（178条）等が、債権であれば債務者に対する通知又は債務者の承諾（債務者以外の第三者に対しては確定日付ある証書によることを要する。467条）がこれに当たることに

なる。

　さらに、899条の2第1項の「第三者」の意義については、177条における確立した判例の解釈と同様（注2）、登記等の対抗要件がない旨の主張をすることについて正当な利益を有する第三者を意味するものであり、無権利者までこれに含める趣旨ではないから、対抗要件主義が適用される範囲については、権利の競合等が生ずる場合に限られることになる。

　このような考え方を前提とすると、特定財産承継遺言等によって利益を受ける相続人（受益相続人）は、その遺言がなくても法定相続分に相当する部分は権利を承継することができるのであるから、この部分について権利の競合が生ずることはなく、権利の競合が生ずる余地があるのは、当該受益相続人の法定相続分を超える部分に限られることになる（注3）（注4）。

　このため、899条の2第1項では、対抗要件主義が適用される範囲が法定相続分を超える部分に限られることを規定上も明確にすることとしている（注5）。

　また、同項の規定は、相続により法定相続分を超える部分を取得した相続人（受益相続人）から「第三者」に対してその取得を主張する場合の規律を設けたものであり、その「第三者」が受益相続人に対してその権利を対抗する場合の民法上の根拠規定は、従前どおり、不動産であれば177条、動産であれば178条、債権であれば467条ということになる。

（注1）　もっとも、899条の2第1項はあくまでも権利の「譲渡」等について対抗要件主義が採用されているものについて、相続による権利の承継にも対抗要件主義を適用することとするものであって、特許権のように登録等の手続を踏まなければそもそも権利移転の効果が実体法上も生じないこととされているもの、すなわち、権利の「譲渡」等についていわゆる効力要件主義が採用されているものについてはその対象としていない。いわゆる効力要件主義が採用されている財産権については、各法令において効力発生要件とされる方法が履践されることによって初めて権利変動が生じ、かつ、権利変動はそれで完結することになるが、相続の場面においては被相続人の死亡により従前の権利主体が消滅することとなるため、相続開始と同時に被相続人から新たな権利主体に権利の移転があったものと見ざるを得ず、効力発生要件を備

えなければその効力が生じないとする考え方を貫くことは困難であること等を考慮したものである。

（注2）　判例は、177条の「第三者」の意義について、当事者及びその包括承継人以外の者であって、登記等の欠缺を主張するにつき正当な利益を有する者をいうとして、「第三者」の範囲について限定解釈を採っている（大連判明41.12.15民録14輯1276頁等）。

（注3）　例えば、相続人がA、B、Cの3名（法定相続分は各3分の1）である事案において、被相続人がその遺産に属する甲土地をAに相続させる旨の特定財産承継遺言をした場合には、旧法下の判例では、Bは無権利者であるとされ、Aは、Bからその法定相続分に相当する3分の1の共有持分を買い受けたDに対しても、登記なくして甲土地の所有権の取得を対抗することができるとされてきた。これに対し、改正法の施行後は、899条の2第1項の規定が設けられたことにより、同項の「第三者」に当たるDとの関係では、Bも法定相続分による権利の承継を受けたものとして取り扱われることとなり、その結果、Aは、Dに対しては、登記をしなければ3分の1の共有持分を超える部分について、その取得を対抗することができないことになる。

（注4）　前記（注3）の事例を前提として、甲土地の所有権の帰趨を説明すると、以下のようになるものと考えられる。まず、BD間における甲土地の共有持分（3分の1）の売買契約が締結される前の段階、すなわち、899条の2第1項の「第三者」がいない段階では、Aのみが甲土地の所有者ということになるものと考えられる。次に、BD間で売買契約が締結された後、その共有持分の移転について登記がされておらず、Aも登記をしていない段階では、AとDは、いずれも、甲土地の3分の1の共有持分について権利を有しているが、確定的に権利を取得していない状態にあることになる（二重譲渡において譲受人双方が対抗要件を備えていない場合と同じ状態である。）。そして、その後に、Dが甲土地の3分の1の共有持分について先に登記をした場合には、Dがこの共有持分を確定的に取得し、これに反する被相続人からAへの権利承継は法律上なかったものと取り扱われることになるものと考えられる。このため、この場合には、事後的にみれば、①相続開始により、Aが甲土地の3分の2の共有持分を、Bが3分の1の共有持分を取得し、②BD間の売買契約締結時（Dが登記を備えた時ではない。なお、売買契約締結時以外に所有権を移転する旨の特約はないことを前提とする。）に、Dが甲土地の3分の1の共有持分を取得したものと取り扱われることになるものと考えられる（相続開始時からBD間の売買契約締結時までの間は、ABの共有であったものと取り扱われることになる。）。

（注5）　このように、法定相続分を超える部分について対抗要件を必要とすると規定した趣旨は、あくまでもこの改正が「第三者」に関する制限説を変更するものではないことを明らかにする点にあるに過ぎない。したがって、法

定相続分を超える権利を取得した受益相続人が法定相続分を超える部分に対応する対抗要件を備えれば、その全体について第三者に対抗することができるという趣旨を含むものではなく、受益相続人が法定相続分を超える権利の取得を第三者に対抗するためには、その取得した権利の全体について登記等の対抗要件を備える必要があることになる。例えば、法定相続分が3分の1である相続人が特定の土地の全部を取得した場合であれば、その土地の全部について登記をして、初めて法定相続分を超える権利の取得について第三者に対抗することができることになるのであって、自己の法定相続分を除く3分の2の持分について登記をすれば、その土地の全部の所有権を対抗することができるというわけではない（なお、現行法の登記実務において法定相続分を超えて土地全部を取得した相続人が、土地全部の所有権の移転の登記ではなく、自己の法定相続分を除く3分の2の持分移転の登記をすることができるかどうかは別論である。）。

⑵　債権の承継の場合

a　遺言（特定財産承継遺言や相続分の指定）による承継

　改正法では、特定財産承継遺言や相続分の指定により、法定相続分を超える債権の承継がされた場合には、467条に規定する方法による対抗要件具備のほか、その債権を承継する相続人（受益相続人）の債務者に対する通知により対抗要件を具備することを認めることとしている（899条の2第2項）。

　まず、受益相続人が467条に規定する方法により対抗要件を具備するためには、「譲渡人」に相当する者の債務者に対する通知か、債務者の承諾があることが必要となる。前者については、相続による権利の承継の場合において「譲渡人」に相当する者は被相続人の地位を包括的に承継した共同相続人全員となるため、共同相続人全員の債務者に対する通知により対抗要件が具備されることになる（注1）。

　もっとも、特定財産承継遺言や相続分の指定によって債権の承継があった場合には、その遺言をした被相続人は既に死亡しており、相続人もどのような状況の下で遺言がされたか認識していない場合が多く、受益相続人以外の相続人に債務者に対する通知を期待することは困難である場合が多いものと考えられる。また、特定財産承継遺言等の相続を原因とする権利の承継の場合には、遺贈等の特定承継の場合とは異なり、受益相続人以外の共同相続人

は対抗要件の具備に協力すべき義務を負わないと考えられているため（注2）、対抗要件の具備について受益相続人以外の共同相続人の協力が得られない場合に備えて、別の手段を設けておく必要性が高いと考えられる（注3）。

そこで、899条の2第2項では、遺言（特定財産承継遺言や相続分の指定）による債権の承継の場合には、受益相続人の通知により対抗要件を具備することを認めることとしつつ、虚偽の通知がされることを可及的に防止するために、通知の際に、遺言の内容を明らかにすることを要求することとしている。このような趣旨に照らすと、受益相続人が遺言の内容を明らかにしたといえるためには、債務者に遺言書の原本を提示するか、あるいは、遺言書の写しを提示する場合には、同一内容の原本が存在することについて疑義を生じさせない客観性のある書面によることを要するものと解すべきである。例えば、公正証書遺言であれば、公証人によって作成された遺言書の正本又は謄本、自筆証書遺言であれば、その原本のほか、家庭裁判所書記官が作成した検認調書の謄本に添付された遺言書の写しや、自筆証書遺言を保管する法務局の遺言書保管官が発行する遺言書情報証明書がこれに当たるものと考えられる。なお、この場合も、債権譲渡の場合と同様、受益相続人が債務者以外の第三者に対する対抗要件を取得するためには、確定日付のある証書によって通知することを要する（899条の2第2項、467条1項、2項参照）。

以上のとおり、遺言（特定財産承継遺言や相続分の指定）により法定相続分を超えて債権を承継した受益相続人が対抗要件を取得する方法としては、①共同相続人全員（又は遺言執行者）による通知、②受益相続人が遺言の内容を明らかにしてする通知、③債務者の承諾の3つの方法があることになる（注4）。

b 遺産分割による承継

遺産分割による承継の場合にも、基本的には前記aで述べたことがそのまま当てはまる。このため、遺産分割により法定相続分を超えて債権を取得した相続人が対抗要件を取得する方法としても、①共同相続人全員の通知、②当該債権を取得した相続人が遺産の分割の内容を明らかにしてする通知、③

債務者の承諾の３つの方法があることになる（899条の２第２項）。

　このうち、②の方法による場合には、遺産の分割の内容を明らかにすることが必要となるが、ここでも、その趣旨は受益相続人が虚偽の通知をすることを可及的に防止することにあるから、この要件を満たすためには、遺産分割協議書の原本や公証人作成に係る正本又は謄本、裁判所書記官作成に係る調停調書や審判書の正本又は謄本のように、遺産分割の内容について債務者に疑義を生じさせない程度の客観性のある書面を示す必要があるものと考えられる（注5）。

（注1）　相続による債権の承継において、債権譲渡における「譲渡人」に相当する者が「被相続人（正確には、その地位を包括的に承継した相続人全員）」であり、「譲受人」に相当する者が受益相続人であることについては、読み替え規定等を置くまでもなく明確であると考えられる。改正法施行後も、実体法上は、被相続人から受益相続人に直接債権が承継されることに変わりはないと考えられることから、「譲渡人」に相当する地位を承継する相続人全員には、受益相続人も含まれるものと考えられる。

（注2）　特定遺贈や死因贈与のように、権利移転の直接的な原因が被相続人の意思表示に求められるものについては、その相続人は当該意思表示によって被相続人が負うこととなる対抗要件具備義務（対抗要件の具備に協力すべき義務）を相続によって承継したという説明をすることが可能であると考えられる。これに対し、特定財産承継遺言や相続分の指定のように、被相続人の意思表示が要素に含まれるものの、権利移転の直接的な原因は相続という法定の原因に求められるものについては、被相続人の下に生じた義務を相続人が承継したという説明をすることは困難であると考えられる。したがって、相続による権利の承継について誰がいかなる義務を負うかについては、基本的に法律で定められるべきものと考えられるが、現行法上、相続人に対抗要件具備義務を負わせる根拠となる規定はなく、かえって、遺言の執行は遺言執行者によることとされ、特定財産承継遺言等については、遺言執行者と相続人の権限を調整する規定も設けられていないこと（1012条2項参照）からすれば、相続を原因とする権利の承継について、相続人は対抗要件具備義務を負わないものと解される。

　　　　実質的にも、被相続人により特定財産承継遺言がされた場合には、受益相続人以外の相続人は積極財産を何ら取得しないということがあり得るところ、そのような場合にも、相続人に遺言の履行義務を負わせ、これを免れるためだけに相続放棄の手続を要することとするのは酷な面があるものと考えられ

る。他方で、仮に相続人に対抗要件具備義務を認めることとしたとしても、受益相続人が他の相続人全員の協力を得るのは必ずしも容易でないと考えられ、相続人にこのような義務を負わせる必要性は必ずしも高くないものと考えられる。特定遺贈の場合にも類似の事態が生じ得るが、この場合には、被相続人の下で当該意思表示に基づく義務が発生する以上その相続人がこれについて何らの義務を負わないとするのは、他の契約責任の場合との平仄上困難であるため、遺言執行者がいる場合に限り、履行義務を免れさせることとしたものと解される。

　なお、同じく相続を原因とするものであっても、遺産分割の協議が成立した場合については、各共同相続人は、自らの意思表示の効果（合意の効果）として対抗要件具備義務を負うことがあり得るものと考えられる。この点については、共同相続人間において遺産分割協議が成立した場合に、共同相続人の一人が遺産分割協議において負担することとされた債務を履行しないときであっても、同債務に係る債権を有する相続人は541条によって遺産分割協議を解除することができないとした判例（最一小判平元.2.9民集43巻2号1頁）においても前提とされているようである（河野信夫「判解」『最高裁判所判例解説民事篇　平成元年度』6頁以下参照）。

（注3）　この点については、遺言執行者による通知が可能であるから、受益相続人による通知を認める必要がないという考え方もあり得るところであるが、遺言者による遺言執行者の指定がない場合には、家庭裁判所による遺言執行者の選任を経て同人による通知を要することになるが、相応の時間を要することになり、その間に相続債権者等により権利行使がされてしまうというおそれもあるほか、遺言執行者による通知を要求しても、必ずしも権利移転の真実性が確保されることにはならないものと考えられる。すなわち、遺言執行者の選任等も遺言が有効であることが前提となっており、遺言能力の欠如により遺言が無効である場合には、遺言執行者の選任も無効であって、有効な通知とはならない点や、遺言執行者が通知をする場合にも、遺言書等によって遺言執行者の指定等の事実を証明しない限り、債務者はその有効性を判断することができない点では、受益相続人による通知とそれほど変わらないと考えられる。

　なお、不動産の登記申請においても、特定財産承継遺言等によって権利を取得した受益相続人は、遺言執行者によることなく、自ら単独で相続による権利の移転の登記を申請することができることとされている（不動産登記法63条2項）。

（注4）　債務者の承諾については、債権譲渡の場合の債務者の承諾と同様、債務者に承諾をすべき法的な義務はなく、あくまでも債務者が任意に承諾をした場合に対抗要件になるものである。

（注5）　遺産の分割の内容を明らかにする書面としては、本文記載のものが考

えられるが、遺産の分割が相続人間の協議で行われた場合については、その前提として、相続人全員が遺産分割協議の当事者となっていることを明らかにする必要がある。そのため、遺産に属する債権を取得した相続人が債務者に対する権利行使をするためには、本文記載の書面のほか、戸籍関係書類や法定相続情報一覧図など、相続人の範囲を明らかにする書面を示す必要があると考えられる。なお、相続人の範囲を明らかにする書面については、遺言等がなく、法定相続分による権利の承継がされた場合、すなわち899条の2の規定が適用されない場合にも必要となる。

(3)　動産に関する権利の承継の場合

　動産に関する権利の承継については債権のような特則は設けられていないため、対抗要件の内容は動産の譲渡の場合と同様であり、自動車等の他の法令の規定により登録制度等が整備されているものを除き、引渡しが対抗要件となる。判例（最一小判昭44.10.30民集23巻10号1881頁）は、被相続人の事実的支配の中にあった物については、原則として、相続の開始により相続人がその占有を承継すると判示しているが、対抗要件としての引渡しがあったといえるためには、このような観念的な占有の移転では足りないものと考えられる。

　このため、例えば、相続人がA、B、Cの3名（法定相続分は各3分の1）である事案において、被相続人がその遺産に属する動産をAに相続させる旨の特定財産承継遺言がされた場合に、その動産の所有権を第三者に対抗するためには、Aが、相続の開始後に、他の相続人や遺言執行者から、①現実の引渡し（182条1項）（注1）、②簡易の引渡し（同条2項）（注2）、③指図による占有移転（184条）（注3）、④占有改定（183条）（注4）のいずれかを受けることが必要になるものと考えられる。

　なお、受益相続人は、物権的請求権等に基づき、動産を現実に保持している者から現実の占有を取得することも考えられ、受益相続人が現実の占有を取得した場合には、第三者からその動産に関する権利の取得を対抗されるおそれはなくなるものと考えられる。

（注1）　相続開始後に従前の権利者から現権利者（受益相続人）に対する現実
　　の引渡しがあったといえるためには、被相続人の地位を包括的に承継した相
　　続人全員（A、B、C）から受益相続人（A）にその動産が現実に引き渡さ
　　れたことが必要となるが、動産の引渡しは不可分の行為であると考えられる
　　ため、現にその動産を所持している相続人の一人から受益相続人に対して現
　　実の引渡しがされれば、相続人全員のために引渡しがされたことになると考
　　えられる。
　　　　したがって、例えばその動産をBが現実に所持していたとすると、BがA
　　にこれを現実に引き渡せば、Aは対抗要件を具備したことになると考えられ
　　る。
（注2）　本文の例で、Aがその動産を現実に所持している場合には、占有の移
　　転について共同相続人間（A、B、C）の合意又はAと遺言執行者の合意が
　　あれば、簡易の引渡しがされたことになり、Aは対抗要件を具備したことに
　　なると考えられる。
（注3）　本文の例で、第三者Dがその動産を現実に所持している場合には、相
　　続人全員（A、B、C）又は遺言執行者がDに対して以後Aのためにその動
　　産を占有することを命じ、Aがこれを承諾すれば、指図による占有移転がさ
　　れたことになり、Aは対抗要件を具備したことになると考えられる。
（注4）　本文の例で、例えば、相続人であるBがその動産を現実に所持してい
　　る場合には、Bが以後Aのために占有する意思を表示すれば、占有改定によ
　　る引渡しがされたことになり、Aは対抗要件を具備したことになると考えら
　　れる。

> **ポイント**
>
> ① 被相続人が相続分の指定をした場合であっても、相続債権者は、各
> 共同相続人に対し、法定相続分に応じてその権利を行使することがで
> きる。
> ② 相続債権者が共同相続人の一人に対して指定相続分に応じた債務の
> 承継を承認したときは、相続債権者は、それ以降は、指定相続分に応
> じた権利行使しかすることができない。

解 説

　902条の2本文では、相続分の指定がされた場合についても、相続債権者
は、各共同相続人に対し、法定相続分に応じてその権利を行使することがで
きることを明確化している。これは、債権者との関係では、遺言者に自らが
負担した債務の承継の在り方を決める権限を認めることは相当でないことを
根拠とするものであり、基本的には、判例（最三小判平21．3．24民集63巻3号
427頁）の考え方を明文化するものといえる（注1）。

　これに対し、相続人間の内部的な債務の負担割合については、これを積極
財産の承継割合に合わせることに一定の合理性が認められるため、今回の改
正前から、遺言者にその限度で債務の負担割合を決める権限が認められてい
るが（899条、902条）、この点は改正法施行後も変わらない。

　したがって、法定相続分を下回る相続分を指定された相続人が、902条の
2本文の規定によって、相続債権者に対して法定相続分に応じた債務の支払
をした場合には、法定相続分を上回る相続分を指定された相続人に対し、求
償権を行使することができることになる。

　このように、相続分の指定がされた場合でも、各共同相続人に対してその

法定相続分に応じた権利行使を認めるのは、相続債権者の利益を考慮したものであるが、他方で、法定相続分に応じた権利行使しか認めないことにすると、例えば、被相続人が遺言により積極財産の全部又はその大部分を特定の相続人に相続させることとしたような場合に、責任財産が不足し、相続債権者が不利益を受けることがあり得る。このため、同条ただし書では、相続債権者が指定相続分に応じた債務の承継を承認した場合には、法定相続分に応じた権利行使はすることができないと規定することにより、指定相続分に応じた権利行使（899条参照）が認められることを明らかにしている。

なお、902条の2では、相続債権者が指定相続分に応じた債務の承継を承認することができる時期等について特段の制限を設けていないため、相続債権者は、法定相続分に応じた権利行使をした後でも、指定相続分による権利行使をすることが直ちに否定されるわけではないと考えられる。もっとも、当然のことながら、相続債権者が指定相続分に応じた債務の承継を承認した場合でも、その前にされた弁済等の効力には何ら影響を及ぼさない。したがって、例えば、相続人がA、B、Cの3名（法定相続分は各3分の1）である事案において、被相続人が、Aの相続分を4分の3、Bの相続分を4分の1、Cの相続分を0と指定した場合に、被相続人に対して3000万円の債権を有していた相続債権者DがCから同条本文の規定により1000万円の弁済を受けた後に、指定相続分に応じた債務の承継を承認したとしても、その承認は1000万円の弁済の効力には影響を及ぼさないから、Dは、その残額である2000万円について権利行使をすることができるに過ぎない。この場合には、指定相続分に応じて2250万円（＝3000万円×$\frac{3}{4}$）の債務を承継したAに残額2000万円の請求することも可能であるし、AB両名に請求することも可能であるが、後者の場合には、Bに対する請求額は750万円（＝3000万円×$\frac{1}{4}$）の範囲内に限られることになる（注2）。

なお、相続債権者が共同相続人の一人に対して指定相続分に応じた債務の承継を承認した場合には、以後はこの意思表示を撤回して、法定相続分に応

じた権利行使をすることはできなくなる（902条の２ただし書）。もっとも、この承認は、遺言が有効であることが前提となるので、相続分の指定をする旨の遺言書が作成され、相続債権者がその遺言を前提として承認をした場合でも、遺言能力を欠くなどの理由で、当該遺言が無効となる場合には、その承認は法的には意味のないものとなる。このため、無効な遺言でされた相続分の指定に応じて権利を行使し、その遺言において法定相続分を超える相続分の指定がされた相続人からその指定相続分に応じた弁済を受けたとしても、法定相続分を超える部分は原則として無効となる（注３）。また、その相続人がその弁済の有効性を主張するためには、受領権者としての外観を有する者に対する弁済（478条）の要件に該当することを主張立証する必要があることになる。

（注１）　本文にもあるとおり、被相続人は、特定財産承継遺言や相続分の指定を通じて、積極財産の分配の在り方を決めることはできるが、積極財産の分配の在り方と離れて相続債務の帰属の在り方を決めることはできないものと考えられている。これは、被相続人には自らが負担した債務に関する処分権限は認められないことを根拠とするものであり、相続債務の帰属の在り方を被相続人が決めることができるとすると、相続人のうち資力がない者に対して積極財産は一切相続させずに、相続債務の全てを帰属させるということも許されることになり、相続債権者の利益を害することになるためである。899条は、「各共同相続人は、その相続分に応じて被相続人の権利義務を承継する。」と定めており、被相続人が相続分の指定を通じて、積極財産の承継割合に応じて、相続債務の承継割合を決めることができるとしているに過ぎない。もっとも、前掲最三小判平21．３．24は、「相続人のうちの一人に対して財産全部を相続させる旨の遺言により相続分の全部が当該相続人に指定された場合、遺言の趣旨等から相続債務については当該相続人にすべてを相続させる意思のないことが明らかであるなどの特段の事情のない限り、当該相続人に相続債務もすべて相続させる旨の意思が表示されたものと解すべき」であると判示しており、相続人のうちの一人に対して全財産を相続させる旨の遺言がされた場合であっても、被相続人が異なる意思表示をすれば、相続債務の帰属割合を変更することができるかのような説示をしている。この判例は、特段の事情がある場合にどのような法律関係が生ずるかという点については特に触れていないため、この場合の相続させる旨の遺言を遺贈と解する趣旨であるのか、積極財産について法定相続分と異なる遺産分割方法の指定をした場

合でも、相続分の指定を伴わないものを認める趣旨なのかは必ずしも明らか
でない。

（注2）　なお、本文の事例において、DがCに対して1000万円請求し、その後、
Aに対して2000万円請求をしてそれぞれ弁済を受けた場合に、どのように事
後処理を行うかについては、考え方が分かれ得るように思われる。すなわち、
Cは、相続人間の内部的な関係においては負担部分がないため、Dに弁済し
た1000万円について、A及びBに対し、各自の指定相続分に応じて求償する

ことができると考えた上で、Cは、Aに対しては750万円（＝1000万×$\frac{3}{4}$）を、

Bに対しては250万円（＝1000万×$\frac{1}{4}$）をそれぞれ請求することができ、その

後、Aは、Bに対し、自己の負担部分を超える500万円（2000万＋750万＝
2750万＞2250万）について求償することができるという考え方があり得る。
これに対し、上記のような求償の循環が生ずることを防ぐため、CがA及び
Bに対して求償することができる額は、各自の負担部分に満つるまでの金額
を限度とすると考えた上で、Cは、Aに対しては250万円（＝2250万円－2000
万円）を、Bに対しては750万円をそれぞれ請求することができるという考え
方があり得る。いずれにしても、改正法では、この点に関する規定を設けて
おらず、解釈に委ねられている。

（注3）　前記[1]のとおり、今回の改正は、相続の法的性質等に照らし、相続債
権者は債務者である被相続人がした遺言の効力の有無によって影響を受ける
べき立場には必ずしもなく、その意味では、その影響をできる限り少なくす
るのが相当であるという考え方を前提とするものであるが、本文に記載した
ような事例では、改正法施行後も、遺言の効力の有無により弁済の効力に影
響が生じ得ることになるため、この点に関する紛争に巻き込まれることを回
避することはできない。もっとも、改正法施行後は、相続債権者が法定相続
分に応じた権利行使をした場合には、遺言の有無及びその効力にかかわらず、
弁済等の効力が否定されることがなくなるため（後記[3]も参照）、旧法下の規
律に比べると、その法的地位が安定することになるものと考えられる。

| ポイント |

① 遺言執行者がある場合には、相続人は、相続財産の処分その他遺言の執行を妨げるべき行為をすることができず、これに違反する相続人の行為は、原則として無効となる。

② ①の無効は、相続人の財産処分の相手方等の第三者が善意である場合には、その第三者には対抗することができない。

③ ①及び②の規律は、相続人が自ら遺言の執行を妨げる行為をした場合の効果を定めるものであり、これらの規律によって相続債権者等の権利行使が妨げられることはない。

解　説

1　改正の趣旨

　改正前の1013条では、「遺言執行者がある場合には、相続人は、相続財産の処分その他遺言の執行を妨げるべき行為をすることができない。」とされていた（この規定自体は改正法施行後も存続する。1013条1項）が、この規定に違反した場合の効果について、判例は、相続人がした処分行為は絶対的に無効であると判示していた（大判昭5.6.16民集9巻550頁）。

　他方で、判例は、遺言者の死亡後に相続人の債権者が特定遺贈の目的とされた不動産の差押えをした事案に関して、遺言執行者がいない場合には、受遺者と相続人の債権者とは対抗関係に立ち、先に登記を具備した者が確定的にその権利を取得するとの判示をしている（最二小判昭39.3.6民集18巻3号437頁）。この判例の事案は、不動産の差押えがされた時点では、遺言執行者は選任されておらず、その後に選任されたものであったが、同判例の最高裁

判所調査官解説によれば、仮に遺言執行者の選任が差押えの前にされていたとすれば、差押債権者は177条の「第三者」に該当しないと解すべきであるとされていた（栗山忍「判解」『最高裁判所判例解説民事篇 昭和39年度』71頁）（注1）。

　これらの判例の考え方によると、例えば、不動産の遺贈がされた場合について、遺言執行者がいれば遺贈が絶対的に優先するのに対し、遺言執行者がいなければ受遺者と相続人の債権者の関係は対抗関係に立つことになるが、このような帰結は、遺言の存否及びその内容を知り得ない相続債権者等の第三者に不測の損害を与え、取引の安全を害するおそれがある（注2）。

　そこで、改正法では、旧法及び判例の考え方を基本的に尊重しながらも、遺言の存否及びその内容を知り得ない第三者の取引の安全等を図る観点から、相続人が自らした行為の効果と相続債権者又は相続人の債権者がした行為の効果とを区別した上で、それぞれ異なる規律を設けることとしている。

　具体的には、まず、遺言執行者がいる場合に相続人が行った遺言の執行を妨げる行為は無効であることを明確にしつつ、その取引の相手方が遺言執行者の存在を知らなかった場合については、取引の安全を図るために、その行為の無効を善意の第三者に対抗することができないこととしている（1013条2項）。

　次に、相続債権者又は相続人の債権者が相続財産に対して差押え等の権利行使をした場合については、遺言執行者の有無によってその権利行使の有効性が左右されることがないようにするため、遺言執行者の存在の有無に関する認識を問わず、相続債権者等の権利行使が妨げられることはない旨を明らかにすることとしている（同条3項）。

（注1）　その理由については明確には記載されていないが、強制競売手続は、執行債権者の申立てに基づき、目的物を差し押さえて執行債務者の処分権を徴収し、これに基づいて目的物を売却する手続であり、執行債務者に当該目的物の処分権が存在することを前提とするものであることを根拠とするもののようである。

（注2）　判例の事案は、相続人の債権者が遺贈の目的財産の差押えをしたもの

であるが、このような結論を導いた根拠が前記（注1）に記載した点にあるとすれば、相続債権者が差押えをした場合についても、同様の結論になるものと考えられる。

2　改正の内容

(1)　相続人がした処分行為の相手方との関係

　遺言執行者がある場合には、遺言の執行に必要な行為をする権限は遺言執行者に専属し（1012条1項、1013条1項）、相続人がこれを妨げる行為をした場合には、原則として無効となる（同条2項）。相続人が遺言の執行を妨げる行為をした場合の効果について、前記1のとおり判例（前掲大判昭5.6.16）は絶対的に無効であるとの立場を採用していたが、学説上は争いがあったことから、改正法では判例の考え方を基本的に尊重し、相続人がした当該行為は原則として無効であることを明確にしている。

　また、前記1のとおり、改正法では、遺言の執行を妨げる行為について、これを相続人がした場合と相続債権者の権利行使等相続人の行為を伴わない場合とでその効果を区別することとしているが、1013条2項ただし書の善意者保護規定は、遺言の内容を知り得ない第三者の取引の安全を図る観点から、相続人がした処分行為の相手方を保護する趣旨のものである。

　もっとも、同項ただし書の善意者保護規定によって治癒されるのは、あくまでも「相続人に処分権限がなかったこと」に限られる。したがって、同項ただし書が適用されると、当該第三者との関係では、当該行為は有効なものとして取り扱われることになるが、その場合にも、当該第三者が相続人からの権利取得を当然に他の第三者に対抗することができるわけではない。例えば、相続人がA、Bの2名（法定相続分は各2分の1）で、被相続人Pがその遺産に属する甲土地をAに相続させる旨の特定財産承継遺言をし、Cを遺言執行者に指定していたにもかかわらず、Bが相続開始後にDに対して甲土地の2分の1の共有持分を譲渡したという事案を想定する。この事案において、Dが「善意の第三者」に当たる場合には、Bの無権限が治癒されて、処

分権限を有していたものと法律上取り扱われることになるが、それによっても、「P→A、B（Pの相続人）→D」といった二重譲渡類似の状態が作出されるに過ぎず、DがAに対してその共有持分の取得を対抗するためには、その旨の登記をAよりも先に備えることが必要となる。

　また、上記のとおり、同項ただし書の善意者保護規定は、相続人の無権限（管理処分権の不存在）を治癒するものであるから、ここでの「善意」とは、遺言執行者がおり、その財産の管理処分権が遺言執行者にあることを知らなかったことを意味することになるものと考えられる。この点に関し、相続人の処分行為の相手方がこの規定の意義を誤解し、遺言執行者がいる場合でも、相続人には処分権限があると誤信していた場合には、いわゆる法律の錯誤の問題となる。法律の錯誤があった場合の取扱いについて、判例は、民事・刑事を問わず、その前提となる事実を認識している以上、原則として「故意」や「悪意」があることは否定されないとした上で、例外的にそのような誤解をしたことについてやむを得ない事由がある場合に限り、これを否定する取扱いをしているものと考えられるから（最二小判平19.7.13民集61巻5号1980頁等）、この規定について上記のような誤解があったとしても、遺言執行者がいることを知っていた以上、通常は「善意」性が否定され、保護されないことになるものと考えられる。

　同項ただし書の規定により、権利の取得を対抗することができなくなる主体については条文上明示していないが、同項本文によってその利益を保護される受益相続人（特定財産承継遺言等がされた場合）や受遺者である。

(2)　相続債権者及び相続人の債権者との関係

　1013条2項のような規定を設けた場合には、これに伴い、遺言執行者がいる場合に、相続債権者や相続人の債権者の権利行使も認められなくなるかどうかが問題となるが、改正法では、この点に関する争いを立法的に解決するために、同条3項において、同条1項及び2項の規定は、相続債権者や相続人の債権者が相続財産についてその権利を行使することを妨げない旨の注意規定を設けることとしている。

この点について、相続関係部会では、①遺言の執行を相続債権者や相続人の債権者の権利行使よりも優先させる考え方、②相続債権者の権利行使は認めるが、相続人の債権者の権利行使は認めない考え方、③相続債権者及び相続人の債権者のいずれの権利行使も認める考え方について検討がされたが、最終的には、③の考え方が採用されたものである。

　まず、①の考え方については、被相続人の法的地位を包括的に承継するという相続の法的性質に照らしても、相続の開始によって、相続債権者の法的地位に著しい変動を生じさせるのは必ずしも相当でないこと（注１）や、①の考え方を採ると、遺言執行者がいない場合には対抗要件主義が適用されるのに対し、遺言執行者がいる場合には遺言が優先し、対抗要件主義が適用されないことになるが、これでは、特定財産承継遺言や相続分の指定について対抗要件主義を適用することとした意義がかなりの程度没却されることになること等の問題点が指摘され、採用されなかった。

　次に、②の考え方は、相続債権者と相続人の債権者の立場の違いに着目した考え方であり、相続人の債権者の場合には、相続開始前には、被相続人との間に法律関係を有していたわけではなく、相続開始前後の法的地位の変化という問題が生じないことから、相続人の債権者との関係では、遺言の執行を優先させるものである。もっとも、民法上、相続債権者と相続人の債権者の法的取扱いを区別しているのは限定承認、財産分離及び相続財産破産の場合に限定されているが、遺言執行者がいる場合といった一般的に生じ得る場面で、相続債権者と相続人の債権者とで取扱いを変えることとすると、民事執行等の場面において法律関係が過度に複雑になるなどの問題点が指摘され、最終的には、②の考え方を採用することも見送られ、③の考え方が採用された。

　なお、改正法の下では、相続債権者や相続人の債権者が相続財産に対して権利行使をすると、遺言執行者による遺言の円滑な執行が妨げられることになるが、遺言がない場合については、これにより遺産分割協議等の円滑な進行に支障が生じてもやむを得ないとされていることからすれば、遺言がある場合についてこれと同様の取扱いがされたとしてもやむを得ないものと考え

られる（注2）。むしろ、特定財産承継遺言がされた場合には、遺産分割をする必要がある場合に比べると、早期に対抗要件を具備することが可能であるから、遺言がない場合よりも問題は少ないように思われる。また、遺言により相続分の指定がされ、遺産分割が必要となる場合についても、相続開始後に遺産分割をする必要があるという点では、遺言がない場合と同様の利益状況にあるものといえ、相続分の指定がされた場合のみ、相続債権者等の権利行使を禁止することとする合理性に欠けるように思われる。

（注1）　例えば、相続債権者が被相続人に対する債務名義を取得していたが、強制執行を開始する前に被相続人が死亡した場合に、その相続債権者が債権者代位権に基づき相続財産に属する特定の不動産について相続登記をした上で、共同相続人全員の法定相続分に相当する持分を差し押さえたとしても、指定相続分と合致しない部分に対する差押えは無効ということになる。また、相続債権者は、仮に相続分の指定がされたことを知っていた場合でも、相続人の協力を得なければ、登記所に指定相続分に関する資料を提出することができないなど、債権者代位権を行使して指定相続分に従った登記をすることには手続的に困難な面があり、相当の時間と労力を要することになる。

　　これに対し、相続分の指定がない場合には、相続債権者は、債権者代位権を行使して法定相続分に従った相続登記をした上で、その不動産の全持分について差押えをすれば、強制執行手続において、その不動産全体を売却し、その売得金から配当を受けることができることになるため、権利行使をするのに必要な時間と労力は、相続分の指定がされた場合と比較すると、かなり少なくて済むものと考えられる。

（注2）　例えば、組合についても、組合の目的である事業の円滑な遂行のために、組合員が組合財産についてその持分を処分したとしても、これを組合及び組合と取引をした第三者に対抗することができないこととされているが（676条1項）、組合債権者の権利行使がこれによって制約されることはないのと同様である。

第7 相続人以外の者の貢献を考慮するための方策（1050条関係）

ポイント

① 被相続人に対して無償で療養看護その他の労務の提供をしたことにより特別の寄与をした被相続人の親族（以下「特別寄与者」という。）は、相続の開始後、相続人に対し、特別寄与料の支払を請求することができる。

② 特別寄与料の支払について当事者間に協議が調わないとき、又は協議をすることができないときは、家庭裁判所は、特別寄与者の申立てにより、特別寄与料の額を定める。

③ 相続人が数人いる場合には、特別寄与者は各相続人に対して請求することができるが、その場合に各相続人が負担する額は特別寄与料の額に当該相続人の相続分（法定相続分又は指定相続分）を乗じた額となる。

解 説

1 改正の趣旨

被相続人に対して療養看護等の貢献をした者が相続財産から分配を受けることを認める制度としては寄与分の制度があるが、寄与分は、相続人にのみ認められている（904条の2第1項）。このため、相続人ではない者、例えば、相続人の配偶者が被相続人の療養看護に努め、被相続人の財産の維持又は増加に寄与したとしても、遺産分割手続において寄与分を主張したり、何らかの財産の分配を請求したりすることはできず、不公平であるとの指摘がされていた。

この問題に対応する方法としては、相続人以外の者が被相続人との間で報

酬を受ける旨の契約を締結することや被相続人が遺贈をすること、あるいは両者の間で養子縁組をすること等が考えられる。しかし、被相続人との人的関係等によっては、相続人以外の者が被相続人に対してこれらの法的手段を採ることを依頼することが心情的に困難な場合も多いものと考えられる。他方で、被相続人がこれらの手段を採らなかった場合であっても、上記のような貢献をした者に対して一定の財産を分け与えることが被相続人の推定的意思に合致する場合も多いものと考えられる。

　また、他に採り得る法的手段としては、①特別縁故者の制度、②準委任契約に基づく請求、③事務管理に基づく費用償還請求、④不当利得返還請求が考えられる。しかし、特別縁故者の制度は、相続人が存在する場合には用いることができないものであり、準委任契約、事務管理、不当利得を理由とする請求のいずれについても、その成立が認められない場合や、成立するとしてもその証明が困難な場合があり得る等の問題があるものと考えられる(注)。

　以上のとおり、旧法下では、相続人以外の親族が被相続人の療養看護をした場合にこれに十分に報いることが困難であると考えられることから、改正法では、実質的公平を図る観点から、特別の寄与の制度を新設することとしたものである。

(注)　旧法下の制度によって対応しようとする場合に生ずる問題点や限界等
①　特別縁故者の制度（958条の3）
　　特別縁故者の制度は、被相続人の療養看護に努めた者その他被相続人と特別な縁故があった者に対し、被相続人の財産を家庭裁判所の審判により分与する制度であるが、被相続人の相続人がいない場合にのみ用いることができる制度であり、相続人がいる場合には用いることができない。
②　準委任契約に基づく請求（656条、643条）
　　療養看護等の寄与行為について、当事者間に役務の提供に関する合意があると認められる場合には、準委任契約（656条、643条）が成立することになると考えられる。
　　しかし、準委任契約は無償が原則であり、報酬に関する特約がない場合には、受任者（療養看護等を行った者）は、委任者（被相続人）に対し、報酬を請求することはできない（656条、648条1項）。また、委任事務を処理するのに必要と認められる費用を支出した場合には、その償還を請求す

ることができるが（656条、650条1項）、親族間等の親しい間柄において療養看護等がされた場合には、契約書等の証拠が欠けていたり、合意の内容が不明確であったりするために契約内容の立証が困難である場合や、当事者間では費用を含め金銭的な清算をする意思がなく、その旨の黙示の合意等が認められる場合も多いと考えられる。

③　事務管理（697条）

　療養看護等の寄与行為について契約関係が認められない場合であっても、事務管理が成立するのではないかとも考えられる。事務管理が成立する場合には、管理者（療養看護等を行った者）は、本人（被相続人）のために支出した有益費等について、その償還を請求することができる（702条）。

　しかし、事務管理制度は、私的自治の原則の例外として、本来は違法とされるべき他人の事務への干渉を例外的に許容する制度であるため、これを重視してその適用範囲を謙抑的に考える立場からは、親族間における通常の療養看護のように、一定の事務をすることについて当事者間に合意がある場合には、基本的に事務管理の成立は否定すべきであるとの指摘もされている。また、事務管理が成立する場合でも、償還を請求することができるのは、管理者が支出した「有益な費用」に限られ、報酬を請求することはできないとされている。

④　不当利得返還請求（703条等）

　相続人以外の者が、被相続人の療養看護等をすることにより、被相続人の財産の維持又は増加について特別の寄与をしているといえる場合には、被相続人やその権利義務を承継した相続人に対し、不当利得返還請求をすることが考えられる。

　しかし、親族間等の親しい間柄における自発的な行為においては、当事者間では費用を含め金銭的な清算をする意思がなく、その旨の黙示の合意等が認められる場合も多いと考えられる。そのような場合には、法律上の原因がないとはいえないため、不当利得が成立しないこととなると考えられる。

2　改正の内容

(1)　総　論

　前記1のとおり、特別の寄与の制度は、実質的公平を実現するものとして積極的な意義を有するものであるが、この制度を新設することについては、相続関係部会における調査・審議の過程において、相続をめぐる紛争の複雑化、長期化を懸念する指摘がされ、パブリックコメントにおいても同様の指

摘がされたところである。

　そこで、このような懸念をできる限り払拭するため、改正法では、この制度を適用する必要性が特に高いと考えられる場面にその適用範囲を限定する観点から、請求権の発生要件、権利行使期間、権利行使の手続等について、以下のような規律を設けることとしている。

(2)　特別寄与料の支払請求権の発生要件（1050条1項関係）

a　請求権者

　特別の寄与の制度を新設することについては、前記(1)のとおり、相続をめぐる紛争の複雑化、長期化を懸念する指摘がされたことから、そのような事態が生ずることをできる限り防止するため、請求権者の範囲を限定する必要性が高いものと考えられる。

　また、この制度は、被相続人と一定の人的関係にある者が被相続人の療養看護等をした場合には、被相続人との間で有償契約を締結する等、被相続人の生前に一定の対応をとることが類型的に困難であることに鑑み、これらの者の利益を保護し、実質的公平を実現することを目的とするものであり、請求権者の範囲を一定の範囲の者に限定することには合理性があるものと考えられる。

　以上の点を考慮し、特別の寄与の制度においては、請求権者の範囲を被相続人の親族に限定することとしている（注1）（注2）（注3）。

　なお、これは被相続人の療養看護を被相続人の親族が担うべきであるという価値判断を前提としたものではない。高齢者等の介護を誰が担うべきかという問題は、その時々の社会情勢や国民意識等を踏まえ、社会福祉政策等の中で議論されるべきものであり、この点について改正法が一定の立場を採用したものではないことに留意する必要がある。

b　寄与行為の態様

　被相続人の財産の維持又は増加に貢献する行為としては、療養看護や財産上の給付等様々な類型のものが考えられるが、特別の寄与の制度の適用対象は、被相続人の療養看護をした場合や被相続人の事業を無償で手伝った場合

など被相続人に対する無償の労務の提供があった場合に限定することとしている。

　これも紛争の長期化、複雑化の懸念に対応するものであるが、無償の労務の提供については、相続人でないという形式的な理由で相続財産の分配に与かり得ないとされていることに対する不公平感が特に強いとの指摘がされていることを踏まえ、この制度の対象となる寄与行為をこれに限定することにしたものである。他方で、被相続人に対して財産上の給付がされた場合を適用対象外としたのは、事業資金の提供等の財産上の給付については、通常、その給付時にその返還の要否等について取決めをすることが比較的容易であり、その返還時期を被相続人の死亡時と定めることも可能であるから、特別の寄与の適用対象とする必要性に乏しいこと等を考慮したものである。

c　寄与行為の無償性

　特別の寄与の制度においては、労務の提供が無償でされたことを要件としている。これは、被相続人から労務の提供をした者に対して対価の支払がされた場合には、被相続人としても、労務の提供をした者に対してそれ以上の財産を与える意思はないのが通常であると考えられること等を考慮したものである（注4）。

　労務の提供が無償であるか否かは、労務を提供した者が被相続人から対価を得たと評価することができるか否かにより判断されることとなるが、その判断をするに当たっては、当該財産給付についての当事者の認識や、当該財産給付と労務提供の時期的・量的な対応関係等を考慮することになるものと考えられる。

　例えば、被相続人が労務の提供をした者の生活費を負担していた場合に無償性の要件を満たすかどうかは、個別具体的事情に基づいて判断されることとなるが、労務の提供をした者が被相続人が要介護状態になる前から被相続人と同居しており、被相続人がその生活費を負担していたような場合であれば、療養看護開始後も引き続き被相続人が生活費を負担していたとしても、そのことから直ちに無償性が否定されることにはならないと考えられる。

　また、一般に、労務の提供に対する対価といえるためには、その財産給付

の内容が労務の提供の程度に応じて決められたという関係にあることを要すると考えられるため、特別寄与料の請求をした者が被相続人からごく僅かな金銭を受け取っていたに過ぎない場合や、簡単な食事の提供を受けたにとどまる場合には、対価性がないと判断される場合が多いと考えられる。

d　財産の維持又は増加についての寄与

改正法では、寄与分制度と同様に、被相続人の財産の維持又は増加についての寄与があったことを要件としている。これは、財産の維持又は増加については金銭評価が可能であるのに対し、純粋な精神的な援助のように財産上の効果がないものについては金銭評価が困難であって、これを評価しようとすると主観的なものにならざるを得ないこと等を考慮したものである。

もっとも、精神的な援助といっても様々な場合があると考えられ、援助をする者の負担が大きい場合には、精神的な援助に伴って労務の提供がされ、これにより財産の維持又は増加に寄与したと評価することができることもあると考えられる。例えば、精神的な疾患を抱えている高齢者に長期間付き添いながら精神的な援助をしたという場合には、長期間の付添いという労務の提供により、被相続人は本来負担すべきであった看護委託費用の出費を免れたものと評価することができるものと考えられ、このような場合には被相続人の財産の維持又は増加に貢献があったと評価することができるように思われる。

e　特別の寄与

寄与分における「特別の寄与」は、一般に、寄与の程度が被相続人と相続人の身分関係に基づいて通常期待される程度の貢献を超えるものであることを意味すると解されているが、これは、通常期待される程度の貢献については、相続分に基づく財産の取得をもって満足すべきものと整理されているためであると考えられる。これに対し、特別の寄与の制度における請求権者は相続人ではないため、これと同様の解釈をすることは相当でないと考えられる。

特別の寄与の制度における「特別の寄与」という要件は、その者の貢献に報いるために一定の財産を与えることが実質的公平の理念に適うとともに、

被相続人の推定的意思にも合致すると考えられる場合に、制度の適用範囲を限定するために設けられたものである。したがって、この制度における「特別の寄与」とは、寄与分のように「通常の寄与」との対比の観点から判断されるものではなく、実質的公平の理念及び被相続人の推定的意思という制度趣旨に照らし、その者の貢献に報いるのが相当と認められる程度の顕著な貢献があったことを意味するものと解すべきである。

　具体的にどの程度の貢献をすれば「特別の寄与」に当たると認められるのかについては、個別具体的な事情を総合的に考慮した上で判断されることになるが、例えば、療養看護がされた事案においては、療養看護の具体的態様に加え、被相続人が療養看護を必要とする状況にあったか否か、療養看護が継続的に行われたか否か等の事情が考慮されるものと考えられる。

（注１）　相続関係部会における調査・審議や国会における審議の過程では、事実婚や同性カップルのパートナーについても請求権者の範囲に加えるべきであるとの意見もあった。

　　しかし、これらの類型に該当するか否かは、様々な要素を総合的に考慮して判断する必要があるため、これらの類型を請求権者の範囲に含めるとすると、その該当性をめぐって当事者間で主張・立証が繰り返されるなどして相続をめぐる紛争が一層複雑化、長期化するおそれがあるものと考えられる。

　　改正法では、これらの点を考慮して、請求権者の範囲を被相続人の親族に限定することとしている。

（注２）　本文にもあるとおり、改正法においては、特別の寄与に関する請求権者の範囲は、被相続人の親族に限定することとしており、その結果として、事実婚や同性カップルのパートナーについては請求権者の範囲から外れることとなる。もっとも、現行法の下でも、事実婚の配偶者や同性カップルのパートナーに対しては、遺言を活用することにより、自身の財産の全部又は一部を与えることが可能であり、改正法においては、遺言の利用を促進する方策として、自筆証書遺言の方式を緩和し（968条）、また、自筆証書遺言を法務局で保管する制度を創設することとしており（法務局における遺言書の保管等に関する法律）、遺言の活用により、事実婚の配偶者等が行った貢献に報いることがより容易かつ確実なものとなるような見直しも行っているところである。

　　家族の在り方が多様化する中で、遺言の果たす役割はますます重要になってきているものと思われる。今後、今回改正の対象となっている自筆証書遺

言の改正内容のみならず、公正証書遺言の制度についても十分周知が行われ、自筆証書遺言と公正証書遺言がそれぞれのニーズに応じ、車の両輪として活用されることが肝要であるものと考えられる。

（注3）　被相続人の親族であることの基準時

　　特別の寄与をした者が「被相続人の親族」に当たるか否かは、時点によって異なり得るものであり、例えば、被相続人の療養看護をしていた被相続人の親族が、離婚により、被相続人の相続開始時にはもはや親族ではなくなっていたということがあり得る。このため、どの時点で被相続人の親族であれば特別の寄与の制度を利用することができるのかが問題となる。

　　特別の寄与の制度は、被相続人の療養看護等に努めた者に対して一定の財産を与えることが実質的公平の理念に適うとともに、被相続人の推定的意思にも合致すると考えられることから設けられたものであるが、被相続人の相続開始時に既に被相続人の親族ではなくなっていた者については、一般的に、被相続人がその者に対して財産を分け与える意思を有していたとは認め難いものと考えられる。また、特別寄与料の請求権者を被相続人の親族に限定したのは、これを無限定にすると、相続をめぐる紛争が複雑化、長期化するおそれがあるとの懸念が強かったことを考慮したものであるが、このような観点からすると、請求権者に当たるか否かを判断する際の基準時も相続開始時にするのが簡明である。

　　以上の点を考慮すれば、特別の寄与の制度において「被相続人の親族」に当たるか否かは、請求権発生時である被相続人の相続開始時を基準として判断するのが相当であると考えられる。

（注4）　相続人から特別寄与者に対する金銭の支払等があった場合の取扱い

　　本文に記載したとおり、無償性が要件とされているのは、被相続人から労務の提供をした者に対して対価の支払がされた場合には、被相続人としても、労務の提供をした者に対してそれ以上の財産を与える意思はないのが通常であると考えられることによるものである。したがって、被相続人ではなく、相続人が労務の提供をした者に対して金銭を支払ったとしても、それが被相続人の意思を受けて支払がされたような場合を除き、そのことを理由に無償性の要件が否定されるものではないと考えられる。

　　もっとも、相続人が労務の提供をした者に対してその御礼の趣旨で金銭の支払等をした場合には、その事実は、1050条3項に規定する「一切の事情」として特別寄与料の額を定めるに当たって考慮されることになる。また、相続人による金銭の支払等が、特別寄与料としての支払であることについて当事者双方が合意しているといった事情がある場合には、特別寄与料の支払請求において、当該金銭は既払額として、当該相続人が負担すべき金額から控除されることになるものと考えられる。

(3) 特別寄与料の額

特別寄与料の支払については、一次的には当事者間の協議により決められることになるが、当事者間に協議が調わないとき又は協議をすることができないときは、特別寄与者は、家庭裁判所に対して協議に代わる処分を請求することができる（1050条2項）。その場合には、家庭裁判所は、寄与の時期、方法及び程度、相続財産の額その他一切の事情を考慮して、特別寄与料の額を定めることとなる（同条3項）。そこで考慮される一切の事情には、上記のもののほか、相続債務の額、被相続人による遺言の内容、各相続人の遺留分、特別寄与者が生前に受けた利益（対価性を有するものを除く。）等が含まれるものと考えられる（注1）。

特別寄与料の額の具体的な算定方法については、概ね、寄与分の制度において相続人が被相続人に対する療養看護等の労務の提供をした場合と同様の取扱いがされることになると考えられる。

療養看護型の寄与分に関する実務の代表的な考え方によれば、寄与分の額は、第三者が同様の療養看護を行った場合における日当額に、療養看護の日数を乗じた上、一定の裁量割合（注2）を乗じて算定するものとされており、特別寄与料の額の算定に当たってもこのような考え方が参考とされるものと考えられる。

なお、特別寄与料の額については、被相続人が相続開始の時に有していた財産の価額から遺贈の価額を控除した残額を超えることができない（同条4項）。これは、相続人が相続財産から受ける利益を超えて特別寄与料の支払義務を負うことになるのは相当ではないという考慮に基づくものであり、寄与分の上限額（904条の2第3項）と同様の規律を設けるものである。なお、1050条4項の「遺贈」とは、特定遺贈を意味し、包括遺贈や特定財産承継遺言は含まないものと解される。包括遺贈を受けた者は相続人と同一の権利義務を有するものとして扱われ（990条）、特別寄与料の請求の対象になることから、特別寄与料の額の計算に当たって、包括遺贈の価額を控除するのは相当ではないと考えられるためである。また、特定財産承継遺言については、そもそも遺贈には該当しないし、上記の上限額を設ける趣旨に照らしても、

特定財産承継遺言により相続人が相続財産から受けた利益を控除するのは相当でないものと考えられる（注3）。

　（注1）　1050条3項は、特別寄与料の額を定めるに当たっては「一切の事情」が考慮されるとしており、この中には各相続人の遺留分の額も含まれ得る。したがって、家庭裁判所は、遺留分を有する相続人の利益も考慮した上で適切な額を定めることとなる。

　　　　　なお、改正法においては、寄与分に関する規律と同様、特別寄与料の額を定めるに当たって遺留分を侵害することができないとする規律を設けるなど、遺留分との関係を定めた規定は特に設けていない。このため、規定上は、特別寄与料の支払請求を受けた相続人の最終的な取得額が遺留分を割り込むという事態も否定はされないこととなる。このように遺留分との関係を定める規定を設けなかったのは、①特別の寄与は公平の見地から法律上認められたものであって、被相続人の財産処分によるものではないから、遺留分によって当然に制限されるべき関係にはないこと、②仮に、特別寄与料の額を定めるに当たって、遺留分を侵害することができないとする規律を設けると、遺留分を侵害することとなる額をめぐって紛争が複雑化、長期化するおそれがあること等を考慮したものである。

　（注2）　ここでの裁量割合は、療養看護が介護の専門家である第三者ではなく、被相続人の親族により行われることや、被相続人と当該貢献をした者との人間関係を考慮して、裁判官が個別具体的な事案に応じて定める割合をいう。旧法下における療養看護型の寄与分の請求においては、裁量割合は0.5から0.7までの範囲で定められることが多いといわれており、特別寄与料の算定においても同様の算定方法が用いられるものと思われる。

　（注3）　例えば、相続人がA、B（法定相続分は各2分の1）の2名で、相続財産が甲土地（5000万円相当）と乙土地（3000万円相当）のみで、被相続人がAに甲土地を、Bに乙土地を相続させる旨の特定財産承継遺言をし、被相続人の療養看護に努めたXが特別寄与料（240万円が相当額）をA、B両名に請求したものとする。この場合には、1050条4項の解釈として、特定財産承継遺言の対象となる財産の価額を控除することとすると、Xは、A、Bのいずれに対しても請求することができないことになるが、その結論が相当でないことは本文に記載のとおりである。そして、上記の事案では、通常、被相続人は相続分の指定（A：B＝5：3）を併せて行ったと解することができるから、Xは、Aに対して150万円、Bに対して90万円の特別寄与料を請求することができることになる。

⑷　権利行使期間の制限

　改正法では、特別寄与料の請求手続は遺産分割手続とは別個のものとしている。しかし、相続人としては、自身が特別寄与料の支払義務を負うのか否か、負う場合にはそれがどの程度の金額であるのかを把握した上でなければ、遺産分割の協議を成立させることに躊躇を覚える場合が多いと考えられる。このため、遺産分割手続を含めた相続をめぐる紛争を全体として早期に解決するためには、特別寄与者が権利行使をするか否かが早期に明らかにされる必要があると考えられる。

　また、特別の寄与の制度で保護されることとなる貢献をしたような者であれば、通常、相続の開始、すなわち被相続人の死亡の事実を比較的早期に知ることができるものと考えられるし、相続の場面においては、民法上様々な短期の権利行使期間が定められている（相続の承認・放棄について3か月の期間制限を設ける915条1項等）ことからすれば、権利行使をするか否かを早期に明らかにするよう特別寄与者に求めることには合理性があるものと考えられる。

　以上の点を考慮し、改正法では、特別寄与者が家庭裁判所に対して協議に代わる処分を請求することができる期間として、「特別寄与者が相続の開始及び相続人を知った時から6箇月」以内及び「相続開始の時から1年」以内という制限を設けることとしている（1050条2項ただし書）。

⑸　相続人が複数いる場合の取扱い

a　請求の相手方

　相続人が複数いる場合には、特別寄与者は、その選択に従い、相続人の一人又は数人に対して特別寄与料の支払を請求することができることとしている。これは、必ず相続人の全員に対して請求しなければならないこととすると、相続人の一人が行方不明である場合等に特別寄与者が権利を行使することが困難になるおそれがあることや、特別寄与者の配偶者等金銭請求をする必要のない相続人も相手方とする必要が生ずること等を考慮したものである。

もっとも、特別寄与者が相続人の一人に対して請求することができる金額は、特別寄与料の額に当該相続人の法定相続分又は指定相続分（900条から902条までの規定により算定した相続分）を乗じた額にとどまり、特定の相続人に対して特別寄与料の全額を請求することはできない（1050条5項参照）。このため、特別寄与者が特別寄与料の全額について支払を受けるには、相続分を有する相続人全員を相手方として特別寄与料の支払を請求しなければならないことになる。

b　相続分に応じた負担

　特別の寄与の制度は、被相続人の財産の維持又は増加について特別の寄与をした者がいる場合には、その者にも相続財産の分配に与ることを認めることが実質的公平の理念に適うとの考えに基づくものであり、特別寄与料は、本来は、相続財産が負担すべき性質のものである。各相続人は、特別寄与者の貢献によって維持又は増加した相続財産をその相続分に従って承継しているのであるから、相続財産に関する負担である特別寄与料も相続分に応じて負担すべきものと考えられる。このような観点から、相続人が複数いる場合には、各相続人は特別寄与料の額にその相続人の相続分を乗じた額を負担することとしている（1050条5項）。

　また、改正法では、各相続人は、相続分の指定がされていないときは法定相続分により、相続分の指定がされているときは指定相続分の割合により、特別寄与料の支払義務を負担することとしている（注）。これは、相続分の指定がされている場合には、各相続人がその指定相続分に応じて特別寄与料を負担するのが相続人間の公平に適うものと考えられるためであり、これにより、相続分の指定により一切財産を相続しない者が特別寄与料の支払義務のみを負担することを避けることができる。

　（注）　なお、本文のような考え方とは異なり、具体的相続分に応じて特別寄与料を負担するという考え方もあり得なくはない。しかしながら、具体的相続分は、特別受益や寄与分による調整をした後の金額又は割合であるが、特別受益や寄与分により具体的相続分が増えた相続人について特別寄与料の負担を増やすこととするのは、合理性に欠けるものと考えられる。すなわち、特

別受益は、被相続人から遺贈又は贈与を受けた相続人がいる場合に、特別受益がある相続人とこれがない相続人との最終的な取得額ができるだけ平等になるように、遺産分割における取得額を調整するためのものであることからすれば、特別受益がない、又は少ない相続人について特別寄与料の負担を増やすことは、相続人間の平等の観点からも相当でないものと考えられる。寄与分についても、相続人の中に被相続人の財産の維持又は増加に貢献があった者がいる場合に、その貢献を考慮して遺産分割における取得額を増やすものであるから、寄与分が認められた相続人について特別寄与料の負担を増やすこととするのは、合理性に欠けるものと考えられる。

また、特別受益や寄与分の主張がある場合にそれを審理・判断しなければ各相続人が負担すべき特別寄与料の額が確定しないとすると紛争が複雑化・長期化することが懸念される。

改正法では、これらの点を考慮して、具体的相続分に応じて特別寄与料を負担するという規律は採用しなかったものである。

⑹ 権利行使方法

a 権利行使の手続

前記⑶のとおり、特別寄与料の額について当事者間において協議が調わないとき、又は協議をすることができないときは、特別寄与者は、家庭裁判所に対して協議に代わる処分を請求することができる（1050条2項本文）。

もっとも、特別の寄与に関する処分については、寄与分における規律（904条の2第4項）とは異なり、遺産分割手続から独立させており、特別寄与者は、遺産分割に関する事件が家庭裁判所に係属していない場合であっても、家庭裁判所に対して特別寄与料の額を定めることを請求することができる。

b 管　轄

特別の寄与に関する処分の審判事件の管轄については、遺産分割に関する審判事件の管轄（家事事件手続法191条1項）と同様に、相続が開始した地を管轄する家庭裁判所に管轄を認めることとしている（同法216条の2第1項）。

もっとも、特別の寄与に関する処分の審判及び調停手続については、遺産分割と寄与分との間の規律（家事事件手続法192条、245条3項）とは異なり、遺産分割の手続との併合強制の規律は設けないこととしている。これは、特別の寄与に関する処分の審判事件は、遺産分割の審判事件の前提問題ではな

いことに加え、特別寄与者であると主張する者の主張内容は、その主張を基礎付ける根拠の有無も含め様々であると考えられることから、併合の当否については家庭裁判所の裁量に委ねることが相当であると考えられるためである。

c 保全処分

家庭裁判所は、特別の寄与に関する処分についての審判又は調停の申立てがあった場合において、強制執行を保全し、又は申立人の急迫の危険を防止するため必要があるときは、当該申立てをした者の申立てにより、特別の寄与に関する処分の審判を本案とする仮差押え、仮処分その他の必要な保全処分を命ずることができる（家事事件手続法216条の5）。保全処分の具体例としては、特別寄与料の支払を命ずる審判の強制執行を保全するための仮差押えや、特別寄与者が生活に困窮し、生命・身体に危険が迫っている場合に相続人に仮払いを命ずる仮処分等が想定される。

第 8 施行期日等

ポイント

① 改正法の施行期日は、以下のとおりである。

原則：令和元年（2019年）7月1日

例外1（自筆証書遺言の方式緩和）：平成31年（2019年）1月13日

例外2（配偶者の居住の権利）：令和2年（2020年）4月1日

② 経過措置については、以下のルールとなっている。

原則：相続開始時を基準とする旧法主義を採用している（改正法は
施行日後に開始した相続について適用され、施行日前に開始した相
続については、旧法が適用される。）。

例外：以下の規律については、原則と異なる経過措置が置かれてい
る。

⑦権利の承継の対抗要件、④夫婦間における居住用不動産の贈
与等、⑦遺産分割前における預貯金債権の行使、①自筆証書遺
言の方式緩和、⑦遺贈義務者の引渡義務等、⑦遺言執行者の権
利義務等及び⑦配偶者の居住の権利

解 説

1 施行日（附則1条関係）

(1) 原則：令和元年（2019年）7月1日

改正法は、民法のうち相続の分野に関する規定を大幅に見直すものである
が、相続に関するルールは公序としての性格も有しており、近時の身分法の
改正の例に照らしても、基本的には、改正法の公布後できる限り早期に施行
するのが相当である。

他方で、近時相続に関する紛争が増加していることや、相続が国民生活に大きく影響する問題であることから、法改正の内容を国民に十分周知した上で施行しなければ、社会に混乱が生ずるおそれがある。

これらの点を考慮し、改正法では、その原則的な施行日については、公布の日（平成30年7月13日）から起算して1年を超えない範囲内において政令で定める日としている（附則1条本文）。具体的には、「民法及び家事事件手続法の一部を改正する法律の施行期日を定める政令」（平成30年政令第316号）により、令和元年（2019年）7月1日と定められ、同日から施行されている。

(2)　配偶者の居住の権利に関する規定の施行日：令和2年（2020年）4月1日

改正法は、配偶者の居住の権利（配偶者居住権及び配偶者短期居住権）に関する規定（1028条から1041条まで）については、公布の日から起算して2年を超えない範囲内において政令で定める日から施行することとしている（附則1条4号）。具体的には、前記(1)記載の政令により、令和2年（2020年）4月1日と定められ、同日から施行されている。

配偶者居住権は、これまでにない新しい権利であり、遺産分割等によって取得することができることとされているが（1028条1項1号）、その前提として、配偶者居住権が遺産分割においてどのように評価され、また、税制上どのように扱われるかを当事者が正確に認識した上で、取得する必要がある。配偶者居住権の財産評価等に関する検討には、相応の時間を要するものと考えられることから、配偶者の居住の権利に関する規定については、その準備期間を長めにとることとしている。

(3)　自筆証書遺言の方式緩和に関する規定の施行日：平成31年（2019年）1月13日

自筆証書遺言の方式緩和（968条）に関する規定については、「公布の日から起算して6月を経過した日」から施行することとしており（附則1条2号）、平成31年（2019年）1月13日から施行されている。

自筆証書遺言の方式緩和に関する見直しは、自筆証書中、財産目録については自書をすることを要しないこととするものであって、専ら遺言者の利便に資するものであり、改正法のうち他の規定と比べて早期に施行することが可能である。もっとも、遺言者としては、自筆証書遺言を作成するか、公正証書遺言等その他の方式による遺言を作成するか検討するに際し、そのメリット、デメリットを比較考量するのが通常であるものと考えられるため、自筆証書遺言の方式緩和に係る改正内容を周知した上で、遺言者に選択の機会を与えるのが適切であるといえる。

　これらの事情を考慮し、自筆証書遺言の方式緩和については、一定の周知期間を確保する趣旨で、平成31年（2019年）1月13日から施行することとしたものである。

(4)　その他：令和2年（2020年）4月1日

　このほか、債権法改正法の施行に伴い規定を整備するもの（998条、1000条、1025条ただし書の改正規定等）については、債権法改正法の施行日（令和2年（2020年）4月1日）から施行されている（附則1条3号）。

2　経過措置

(1)　原則（附則2条関係）

　改正法では、民法の一部改正に伴う経過措置の原則として、施行日前に開始した相続については、改正前の法律を適用することとしている（旧法主義。附則2条）。

　具体的には、施行日前に死亡した者の相続については、施行日前に遺産分割が終了したものはもとより、施行日までに遺産分割が終了していないものも、改正前の法律が適用されることになる。

　施行日前に開始した相続についても改正法の規定を適用することとすると、相続により一旦発生した法律効果が改正法の施行により変更されることになり、法的安定性を害することになること等を考慮したものである。

　また、改正法においては、相続における様々な規律を設けているが、被相

続人がこれと異なる意思表示をすることによって、その適用を排除することができる旨を定めた規定も存在する（903条4項、1014条2項から4項まで等）。仮に、施行日前に開始した相続について改正法の規律を適用することとすると、被相続人が改正法の規律の適用を排除する意思を表示する機会がないことになり、被相続人の意思に反した遺産の分配等が行われるおそれもある。

このため、民法の一部改正に伴う経過措置については、原則として旧法主義を採用することとしている。なお、附則2条は、条見出しにあるとおり、民法の一部改正に伴う経過措置の原則を定めたものであり、家事事件手続法の改正部分については適用されない（注）。

（注）　したがって、家事事件手続法200条3項の規定は、施行日前に開始した相続についても適用される。もっとも、特別の寄与に関する審判事件については、実体法上の根拠規定である民法1050条が施行日前に開始した相続には適用されない結果、その手続規定を定めた家事事件手続法216条の2以下の規定も同様に適用がないことになる。

⑵　権利の承継の対抗要件に関する経過措置（附則3条関係）

899条の2第1項は、これまでの判例の考え方を変更し、相続による権利の承継であっても、各共同相続人の法定相続分を超える部分の権利の取得については、対抗要件を備えなければ第三者に対抗することができないこととしているが、これは相続における権利の承継の在り方を変更するものであり、相続の開始が施行日より前であれば旧法の規律を適用するのが相当である。

したがって、同項の適用については、附則2条の原則規定により旧法主義が適用される。

もっとも、899条の2第2項の規定は、相続により債権を承継した受益相続人の便宜のため、一定の書面の交付を条件として受益相続人による単独での対抗要件具備（通知）を認めるものであり、施行日前に開始した相続に関して遺産分割により債権の承継がされ、その通知が施行日後にされる場合に

ついても、改正法の適用を認めても問題はないと考えられる。なお、施行日前に開始した相続について、特定財産承継遺言（いわゆる相続させる旨の遺言）がされていた場合については、附則2条の規定により旧法主義が適用され、899条の2第1項の適用はなく同条2項の適用もあり得ないが、遺産分割による権利の承継については、旧法においても対抗要件主義が妥当していたため、同条の適用の余地がある。

したがって、施行日前に開始した相続に関して、遺産分割による債権の承継がされ、施行日以後にその承継の通知がされる場合については、899条の2の規定を適用することとしている（附則3条）。

(3) 夫婦間における居住用不動産の贈与等に関する経過措置 （附則4条関係）

903条4項では、婚姻期間が20年以上の夫婦間において居住用不動産の贈与等が行われた場合には、いわゆる持戻し免除の意思表示がされたものと推定することとしているが、改正法の下で被相続人がその適用を望まない場合については、別途その旨の意思表示を行う必要がある。

しかし、改正法の施行日前に行われた贈与等についてまで改正法の規定を適用することとすると、改正法の施行後相続開始時までの間に、被相続人が適切に意思表示をすることができる状態にあるとは限らないことから、被相続人が改正法の規定の適用を排除するか否か判断をする機会を奪うことにもなりかねず、被相続人の意思に反した遺産分割が行われるおそれがある。

そこで、改正法の施行日前に夫婦間で居住用不動産の贈与等がされた場合には、903条4項の規定は適用しないこととしている（附則4条）。

(4) 遺産分割前の預貯金債権の行使に関する経過措置（附則5条 関係）

平成28年12月19日の最高裁判所大法廷決定（最大決平28.12.19民集70巻8号2121頁）は、これまでの判例を変更し、相続された預貯金債権については遺産分割の対象となるとの判断を示したが、遺産分割までの間に預貯金債権を

共同相続人単独で権利行使できず不都合が生じる可能性があることは、施行日以後に開始した相続か、施行日前に開始した相続かで違いはなく、また、施行日前に開始した相続に909条の2の規定の適用を認めたとしても、これによって特に不利益を受ける者はいないものと考えられる。

そこで、909条の2の規定については、施行日前に開始した相続についても、適用することとしている（附則5条1項。新法主義）。

(5) 自筆証書遺言の方式緩和に関する経過措置（附則6条関係）

民法は自筆証書遺言についてその方式を定めているが（968条）、その方式に違背する遺言は原則として無効である（最一小判昭54.5.31民集33巻4号445頁）。そして、遺言の効力は遺言時における規律によって決するのが合理的であることからすれば、改正法の施行日前に作成され、自書によらない財産目録が添付された遺言は、仮にそれが改正後の968条の規定に適合するものであったとしても、遺言の効力を認めないこととするのが相当であると考えられる。

この点を明らかにする観点から、施行日前にされた遺言については、仮に相続開始が施行日以後であっても旧法を適用することとしている（附則6条）。

(6) 遺贈義務者の引渡義務等に関する経過措置（附則7条関係）

998条は、遺贈の目的物が特定物か不特定物であるか問わず、遺贈の趣旨に適合する目的物を引き渡す義務を負うことを前提に、目的物の引渡義務等についての遺言者の意思を推定する規定を設けるものであるが、施行日前にされた遺贈（当該遺贈の記載がされた遺言の作成日が施行日より前である場合）については、通常、旧法の規定を前提として遺言書が作成されることになるものと考えられるから、仮に、遺贈の効力が発生する相続開始の時に改正法が施行されていたとしても、これに改正法の規定を適用するのは相当でないと考えられる。

したがって、令和2年（2020年）3月31日までにされた遺贈に係る遺贈義

務者の引渡義務については、改正後の998条の規定は適用しないこととしている（附則７条１項）。また、改正法では、998条の規定を改正することに伴い、改正前の1000条については削除することとしているが、上記と同様に、施行日前にされた遺贈については旧法を適用することとし、同条については「なおその効力を有する。」こととしている（附則７条２項）。

(7)　遺言執行者の権利義務等に関する経過措置（附則８条関係）

　遺言執行者の権利義務等に関する改正規定については、以下のとおり規定の内容に応じて、新法主義を採用すべきものと、旧法主義を採用すべきものを分けて規定している。

　すなわち、まず、1007条２項及び1012条については、新法主義を採用することとしている。1007条２項は遺言執行者が任務を開始したときにおける相続人に対する通知義務を定めた規定であり、また、1012条は遺言執行者の一般的な権利義務に関する規定であるが、施行日後に遺言執行者となった者であれば、改正法の規律を適用しても、遺言執行者の法的地位を不利益に変更することにはならないことから、「施行日前に開始した相続に関し、施行日以後に遺言執行者となる者にも適用する。」こととしている（附則８条１項）。

　次に、1014条２項から４項までの各規定については、旧法主義を採用することとしている。これらの規定は、遺言者の一般的な意思を推定して、特定財産承継遺言がされた場合における遺言執行者の権限の内容を定める規定であり、いずれも旧法には規定がないものである。そして、施行日前にされた遺言については、通常、旧法の規定を前提として遺言書が作成されることになるものと考えられるから、旧法を適用するのが相当であると考えられる（附則８条２項）。

　また、1016条についても、旧法主義を採用することとしている。同条は、遺言執行者の復任権を定めるものであるが、その復任権を制限した旧法の規律を改め、他の法定代理と同様の規律としている。その改正内容は旧法の規律を変更するものであり、改正法の規律を遡及適用することとすると、遺言者の意思に反するおそれがあるため、施行日前にされた遺言に係る遺言執行

者の復任権については、旧法の規律を適用することとしている（附則8条3項）。

(8) 配偶者の居住の権利に関する経過措置（附則10条関係）

配偶者居住権及び配偶者短期居住権は改正法によって新たに創設される権利であり、施行日前に開始した相続においては、配偶者居住権という権利が存在しないことを前提に、遺言や遺産分割協議がされ、また、配偶者短期居住権についてもその権利が存在しないことを前提に権利関係が設定されている（最三小判平8.12.17民集50巻10号2778頁の使用貸借契約の推認により処理される。）ものと考えられる。したがって、施行日前に開始した相続について改正法の規律を適用するのは相当でないと考えられる。

もっとも、配偶者の居住の権利に関する規定については、他の改正法の規定と異なる施行日を設けており（附則1条4号）、附則2条の経過措置の原則規定を直接適用することができないことから、その適用関係に疑義が生じないよう、1028条から1041条までの規定は、施行日以後に開始した相続について適用し、施行日前に開始した相続については、なお従前の例によることを規定上明らかにしている（附則10条1項）。

他方で、施行日以後に相続が開始した場合であっても、施行日前に配偶者居住権を目的とする遺贈がされた場合については、上記とは異なる観点からの検討が必要となる。この点については、存在していない権利を目的とする遺贈の効力をあえて認める必要性は乏しいと考えられる上、仮にそのような遺贈の効力を認めると、施行日前に作成された遺言に配偶者の居住に関する権利について言及がある場合等に、その解釈について紛争を生じさせることになりかねないと考えられる。このため、配偶者居住権に関する改正法の規定は、施行日前にされた遺贈については適用しないこととしている（附則10条2項）。

第2部

法務局における遺言書の保管制度の概要

第1 はじめに

令和2年7月10日、「法務局における遺言書の保管等に関する法律」（平成30年法律第73号。以下「遺言書保管法」という。）が施行され、法務局において自筆証書遺言に係る遺言書を保管する制度が開始した。この制度は、高齢化の進展等の社会経済情勢の変化に鑑み、相続をめぐる紛争を防止するという観点から新たに設けられたものである。

法務局における遺言書の保管制度は、遺言書保管法と同時に成立した「民法及び家事事件手続法の一部を改正する法律」による自筆証書遺言の方式緩和（**第1部第4 ①参照**）とともに、自筆証書遺言の利便性を高めるものである。この制度の導入により、自筆証書遺言が、利用件数の伸びている公正証書遺言と併せて、社会の多様なニーズに応えていくこととなり、遺言の利用が促進されることが期待される。

なお、第2部においては、条文は、特に断りがない限り、遺言書保管法のものを指すものとする。

第2 遺言書保管法立法の経緯

遺言書保管法の立法の経緯は次のとおりである。

平成27年2月24日の法務大臣の法制審議会に対する諮問を受けて設置された法制審議会民法（相続関係）部会（部会長：大村敦志東京大学大学院法学政治学研究科教授。以下「相続関係部会」という。）において、同年9月の第5回会議で、検討項目の1つとなっていた遺言制度に関する見直しの議論の中で、自筆証書遺言に係る遺言書を公的機関で保管する制度を検討することが提案され、これを契機に制度創設に向けた検討が始まった。

その後、平成28年6月に取りまとめられた中間試案についてのパブリックコメントの結果も踏まえ、法務局において遺言書を保管する制度を創設する

方向で議論が進み、平成30年1月16日、相続関係部会第26回会議において全会一致で最終案である「民法（相続関係）等の改正に関する要綱案」が取りまとめられた。そして、同年2月16日、法制審議会総会（第180回会議）において、この要綱案どおりの内容で答申をすることが全会一致で決定された。これを受けて、法制審議会は、同日、法務大臣に対し、「民法（相続関係）等の改正に関する要綱」を答申した。

　この要綱に基づき、「法務局における遺言書の保管等に関する法律案」（以下「遺言書保管法案」という。）の作成作業が行われ、同法律案は平成30年3月13日に第196回国会（常会）に提出され、「民法及び家事事件手続法の一部を改正する法律案」とともに一括して審議された。

　両法律案について、平成30年6月6日から衆議院法務委員会における審議が開始された。遺言書保管法案に関しては、遺言者が死亡した後の、遺言書が保管されている旨の相続人、受遺者等への通知の在り方、創設する制度が利用者に信頼されるものとなるように遺言書の保管及び情報の管理事務の適正な遂行を確実にする体制の在り方、遺言書保管官（遺言書の保管に関する事務を取り扱う法務局に勤務する法務事務官のうち、法務局又は地方法務局の長が指定する者）が必要な情報を適切に把握するための申請書の記載事項や添付書面の在り方等について審議が行われ、同法律案は、同月15日に同委員会において全会一致で可決され（附帯決議が付されている）、同月19日に衆議院本会議において全会一致で可決され、参議院に送付された。

　さらに、平成30年6月26日から、両法律案について参議院法務委員会における審議が開始された。遺言書保管法案に関しては、遺言者が死亡した後の、遺言書が保管されている旨の相続人、受遺者等への通知の在り方、遺言書保管官による本人確認の在り方、遺言書保管所に保管されている遺言書についての検認の適用除外の合理性等について審議が行われ、同法律案は、同年7月5日に同委員会において全会一致で可決され（附帯決議が付されている）、同月6日に参議院本会議において賛成多数で可決成立し、同月13日に公布された。

　その後、遺言書保管法が施行されるまでの間に、法務局における遺言書の

保管等に関する政令（令和元年政令第178号。以下「遺言書保管政令」という。）、法務局における遺言書の保管等に関する省令（令和2年法務省令第33号。以下「遺言書保管省令」という。）などの必要な政省令の制定、法務局の体制の整備、制度の周知等が行われた。

第3 遺言書保管法の要点及び法務局における遺言書の保管制度創設の趣旨

1 遺言書保管法の要点

遺言書保管法の要点は次のとおりである。

① 第1に、遺言者が遺言書保管所（法務大臣の指定する法務局）において、自筆証書遺言に係る遺言書の保管を申請することができる制度を創設し、その申請手続、遺言書の保管、遺言書に係る情報の管理、遺言者の死亡後の相続人等による遺言書保管事実証明書（遺言書保管所における関係遺言書（注）の保管の有無等を明らかにした証明書）又は遺言書情報証明書（遺言書の画像情報等を用いた証明書）の交付請求手続等を定めることとされている。

② 第2に、遺言書保管所に保管されている遺言書については、家庭裁判所における検認の手続（民法1004条）を要しないこととされている。

（注）関係遺言書とは、自己が関係相続人等（9条1項各号に掲げる者）に該当する遺言書をいう（同条2項）。

2 法務局における遺言書の保管制度創設の趣旨

法務局における遺言書の保管制度を創設した趣旨は次のとおりである。

自筆証書遺言は、自書能力さえ備わっていれば他人の力を借りることなく、どこでも作成することができ、特別の費用もかからず、遺言者にとって、手軽かつ自由度の高い制度である。

他方で、作成や保管について第三者の関与が不要とされているため、遺言

者の死亡後、遺言書の真正や遺言内容をめぐって紛争が生ずるリスクや、相続人が遺言書の存在に気付かないまま遺産分割を行うリスク等がある。

　そこで、遺言書保管法により法務局における遺言書の保管制度を創設して、手軽で自由度が高いという自筆証書遺言の利点を損なうことなく、他方で、法務局における遺言書の保管及びその画像情報等の記録や、保管の申請の際に遺言書保管官（遺言書の保管に関する事務を取り扱う法務局に勤務する法務事務官のうち、法務局又は地方法務局の長が指定する者）が行う自筆証書遺言の方式に関する遺言書の外形的な確認等により、上記の自筆証書遺言に伴うリスクを軽減することとされた。

　なお、遺言書の保管等の事務を行う公的機関を法務局としたのは、全国一律にサービスを提供する必要があること、遺言書の保管を行うに当たってはプライバシーの確保が必要であること、同じ法務局において相続登記を行うことの契機となり得ることにより、相続登記の促進の一助となること等を考慮したことによるものである。

第4　遺言書保管法の概要

　遺言書保管法の概要は次のとおりである。なお、必要な範囲で、関連する政省令の規定についても記載する。

1　遺言書保管法の趣旨（1条関係）

　遺言書保管法は、法務局（法務局の支局及び出張所、法務局の支局の出張所並びに地方法務局及びその支局並びにこれらの出張所を含む。）における遺言書（民法968条の自筆証書によってした遺言に係る遺言書をいう。）の保管及び情報の管理に関し必要な事項を定めるとともに、その遺言書の取扱いに関し特別の定めをするものである（1条）。

　遺言書の保管に関する事務は、法務省の地方支分部局である「法務局」が、法務省設置法4条1項23号の事務として担うこととなる。ただし、遺言

書保管法１条に規定する「法務局」とは、法務局及び地方法務局並びにこれらの支局等を総称する広義の「法務局」であり、法務省設置法15条等に規定する「地方法務局」を含まない狭義の「法務局」よりも広い概念である。

遺言書保管法により創設する保管制度の対象は、民法968条の自筆証書によってした遺言に係る遺言書のみである。そのため、公正証書遺言（民法969条）や秘密証書遺言（民法970条）は、遺言書保管法により創設する保管制度の対象とはならない。なお、「民法第968条の自筆証書によってした遺言に係る遺言書」の意義については、後記４(1)記載のとおりである。

２ 遺言書保管所（２条関係）

遺言書の保管に関する事務は、法務大臣の指定する法務局がつかさどることとされているが、遺言書保管法においては、この法務大臣の指定する法務局を「遺言書保管所」と呼ぶこととされている（２条１項）。

この遺言書保管所には、全国312か所の法務局が指定されており（法務局における遺言書の保管等に関する法律第２条第１項の規定による遺言書保管所の指定を告示する件（令和２年法務省告示第45号））、利用者のアクセス向上に資するよう全国で広くサービスが提供されている（注）。

> （注）　全国の法務局の数は、416か所（本局50、支局261、出張所105）である（令和３年１月１日現在）ところ、原則として、本局及び支局が遺言書保管所に指定されている。

３ 遺言書保管官（３条関係）

遺言書保管法においては、遺言書保管所における事務は、遺言書保管官（遺言書保管所に勤務する法務事務官のうちから、法務局又は地方法務局の長が指定する者）が取り扱うこととされている（３条）。

遺言書保管官は、不動産登記事務における登記官や供託手続における供託官と同様、独任の行政官として自己の名において完結的に事務を処理することができる。

そのため、遺言書保管官には高度の専門的知識及び経験が必要とされることから、法務省等が実施する各種研修により民法等の関係法令に関する高度な専門的知識等を涵養するとともに、登記事務等の職務を通じて、これらの法令の運用にかかわる民事法務行政に関する実務経験を十分に積んだ法務事務官が指定されることとなっている。

4　遺言書の保管の申請（4条関係）

　遺言書の保管の申請については、次のとおり、申請に係る遺言書、遺言書保管所の管轄、申請の方式（申請書の様式、記載事項及び添付書類等）、申請人の資格及び遺言書保管所への出頭に関して、所定の要件を満たしていることが必要であり、当該要件を満たさない場合には、保管の申請は却下されることとなる（遺言書保管政令2条）。

(1)　保管の申請をすることができる遺言書

　保管の申請の対象となるのは、前記1のとおり、民法968条の自筆証書によってした遺言に係る遺言書（1条）のみであるところ、外形的にみて有効な自筆証書遺言でないことが一義的に明白である遺言書（財産目録を除く部分が自書されていない、所要の署名や押印がない、遺言書に記載されている日付の時点における遺言者の年齢が15歳に達していない等）は、遺言書保管法1条に規定する遺言書には該当しないと解される。

　そこで、遺言書保管官は、保管の申請に係る遺言書について、民法968条に定める方式への適合性等について外形的な確認をすることとなる。

　また、遺言書の様式等に関して、保管の申請をすることができる遺言書は、法務省令で定める様式に従って作成した無封の遺言書でなければならず（4条2項）、遺言書保管官は、この点についても確認することとなる。上記遺言書の様式については、法務省令において、用紙の大きさ、余白の幅等が定められている（遺言書保管省令9条）。

　無封の遺言書でなければならないとした趣旨は、保管の申請があった際に、遺言書保管官が、①遺言書が民法968条の定める方式に適合するか否か

等についての外形的な確認、②遺言書に記載された遺言者と申請人が同じであることの確認、③遺言書の画像情報等の磁気ディスク（これに準ずる方法により一定の事項を確実に記録することができる物を含む。）をもって調製する遺言書保管ファイルへの記録等を可能にすることにある。

　法務省令で定める様式による遺言書でなければならないとした趣旨は、遺言書の用紙の大きさ等を規定することにより、遺言書保管所の施設内で行うこととされている遺言書の保管（6条1項）や、遺言書の画像情報等を遺言書保管ファイルに記録することにより行う遺言書に係る情報の管理（7条2項）等の事務を円滑かつ確実に行うことにあると考えられる。

(2)　遺言書保管所の管轄

　遺言書の保管の申請については、遺言書保管所のうち、遺言者の住所地若しくは本籍地又は遺言者の所有する不動産の所在地を管轄する遺言書保管所の遺言書保管官に対してしなければならない（4条3項）。

　これは、遺言者にとっての利便性の観点から、遺言者に関連性のある場所をできるだけ広く管轄原因として認めるとともに、遺言者が翻意して保管の申請を撤回する場合には遺言書が保管されている遺言書保管所に再度出頭しなければならないことや、遺言者が死亡した後の相続人等にとっての利便性等を考慮したことによるものであると考えられる。

　また、遺言者の所有する不動産の所在地に管轄原因を認めたことについては、上記考慮のほか、当該不動産に近い遺言書保管所に管轄を認めることにより、相続人等が、遺言書を閲覧する機会に、当該不動産を実際に確認し、また、同じ法務局において相続登記を行うことの契機となり得ることとなり、相続登記の促進及び所有者不明土地問題の解決の一助となることも考慮されていると考えられる。

　遺言者は、複数の遺言書について保管の申請をすることもできるが、遺言者の作成した他の遺言書が現に遺言書保管所に保管されている場合には、遺言書の保管の申請は、当該他の遺言書が保管されている遺言書保管所の遺言書保管官に対してしなければならない（4条3項かっこ書）。

これは、複数の遺言書を異なる遺言書保管所に分散して保管することを認めた場合に生じ得る閲覧を請求する相続人等の負担の増大や遺言書保管所における事務の複雑化といった弊害を回避する等の考慮に基づくものであると考えられる。

(3)　申請人の資格及び本人出頭

遺言書の保管の申請をすることができるのは、民法968条の自筆証書によってした遺言に係る遺言書を作成した遺言者のみであり、また、保管の申請は、遺言者が遺言書保管所に自ら出頭して行わなければならない（4条1項、6項）。

この意義は、遺言者が自ら出頭して行わなければならないとすることにより、遺言者の意思によらずに作成された遺言書の保管の申請がされることや遺言者の意思に反して遺言書の保管の申請がされることを防止して、相続をめぐる紛争を防止するという遺言書保管法の趣旨を実現することにあると考えられる。

(4)　保管の申請の方式

遺言書の保管の申請は、法務省令で定めるところにより、遺言書に添えて所定の記載事項を記載した申請書を、所定の書類を添付して提出しなければならない。

申請書には、①遺言書に記載されている作成の年月日、②遺言者の氏名、出生の年月日、住所及び本籍（外国人にあっては、国籍）、③遺言書に受遺者又は遺言執行者の記載があるときはその氏名又は名称及び住所、④その他法務省令で定める事項を記載しなければならない（4条4項）。

上記④の法務省令で定める事項については、次の事項を記載することとされている（遺言書保管省令11条）。

　㋑　遺言者の戸籍の筆頭に記載された者の氏名

　㋑　遺言者の電話番号その他の連絡先

　㋒　申請をする遺言書保管官の所属する遺言書保管所が遺言者の住所地及

び本籍地を管轄しないとき（次の(エ)の場合を除く。）は、遺言者が所有する不動産の所在地（当該遺言書保管所が管轄するものに限る。）

(エ)　遺言者の作成した他の遺言書が現に遺言書保管所に保管されているときは、その旨

(オ)　遺言書に9条1項2号（イを除く。）及び3号（イを除く。）に掲げる者の記載があるときは、その氏名又は名称及び住所

(カ)　遺言書の総ページ数、手数料の額、申請の年月日、遺言書保管所の表示

そして、申請書の様式は、遺言書保管省令別記2号様式によることとされている（同省令10条）。

また、申請書には、遺言者の氏名、出生の年月日、住所及び本籍（外国人にあっては、国籍）を証明する書類その他法務省令で定める書類を添付しなければならない（4条5項）。

上記法務省令で定める書類については、遺言者の戸籍の筆頭に記載された者の氏名を証明する書類及び遺言書が外国語により記載されているときは、日本語による翻訳文を添付することとされている（遺言書保管省令12条1項）。

5　遺言書保管官による本人確認（5条関係）

遺言書保管官は、遺言書の保管の申請があった場合において、申請人に対し、法務省令で定めるところにより、当該申請人が本人であるかどうかの確認をするため、当該申請人を特定するために必要な氏名その他の法務省令で定める事項を示す書類の提示若しくは提出又はこれらの事項についての説明を求めるものとされている（5条）。これは、遺言書の保管の申請は、遺言者が遺言書保管所に自ら出頭して行わなければならないこととしている（4条6項）ことを踏まえ、遺言書保管官が申請人の本人確認を行うこととするものであると考えられる。

上記当該申請人を特定するために必要な法務省令で定める事項については、氏名及び出生の年月日又は住所とされている（遺言書保管省令14条）。

また、本人確認の方法に関しては、遺言書保管官は、申請人に対し、個人

番号カード、運転免許証、旅券等の書類を提示する方法のほか、官公署から発行され又は発給された書類その他これに類する書類（氏名及び出生の年月日又は住所の記載があり、本人の写真が貼付されたものに限る。）であって、当該書類の提示を行う者が本人であることを確認することができるものとして遺言書保管官が適当と認めるものを提示する方法によることとされている（遺言書保管省令13条）。

6　遺言書の保管等（6条関係）

(1)　遺言書の保管の方法

遺言書の保管は、遺言書保管官が遺言書保管所の施設内において行う（6条1項）。遺言書が秘匿性の高い個人情報であることに鑑み、堅固な施設内において、施錠可能な書棚等の設備を用いて保管することが想定されていると考えられる。

(2)　遺言者による遺言書又は遺言書保管ファイルの記録の閲覧

遺言者は、その申請に係る遺言書が保管されている遺言書保管所（特定遺言書保管所）の遺言書保管官に対し、いつでも当該遺言書の閲覧を請求することができる（6条2項）。

また、遺言者は、遺言書の画像情報を含む遺言書保管ファイルに記録された事項をモニターに表示する方法で閲覧することを請求することもできる（遺言書保管政令4条1項）。この閲覧請求は、特定遺言書保管所以外の遺言書保管所の遺言書保管官に対しても行うことができる（同条2項）。

遺言書又は遺言書保管ファイルの記録の閲覧請求については、いずれも、遺言書の保管の申請の場合と同様に、遺言者が遺言書保管所に自ら出頭して行わなければならない（6条4項、遺言書保管政令4条4項）。

なお、遺言者以外の者は、遺言者の生存中には、保管されている遺言書又は遺言書保管ファイルの記録について、閲覧を含め、遺言書保管所からいかなる情報も得ることができない。

(3)　遺言書の保管期間

　遺言者が死亡すると、遺言書保管所に保管されている遺言書及び後記7(1)の画像情報等の当該遺言書に係る情報は、廃棄又は消去されるまで、遺言書保管所において保管又は管理されることになる。

　遺言書を保管する期間については、遺言者の死亡の日（遺言者の生死が明らかでない場合にあっては、これに相当する日として政令で定める日）から相続に関する紛争を防止する必要があると認められる期間として政令で定めることとされている（6条5項）。

　そして、上記遺言者の生死が明らかでない場合における遺言者の死亡の日に相当する日として政令で定める日については、遺言者の出生の日から起算して120年を経過した日とされている（遺言書保管政令5条1項）。

　また、遺言書の保管に関する相続に関する紛争を防止する必要があると認められる期間として政令で定める期間については50年とされている（遺言書保管政令5条2項）。

　上記期間が経過した後は、遺言書保管官は、保管している遺言書を廃棄することができる（6条5項）。

7　遺言書に係る情報の管理（7条関係）

(1)　遺言書に係る情報の管理の方法

　遺言書保管官は、保管する遺言書について、当該遺言書に係る情報の管理をしなければならない（7条1項）。

　遺言書に係る情報の管理は、磁気ディスク（これに準ずる方法により一定の事項を確実に記録することができる物を含む。）をもって調製する遺言書保管ファイルに、①遺言書の画像情報（遺言書保管官がスキャナー等を用いて画像情報化することを想定している。）、②遺言書に記載されている作成の年月日、遺言者の氏名、出生の年月日、住所及び本籍（外国人にあっては、国籍）、遺言書に受遺者又は遺言執行者の記載があるときはその氏名又は名称及び住所（4条4項1号から3号までに掲げる事項）、③遺言書の保管を開始した年月日、④遺言書が保管されている遺言書保管所の名称及び保管番号を記録する

ことによって行うこととされている。

　また、遺言書保管官は、遺言書に係る情報の管理をするには、遺言書保管省令11条１号及び５号に掲げる事項をも遺言書保管ファイルに記録しなければならない（遺言書保管省令20条）。

⑵　遺言書に係る情報の管理期間

　遺言書に係る情報の管理期間は、遺言者の死亡の日（遺言者の生死が明らかでない場合にあっては、これに相当する日として政令で定める日）から相続に関する紛争を防止する必要があると認められる期間として政令で定めることとされている（７条３項、６条５項）。

　このうち、遺言者の生死が明らかでない場合における遺言者の死亡の日に相当する日として政令で定める日については、遺言書の保管期間の場合と同様に、遺言者の出生の日から起算して120年を経過した日とされている（遺言書保管政令５条１項）。

　また、遺言書に係る情報の管理に関する相続に関する紛争を防止する必要があると認められる期間として政令で定める期間については150年とされている（遺言書保管政令５条２項）。

　上記期間が経過した後は、遺言書保管官は、管理している遺言書に係る情報を消去することができる（７条３項、６条５項）。

⑶　遺言者の住所等の変更

　遺言者は、保管の申請に係る遺言書が遺言書保管所に保管されている場合において、遺言者又は受遺者・遺言執行者の住所等の４条４項２号又は３号に掲げる事項に変更が生じたときは、速やかに、その旨を遺言書保管官に届け出なければならない（遺言書保管政令３条１項）。さらに、遺言者は、受遺者・遺言執行者以外の９条１項２号及び３号に掲げる者の住所等に変更が生じた場合についても、同様に届出を行うものとされている（遺言書保管省令30条１項）。

　これらの情報は、遺言書保管官が、遺言者を特定し、又は遺言者の死亡後

において、遺言書情報証明書の交付等の請求者と遺言書保管官が関係相続人等として把握している者との同一性を確認し、若しくは受遺者・遺言執行者等に関係遺言書を保管している旨を適切に通知するために必要であるため、上記のとおり届出を行うものとされたと考えられる。

上記の届出は、遺言書が保管されている遺言書保管所以外の遺言書保管所の遺言書保管官に対してもすることができる（遺言書保管政令3条2項、遺言書保管省令30条2項）。

8　遺言書の保管の申請の撤回（8条関係）

遺言者は、遺言書保管所に保管されている遺言書について、保管の申請を撤回することにより、遺言書の返還等を受けることができる（8条）。

保管の申請の撤回の手続については、遺言者が、その申請に係る遺言書が保管されている遺言書保管所（特定遺言書保管所）の遺言書保管官に対し、自ら出頭して行わなければならない（8条1項、3項）。

保管の申請の撤回は、遺言者の生存中に、遺言者のみが行うことができる。

なお、遺言者が死亡すると、遺言書保管所に保管されている遺言書については、その相続人も、返還を請求することはできない。

遺言書保管官は、遺言者が保管の申請を撤回したときは、その者の本人確認等を行った上で、遅滞なく保管している遺言書を返還するとともに、当該遺言書に係る情報を消去しなければならない（8条3項、4項）。

9　遺言書情報証明書の交付等（9条関係）

(1)　遺言書情報証明書の意義

相続人、受遺者、遺言執行者等の関係相続人等（9条1項各号に掲げる者）は、遺言書保管官に対し、遺言書保管所に保管されている遺言書について、その遺言者が死亡している場合に限り、遺言書保管ファイルに記録されている事項を証明した書面である遺言書情報証明書の交付を請求することができる（同項）。

遺言書情報証明書は、遺言書保管所に保管されている遺言書について、その画像情報等の遺言書保管ファイルに記録されている事項を証明する書面であり、遺言書情報証明書を確認することによってその遺言書に係る遺言の内容や自筆証書遺言の民法968条に定める方式への適合性を確かめることができることとなる。

そこで、これまで検認済みの遺言書を確認することにより行っていた登記、各種名義変更等の手続は、遺言書が遺言書保管所に保管されている場合には、この遺言書情報証明書を確認することによって行うことになる。

(2) 遺言書情報証明書の請求権者等

遺言書情報証明書の交付を請求することができるのは、関係相続人等である。関係相続人等に当たる者は次のとおりである。

第1に、当該遺言書の保管を申請した遺言者の相続人（民法891条の規定に該当し又は廃除によってその相続権を失った者及び相続の放棄をした者を含む。）である（9条1項1号）。相続人の相続人（数次相続）も含まれると解される。

第2に、受遺者等の9条1項2号に掲げる者又はその相続人（9条1項2号ロに規定する母の相続人の場合にあっては、ロに規定する胎内に在る子に限る。）である。

第3に、遺言執行者等の9条1項3号に掲げる者である。

遺言書情報証明書の交付請求は、自己が関係相続人等に該当する遺言書（関係遺言書）を現に保管する遺言書保管所以外の遺言書保管所の遺言書保管官に対してもすることができる（9条2項）。

(3) 関係相続人等による遺言書又は遺言書保管ファイルの記録の閲覧請求

相続人、受遺者、遺言執行者等の関係相続人等は、遺言者が死亡している場合に限り、自己が関係相続人等に該当する遺言書（関係遺言書）の閲覧を請求することができる（9条3項）。

遺言書の閲覧請求は、関係相続人等が請求することができるという点においては、遺言書情報証明書の交付請求と同様であるが、関係遺言書を保管する遺言書保管所の遺言書保管官に対してのみ請求することができるという点においては、遺言書情報証明書の交付請求と異なる。

また、関係相続人等は、遺言者が死亡している場合に限り、遺言書の画像情報を含む遺言書保管ファイルに記録された事項をモニターに表示する方法で閲覧することを請求することもできる（遺言書保管政令9条1項）。この遺言書保管ファイルの記録の閲覧請求は、関係遺言書を保管する遺言書保管所以外の遺言書保管所の遺言書保管官に対しても行うことができる（同条2項）。

(4)　遺言書を保管している旨の通知

遺言書保管官は、遺言書保管所に保管されている遺言書について、遺言者が死亡した後、関係相続人等の請求により遺言書情報証明書を交付し又はその遺言書を閲覧させたときには、その他の遺言者の相続人（注1）、受遺者及び遺言執行者に対し、当該遺言書を保管している旨を通知するものとされている（9条5項）。

また、遺言書保管官は、遺言者が死亡した後、関係相続人等の請求により遺言書保管ファイルの記録を閲覧させたときにも、上記の者に対し上記通知を行うものとされている（遺言書保管政令9条4項）。

さらに、遺言書保管官は、これらの通知を行う場合において、関係遺言書に記載された受遺者又は遺言執行者以外の9条1項2号及び3号に掲げる者にも同通知を行うものとされている（遺言書保管省令48条1項）。

遺言書保管官は、これらの遺言書を保管している旨の通知をするに当たっては、遺言者が保管の申請をした際の申請書及びその添付書類から得た情報や、相続人等が遺言書情報証明書の交付請求や閲覧請求をする際に提出しなければならない請求書及びその添付書類から得た情報等に基づき、遺言者の死亡に係る事実、通知すべき者及びその通知先を把握し、通知を行うこととなる。

この点に関し、遺言書の保管の申請においては、4(4)記載のとおり、遺言書に受遺者又は遺言執行者の記載があるときは、申請書にその氏名又は名称及び住所を記載することとされている（4条4項3号）。また、遺言書若しくは遺言書保管ファイルの記録の閲覧請求又は遺言書情報証明書の交付請求においては、請求書に、9条1項1号に規定する相続人（当該相続人の地位を相続により承継した者を除く。）の氏名、出生の年月日及び住所を記載し（遺言書保管省令33条2項5号、37条2項、40条）、遺言者を被相続人とする法定相続情報一覧図の写し等の相続人の範囲を明らかにする書類や相続人の住所を証明する書類を添付することとされている（同省令34条、38条、41条）。

　加えて、遺言者が遺言書の保管の申請をする際に、遺言書保管官が当該遺言者の死亡時に当該遺言者が指定する者（当該遺言者の推定相続人並びに当該申請に係る遺言書に記載された9条1項2号及び3号に掲げる者のうちの1人に限る。）に対し当該遺言書を保管している旨を通知することの申出をしている場合には、遺言書保管官は、当該遺言者の死亡の事実を確認したときは、当該遺言書を保管している旨を当該遺言者が指定した者に通知するものとされている（遺言書保管事務取扱手続準則（令和2年5月11日付法務省民事局長通達）19条1項、35条1項）（注2）。

（注1）　前記(2)記載のとおり、9条1項1号の遺言者の相続人については、相続人の相続人（数次相続人）も含まれるのに対し、9条5項の遺言者の相続人については、遺言者の相続開始時の相続人を意味するものであり、その地位を相続により承継した者は含まれないと解される。
（注2）　この取組は、平成30年6月15日の衆議院法務委員会及び同年7月5日の参議院法務委員会において、遺言書保管法案を可決した際に、次の内容を含む附帯決議がされたことを受けたものである。
　　　「法務局における自筆証書遺言に係る遺言書の保管制度の実効性を確保するため、遺言者の死亡届が提出された後、遺言書の存在が相続人、受遺者等に通知される仕組みを可及的速やかに構築すること。」

10　遺言書保管事実証明書の交付（10条関係）

(1)　遺言書保管事実証明書の意義

　何人も、遺言書保管官に対し、遺言書保管所における関係遺言書（自己が相続人、受遺者、遺言執行者等の関係相続人等に該当する遺言書）の保管の有無等を証明した書面である「遺言書保管事実証明書」の交付を請求することができる（10条）。

　遺言書保管事実証明書とは、遺言書保管所における関係遺言書の保管の有無、遺言書に記載されている作成の年月日、遺言書が保管されている遺言書保管所の名称及び保管番号を証明した書面である。

(2)　遺言書保管事実証明書の請求権者等

　ある者の遺言書が遺言書保管所に保管されているか否かの確認は、この遺言書保管事実証明書の交付を請求することにより行うこととしており、この請求は、遺言者が死亡していれば、誰でもすることができる。

　ただし、この遺言書保管事実証明書は、あくまで、遺言書保管所における関係遺言書（自己が関係相続人等に該当する遺言書）の保管の有無等を明らかにした証明書であり、この証明書の交付請求によって明らかになるのは、交付請求において遺言者として特定された者について、自己が相続人、受遺者、遺言執行者等の関係相続人等に該当する遺言書（関係遺言書）が遺言書保管所に保管されているか否かである。

　その結果、遺言書保管所に遺言書が保管されている旨の遺言書保管事実証明書が交付されるのは、遺言者として特定された者が作成した遺言書が遺言書保管所に保管されており、かつ、当該遺言書が請求者にとって関係遺言書である場合のみである。それ以外の、遺言者として特定された者が作成した遺言書が遺言書保管所に保管されていない場合や、保管されてはいるが、請求者の関係遺言書ではない場合には、関係遺言書が保管されていない旨の遺言書保管事実証明書が交付されることとなる。

　そこで、関係遺言書が遺言書保管所に保管されていない旨の証明書が交付

された場合には、①請求者が相続人である場合には、当該証明書は、遺言書保管所には、遺言者として特定された者が作成した遺言書が保管されていないことを意味し、②請求者が相続人以外のものである場合には、当該証明書は、少なくとも、遺言者として特定された者が作成した、請求者を受遺者、遺言執行者等の関係相続人等とする遺言書は遺言書保管所に保管されていないことを意味することとなる。

遺言書保管事実証明書の交付請求は、遺言書情報証明書の場合と同様に、関係遺言書を現に保管する遺言書保管所以外の遺言書保管所の遺言書保管官に対してもすることができる（10条2項、9条2項）。

11　遺言書の検認の適用除外（11条関係）

遺言書保管所に保管されている遺言書については、民法1004条1項の遺言書の検認の規定は適用されない（11条）。

民法1004条1項により、遺言書の保管者や遺言書を発見した相続人には、遺言書を家庭裁判所に提出して検認を請求することが義務付けられている（公正証書遺言については、公証人が作成、保管することから、一般に偽造、変造等のおそれがなく、保存が確実であるため、検認の対象から除かれている（民法1004条2項））。その趣旨は、検認時における遺言書の状態を確認し、その証拠を保全すること等にある。

遺言書保管法により遺言書保管所に保管されることとなる遺言書については、遺言書保管官が厳重にこれを保管し、その情報も管理することから保管開始以降、偽造、変造等のおそれがなく、保存が確実であるため、検認を不要とすることとされたと考えられる。

12　手数料（12条関係）

遺言書保管法では、遺言書の保管の申請をする者は政令で定める額の手数料を納めなければならないこととされており、その額については、物価の状況のほか、遺言書の保管及び遺言書に係る情報の管理に関する事務に要する実費を考慮して政令で定めることとされている（12条1項1号）。

また、遺言書又は遺言書保管ファイルの記録の閲覧を請求する者、遺言書情報証明書又は遺言書保管事実証明書の交付を請求する者及び後記14記載の申請書等の閲覧等を請求する者についても、同様に、政令で定める額の手数料を納めなければならないこととされている（12条1項2号、3号、遺言書保管政令9条5項、10条7項）。

　そして、これらの手数料の額については、法務局における遺言書の保管等に関する法律関係手数料令（令和2年政令第55号）において、それぞれ規定されており、遺言書の保管の申請については1件につき3900円とされている。

13　関係法令の適用除外等（13条から17条関係）

　遺言書保管法においては、遺言書保管官の処分については、行政手続法（平成5年法律第88号）第2章（申請に対する処分）の規定は、適用しないこと（13条）、遺言書保管所に保管されている遺言書及び遺言書保管ファイルについては、行政機関の保有する情報の公開に関する法律（平成11年法律第42号）の規定は、適用しないこと（14条）、遺言書保管所に保管されている遺言書及び遺言書保管ファイルに記録されている保有個人情報（行政機関の保有する個人情報の保護に関する法律（平成15年法律第58号）2条5項に規定する保有個人情報をいう。）については、同法第4章（開示、訂正及び利用停止）の規定は、適用しないこと（15条）、遺言書保管所における遺言書保管官の処分に関し、審査請求をすることができる場合及びその手続並びに審査請求に対する処分についての行政不服審査法（平成26年法律第68号）の特例（16条）、遺言書保管官の処分に係る審査の請求について、行政不服審査法中、適用しない条文（17条）が定められている。

14　申請書等の閲覧等

　遺言者は、遺言書の保管の申請又は遺言者の住所等の変更の届出をした場合において、特別の事由があるときは、当該申請等をした遺言書保管所の遺言書保管官に対し、当該申請等に係る申請書若しくは届出書又はその添付書

類（申請書等）の閲覧を請求することができる（遺言書保管政令10条1項）。また、遺言者は、遺言書の保管の申請の撤回をした場合においても、特別の事由があるときは、同様に、撤回書又はその添付書類（撤回書等）の閲覧を請求することができる（同条2項）。遺言者の生存中は、遺言者以外の者は、これらの請求をすることはできない。

遺言者の死亡後においては、遺言者の相続人、関係相続人等、申請書等に記載されている受遺者又は遺言執行者は、特別の事由があるときは、当該申請等がされた遺言書保管所の遺言書保管官に対し、当該申請等に係る申請書等の閲覧を請求することができる（遺言書保管政令10条3項）。また、遺言書の保管の申請の撤回をした遺言者の死亡後においては、当該遺言者の相続人及び当該撤回がされた申請に係る遺言書に記載されていた受遺者又は遺言執行者は、特別の事由があるときは、当該撤回がされた遺言書保管所の遺言書保管官に対し、当該撤回に係る撤回書等の閲覧を請求することができる（同条4項）。

上記各請求を行うために必要となる特別の事由については、例えば、偽造された添付書類が用いられるなどの不正な手段によって申請等又は撤回がされたおそれがある場合などが当たると考えられる。

15　施行日（附則関係）

遺言書保管法は、公布の日から起算して2年を超えない範囲内において政令で定める日から施行することとしているが、「法務局における遺言書の保管等に関する法律の施行期日を定める政令」（平成30年政令第317号）により、令和2年7月10日から施行されることとされた。

民法及び家事事件手続法の一部を改正する法律　新旧対照条文

1　民法（明治29年法律第89号）

（下線部分は改正部分）

新　　法	旧　　法
目次 　第5編　（略） 　　第3章　（略） 　　　第1節　総則（第896条―第899条の2） 　　第8章　配偶者の居住の権利 　　　第1節　配偶者居住権（第1028条―第1036条） 　　　第2節　配偶者短期居住権（第1037条―第1041条） 　　第9章　遺留分（第1042条―第1049条） 　　第10章　特別の寄与（第1050条）	**目次** 　第5編　（同左） 　　第3章　（同左） 　　　第1節　総則（第896条―第899条） 　（新設） 　　第8章　遺留分（第1028条―第1044条） 　（新設）
（相続財産に関する費用） **第885条**　（略） （削る）	**（相続財産に関する費用）** **第885条**　（同左） 2　前項の費用は、遺留分権利者が贈与の減殺によって得た財産をもって支弁することを要しない。
（共同相続における権利の承継の対抗要件） **第899条の2**　相続による権利の承継は、遺産の分割によるものかどうかにかかわらず、次条及び第901条の規定により算定した相続分を超える部分については、登記、登録その他の対抗要件を備えなければ、第三者に対抗することができない。 2　前項の権利が債権である場合において、次条及び第901条の規定により算定した相続分を超えて当該債権を承継した共同相続人が当該債権に係る遺言の内容（遺産の分割により当該債権を承継した場合にあっては、当該債権に係る遺産の分割の内容）を明らかにして債務者にその承継の通知をしたときは、共同相続人の全員が債務者に通知をしたものとみな	（新設）

して、同項の規定を適用する。

（遺言による相続分の指定）

第902条　被相続人は、前二条の規定にかかわらず、遺言で、共同相続人の相続分を定め、又はこれを定めることを第三者に委託することができる。

2　（略）

（相続分の指定がある場合の債権者の権利の行使）

第902条の2　被相続人が相続開始の時において有した債務の債権者は、前条の規定による相続分の指定がされた場合であっても、各共同相続人に対し、第900条及び第901条の規定により算定した相続分に応じてその権利を行使することができる。ただし、その債権者が共同相続人の一人に対してその指定された相続分に応じた債務の承継を承認したときは、この限りでない。

（特別受益者の相続分）

第903条　共同相続人中に、被相続人から、遺贈を受け、又は婚姻若しくは養子縁組のため若しくは生計の資本として贈与を受けた者があるときは、被相続人が相続開始の時において有した財産の価額にその贈与の価額を加えたものを相続財産とみなし、第900条から第902条までの規定により算定した相続分の中からその遺贈又は贈与の価額を控除した残額をもってその者の相続分とする。

2　（略）

3　被相続人が前二項の規定と異なった意思を表示したときは、その意思に従う。

4　婚姻期間が20年以上の夫婦の一方である被相続人が、他の一方に対し、その居住の用に供する建物又はその敷地について遺贈又は贈与をしたときは、当該被相続人は、その遺贈又は贈与について第1

（遺言による相続分の指定）

第902条　被相続人は、前二条の規定にかかわらず、遺言で、共同相続人の相続分を定め、又はこれを定めることを第三者に委託することができる。ただし、被相続人又は第三者は、遺留分に関する規定に違反することができない。

2　（同左）

（新設）

（特別受益者の相続分）

第903条　共同相続人中に、被相続人から、遺贈を受け、又は婚姻若しくは養子縁組のため若しくは生計の資本として贈与を受けた者があるときは、被相続人が相続開始の時において有した財産の価額にその贈与の価額を加えたものを相続財産とみなし、前三条の規定により算定した相続分の中からその遺贈又は贈与の価額を控除した残額をもってその者の相続分とする。

2　（同左）

3　被相続人が前二項の規定と異なった意思を表示したときは、その意思表示は、遺留分に関する規定に違反しない範囲内で、その効力を有する。

（新設）

項の規定を適用しない旨の意思を表示し
たものと推定する。

**（遺産の分割前に遺産に属する財産が処
分された場合の遺産の範囲）**

第906条の2　遺産の分割前に遺産に属す
る財産が処分された場合であっても、共
同相続人は、その全員の同意により、当
該処分された財産が遺産の分割時に遺産
として存在するものとみなすことができ
る。

2　前項の規定にかかわらず、共同相続人
の一人又は数人により同項の財産が処分
されたときは、当該共同相続人について
は、同項の同意を得ることを要しない。

（新設）

（遺産の分割の協議又は審判等）

第907条　共同相続人は、次条の規定によ
り被相続人が遺言で禁じた場合を除き、
いつでも、その協議で、遺産の<u>全部又は
一部の</u>分割をすることができる。

2　遺産の分割について、共同相続人間に
協議が調わないとき、又は協議をするこ
とができないときは、各共同相続人は、
その<u>全部又は一部の</u>分割を家庭裁判所に
請求することができる。<u>ただし、遺産の
一部を分割することにより他の共同相続
人の利益を害するおそれがある場合にお
けるその一部の分割については、この限
りでない。</u>

3　<u>前項本文</u>の場合において特別の事由が
あるときは、家庭裁判所は、期間を定め
て、遺産の全部又は一部について、その
分割を禁ずることができる。

（遺産の分割の協議又は審判等）

第907条　共同相続人は、次条の規定によ
り被相続人が遺言で禁じた場合を除き、
いつでも、その協議で、遺産の分割をす
ることができる。

2　遺産の分割について、共同相続人間に
協議が調わないとき、又は協議をするこ
とができないときは、各共同相続人は、
その分割を家庭裁判所に請求することが
できる。

3　<u>前項</u>の場合において特別の事由がある
ときは、家庭裁判所は、期間を定めて、
遺産の全部又は一部について、その分割
を禁ずることができる。

**（遺産の分割前における<u>預貯金債権の行
使</u>）**

第909条の2　各共同相続人は、遺産に属
する預貯金債権のうち相続開始の時の債
権額の3分の1に第900条及び第901条の
規定により算定した当該共同相続人の相
続分を乗じた額（標準的な当面の必要生
計費、平均的な葬式の費用の額その他の
事情を勘案して預貯金債権の債務者ごと
に法務省令で定める額を限度とする。）
については、単独でその権利を行使する

（新設）

ことができる。この場合において、当該権利の行使をした預貯金債権については、当該共同相続人が遺産の一部の分割によりこれを取得したものとみなす。

（包括遺贈及び特定遺贈）

第964条　遺言者は、包括又は特定の名義で、その財産の全部又は一部を処分することができる。

（自筆証書遺言）

第968条　自筆証書によって遺言をするには、遺言者が、その全文、日付及び氏名を自書し、これに印を押さなければならない。

2　前項の規定にかかわらず、自筆証書にこれと一体のものとして相続財産（第997条第1項に規定する場合における同項に規定する権利を含む。）の全部又は一部の目録を添付する場合には、その目録については、自書することを要しない。この場合において、遺言者は、その目録の毎葉（自書によらない記載がその両面にある場合にあっては、その両面）に署名し、印を押さなければならない。

3　自筆証書（前項の目録を含む。）中の加除その他の変更は、遺言者が、その場所を指示し、これを変更した旨を付記して特にこれに署名し、かつ、その変更の場所に印を押さなければ、その効力を生じない。

（秘密証書遺言）

第970条　（略）

2　第968条第3項の規定は、秘密証書による遺言について準用する。

（普通の方式による遺言の規定の準用）

第982条　第968条第3項及び第973条から第975条までの規定は、第976条から前条までの規定による遺言について準用する。

（遺贈義務者の引渡義務）

第998条　遺贈義務者は、遺贈の目的である物又は権利を、相続開始の時（その後に当該物又は権利について遺贈の目的と

（包括遺贈及び特定遺贈）

第964条　遺言者は、包括又は特定の名義で、その財産の全部又は一部を処分することができる。ただし、遺留分に関する規定に違反することができない。

（自筆証書遺言）

第968条　（同左）

（新設）

2　自筆証書中の加除その他の変更は、遺言者が、その場所を指示し、これを変更した旨を付記して特にこれに署名し、かつ、その変更の場所に印を押さなければ、その効力を生じない。

（秘密証書遺言）

第970条　（同左）

2　第968条第2項の規定は、秘密証書による遺言について準用する。

（普通の方式による遺言の規定の準用）

第982条　第968条第2項及び第973条から第975条までの規定は、第976条から前条までの規定による遺言について準用する。

（不特定物の遺贈義務者の担保責任）

第998条　不特定物を遺贈の目的とした場合において、受遺者がこれにつき第三者から追奪を受けたときは、遺贈義務者

して特定した場合にあっては、その特定
した時）の状態で引き渡し、又は移転す
る義務を負う。ただし、遺言者がその遺
言に別段の意思を表示したときは、その
意思に従う。

は、これに対して、売主と同じく、担保
の責任を負う。
2　不特定物を遺贈の目的とした場合にお
いて、物に瑕疵があったときは、遺贈義
務者は、瑕疵のない物をもってこれに代
えなければならない。

（第三者の権利の目的である財産の遺贈）

第1000条　削除

第1000条　遺贈の目的である物又は権利が
遺言者の死亡の時において第三者の権利
の目的であるときは、受遺者は、遺贈義
務者に対しその権利を消滅させるべき旨
を請求することができない。ただし、遺
言者がその遺言に反対の意思を表示した
ときは、この限りでない。

（遺言執行者の任務の開始）

第1007条　（略）

2　遺言執行者は、その任務を開始したと
きは、遅滞なく、遺言の内容を相続人に
通知しなければならない。

（遺言執行者の権利義務）

第1012条　遺言執行者は、遺言の内容を実
現するため、相続財産の管理その他遺言
の執行に必要な一切の行為をする権利義
務を有する。

2　遺言執行者がある場合には、遺贈の履
行は、遺言執行者のみが行うことができ
る。

3　（略）

（遺言の執行の妨害行為の禁止）

第1013条　遺言執行者がある場合には、相
続人は、相続財産の処分その他遺言の執
行を妨げるべき行為をすることができな
い。

2　前項の規定に違反してした行為は、無
効とする。ただし、これをもって善意の
第三者に対抗することができない。

3　前二項の規定は、相続人の債権者（相
続債権者を含む。）が相続財産について
その権利を行使することを妨げない。

（特定財産に関する遺言の執行）

第1014条　（略）

2　遺産の分割の方法の指定として遺産に

（遺言執行者の任務の開始）

第1007条　（同左）

（新設）

（遺言執行者の権利義務）

第1012条　遺言執行者は、相続財産の管理
その他遺言の執行に必要な一切の行為を
する権利義務を有する。

（新設）

2　（同左）

（遺言の執行の妨害行為の禁止）

第1013条　（同左）

（新設）

（新設）

（特定財産に関する遺言の執行）

第1014条　（同左）

（新設）

属する特定の財産を共同相続人の一人又は数人に承継させる旨の遺言（以下「特定財産承継遺言」という。）があったときは、遺言執行者は、当該共同相続人が第899条の2第1項に規定する対抗要件を備えるために必要な行為をすることができる。

3　前項の財産が預貯金債権である場合には、遺言執行者は、同項に規定する行為のほか、その預金又は貯金の払戻しの請求及びその預金又は貯金に係る契約の解約の申入れをすることができる。ただし、解約の申入れについては、その預貯金債権の全部が特定財産承継遺言の目的である場合に限る。

（新設）

4　前二項の規定にかかわらず、被相続人が遺言で別段の意思を表示したときは、その意思に従う。

（新設）

（遺言執行者の行為の効果） 第1015条　遺言執行者がその権限内において遺言執行者であることを示してした行為は、相続人に対して直接にその効力を生ずる。	**（遺言執行者の地位）** 第1015条　遺言執行者は、相続人の代理人とみなす。
（遺言執行者の復任権） 第1016条　遺言執行者は、自己の責任で第三者にその任務を行わせることができる。ただし、遺言者がその遺言に別段の意思を表示したときは、その意思に従う。 2　前項本文の場合において、第三者に任務を行わせることについてやむを得ない事由があるときは、遺言執行者は、相続人に対してその選任及び監督についての責任のみを負う。	**（遺言執行者の復任権）** 第1016条　遺言執行者は、やむを得ない事由がなければ、第三者にその任務を行わせることができない。ただし、遺言者がその遺言に反対の意思を表示したときは、この限りでない。 2　遺言執行者が前項ただし書の規定により第三者にその任務を行わせる場合には、相続人に対して、第105条に規定する責任を負う。
（撤回された遺言の効力） 第1025条　前三条の規定により撤回された遺言は、その撤回の行為が、撤回され、取り消され、又は効力を生じなくなるに至ったときであっても、その効力を回復しない。ただし、その行為が錯誤、詐欺又は強迫による場合は、この限りでない。	**（撤回された遺言の効力）** 第1025条　前三条の規定により撤回された遺言は、その撤回の行為が、撤回され、取り消され、又は効力を生じなくなるに至ったときであっても、その効力を回復しない。ただし、その行為が詐欺又は強迫による場合は、この限りでない。

第8章　配偶者の居住の権利　　　　　　　　（新設）
　　第1節　配偶者居住権
（配偶者居住権）
第1028条　被相続人の配偶者（以下この章において単に「配偶者」という。）は、被相続人の財産に属した建物に相続開始の時に居住していた場合において、次の各号のいずれかに該当するときは、その居住していた建物（以下この節において「居住建物」という。）の全部について無償で使用及び収益をする権利（以下この章において「配偶者居住権」という。）を取得する。ただし、被相続人が相続開始の時に居住建物を配偶者以外の者と共有していた場合にあっては、この限りでない。
　一　遺産の分割によって配偶者居住権を取得するものとされたとき。
　二　配偶者居住権が遺贈の目的とされたとき。
2　居住建物が配偶者の財産に属することとなった場合であっても、他の者がその共有持分を有するときは、配偶者居住権は、消滅しない。
3　第903条第4項の規定は、配偶者居住権の遺贈について準用する。
（審判による配偶者居住権の取得）
第1029条　遺産の分割の請求を受けた家庭裁判所は、次に掲げる場合に限り、配偶者が配偶者居住権を取得する旨を定めることができる。
　一　共同相続人間に配偶者が配偶者居住権を取得することについて合意が成立しているとき。
　二　配偶者が家庭裁判所に対して配偶者居住権の取得を希望する旨を申し出た場合において、居住建物の所有者の受ける不利益の程度を考慮してもなお配偶者の生活を維持するために特に必要があると認めるとき（前号に掲げる場合を除く。）。
（配偶者居住権の存続期間）

第1030条　配偶者居住権の存続期間は、配偶者の終身の間とする。ただし、遺産の分割の協議若しくは遺言に別段の定めがあるとき、又は家庭裁判所が遺産の分割の審判において別段の定めをしたときは、その定めるところによる。

（配偶者居住権の登記等）

第1031条　居住建物の所有者は、配偶者（配偶者居住権を取得した配偶者に限る。以下この節において同じ。）に対し、配偶者居住権の設定の登記を備えさせる義務を負う。

2　第605条の規定は配偶者居住権について、第605条の４の規定は配偶者居住権の設定の登記を備えた場合について準用する。

（配偶者による使用及び収益）

第1032条　配偶者は、従前の用法に従い、善良な管理者の注意をもって、居住建物の使用及び収益をしなければならない。ただし、従前居住の用に供していなかった部分について、これを居住の用に供することを妨げない。

2　配偶者居住権は、譲渡することができない。

3　配偶者は、居住建物の所有者の承諾を得なければ、居住建物の改築若しくは増築をし、又は第三者に居住建物の使用若しくは収益をさせることができない。

4　配偶者が第１項又は前項の規定に違反した場合において、居住建物の所有者が相当の期間を定めてその是正の催告をし、その期間内に是正がされないときは、居住建物の所有者は、当該配偶者に対する意思表示によって配偶者居住権を消滅させることができる。

（居住建物の修繕等）

第1033条　配偶者は、居住建物の使用及び収益に必要な修繕をすることができる。

2　居住建物の修繕が必要である場合において、配偶者が相当の期間内に必要な修繕をしないときは、居住建物の所有者

は、その修繕をすることができる。

3　居住建物が修繕を要するとき（第１項の規定により配偶者が自らその修繕をするときを除く。）、又は居住建物について権利を主張する者があるときは、配偶者は、居住建物の所有者に対し、遅滞なくその旨を通知しなければならない。ただし、居住建物の所有者が既にこれを知っているときは、この限りでない。

（居住建物の費用の負担）

第1034条　配偶者は、居住建物の通常の必要費を負担する。

2　第583条第２項の規定は、前項の通常の必要費以外の費用について準用する。

（居住建物の返還等）

第1035条　配偶者は、配偶者居住権が消滅したときは、居住建物の返還をしなければならない。ただし、配偶者が居住建物について共有持分を有する場合は、居住建物の所有者は、配偶者居住権が消滅したことを理由としては、居住建物の返還を求めることができない。

2　第599条第１項及び第２項並びに第621条の規定は、前項本文の規定により配偶者が相続の開始後に附属させた物がある居住建物又は相続の開始後に生じた損傷がある居住建物の返還をする場合について準用する。

（使用貸借及び賃貸借の規定の準用）

第1036条　第597条第１項及び第３項、第600条、第613条並びに第616条の２の規定は、配偶者居住権について準用する。

第２節　配偶者短期居住権

（配偶者短期居住権）

第1037条　配偶者は、被相続人の財産に属した建物に相続開始の時に無償で居住していた場合には、次の各号に掲げる区分に応じてそれぞれ当該各号に定める日までの間、その居住していた建物（以下この節において「居住建物」という。）の所有権を相続又は遺贈により取得した者（以下この節において「居住建物取得者」

という。）に対し、居住建物について無償で使用する権利（居住建物の一部のみを無償で使用していた場合にあっては、その部分について無償で使用する権利。以下この節において「配偶者短期居住権」という。）を有する。ただし、配偶者が、相続開始の時において居住建物に係る配偶者居住権を取得したとき、又は第891条の規定に該当し若しくは廃除によってその相続権を失ったときは、この限りでない。

一　居住建物について配偶者を含む共同相続人間で遺産の分割をすべき場合　遺産の分割により居住建物の帰属が確定した日又は相続開始の時から６箇月を経過する日のいずれか遅い日

二　前号に掲げる場合以外の場合　第３項の申入れの日から６箇月を経過する日

2　前項本文の場合においては、居住建物取得者は、第三者に対する居住建物の譲渡その他の方法により配偶者の居住建物の使用を妨げてはならない。

3　居住建物取得者は、第１項第１号に掲げる場合を除くほか、いつでも配偶者短期居住権の消滅の申入れをすることができる。

（配偶者による使用）

第1038条　配偶者（配偶者短期居住権を有する配偶者に限る。以下この節において同じ。）は、従前の用法に従い、善良な管理者の注意をもって、居住建物の使用をしなければならない。

2　配偶者は、居住建物取得者の承諾を得なければ、第三者に居住建物の使用をさせることができない。

3　配偶者が前二項の規定に違反したときは、居住建物取得者は、当該配偶者に対する意思表示によって配偶者短期居住権を消滅させることができる。

（配偶者居住権の取得による配偶者短期居住権の消滅）

第1039条　配偶者が居住建物に係る配偶者居住権を取得したときは、配偶者短期居住権は、消滅する。

（居住建物の返還等）

第1040条　配偶者は、前条に規定する場合を除き、配偶者短期居住権が消滅したときは、居住建物の返還をしなければならない。ただし、配偶者が居住建物について共有持分を有する場合は、居住建物取得者は、配偶者短期居住権が消滅したことを理由としては、居住建物の返還を求めることができない。

2　第599条第1項及び第2項並びに第621条の規定は、前項本文の規定により配偶者が相続の開始後に附属させた物がある居住建物又は相続の開始後に生じた損傷がある居住建物の返還をする場合について準用する。

（使用貸借等の規定の準用）

第1041条　第597条第3項、第600条、第616条の2、第1032条第2項、第1033条及び第1034条の規定は、配偶者短期居住権について準用する。

第9章　（略）

（遺留分の帰属及びその割合）

第1042条　兄弟姉妹以外の相続人は、遺留分として、次条第1項に規定する遺留分を算定するための財産の価額に、次の各号に掲げる区分に応じてそれぞれ当該各号に定める割合を乗じた額を受ける。

一　直系尊属のみが相続人である場合　3分の1

二　前号に掲げる場合以外の場合　2分の1

2　相続人が数人ある場合には、前項各号に定める割合は、これらに第900条及び第901条の規定により算定したその各自の相続分を乗じた割合とする。

（遺留分を算定するための財産の価額）

第1043条　遺留分を算定するための財産の価額は、被相続人が相続開始の時において有した財産の価額にその贈与した財

第8章　（同左）

（遺留分の帰属及びその割合）

第1028条　兄弟姉妹以外の相続人は、遺留分として、次の各号に掲げる区分に応じてそれぞれ当該各号に定める割合に相当する額を受ける。

一　直系尊属のみが相続人である場合　被相続人の財産の3分の1

二　前号に掲げる場合以外の場合　被相続人の財産の2分の1

（新設）

（遺留分の算定）

第1029条　遺留分は、被相続人が相続開始の時において有した財産の価額にその贈与した財産の価額を加えた額から債務の

の価額を加えた額から債務の全額を控除
　した額とする。
2　（略）
第1044条　贈与は、相続開始前の１年間に
　したものに限り、前条の規定によりその
　価額を算入する。当事者双方が遺留分権
　利者に損害を加えることを知って贈与を
　したときは、１年前の日より前にしたも
　のについても、同様とする。
2　第904条の規定は、前項に規定する贈
　与の価額について準用する。
3　相続人に対する贈与についての第１項
　の規定の適用については、同項中「１
　年」とあるのは「10年」と、「価額」と
　あるのは「価額（婚姻若しくは養子縁組
　のため又は生計の資本として受けた贈与
　の価額に限る。）」とする。

（削る）

（削る）

（削る）

（削る）

（削る）

全額を控除して、これを算定する。

2　（同左）
第1030条　贈与は、相続開始前の１年間に
　したものに限り、前条の規定によりその
　価額を算入する。当事者双方が遺留分権
　利者に損害を加えることを知って贈与を
　したときは、１年前の日より前にしたも
　のについても、同様とする。
（新設）

（新設）

（遺贈又は贈与の減殺請求）
第1031条　遺留分権利者及びその承継人
　は、遺留分を保全するのに必要な限度
　で、遺贈及び前条に規定する贈与の減殺
　を請求することができる。
（条件付権利等の贈与又は遺贈の一部の
　減殺）
第1032条　条件付きの権利又は存続期間の
　不確定な権利を贈与又は遺贈の目的とし
　た場合において、その贈与又は遺贈の一
　部を減殺すべきときは、遺留分権利者
　は、第1029条第２項の規定により定めた
　価格に従い、直ちにその残部の価額を受
　贈者又は受遺者に給付しなければならな
　い。
（贈与と遺贈の減殺の順序）
第1033条　贈与は、遺贈を減殺した後でな
　ければ、減殺することができない。
（遺贈の減殺の割合）
第1034条　遺贈は、その目的の価額の割合
　に応じて減殺する。ただし、遺言者がそ
　の遺言に別段の意思を表示したときは、
　その意思に従う。
（贈与の減殺の順序）
第1035条　贈与の減殺は、後の贈与から順

（削る）

（削る）

（削る）

第1045条　負担付贈与がされた場合における第1043条第1項に規定する贈与した財産の価額は、その目的の価額から負担の価額を控除した額とする。
2　不相当な対価をもってした有償行為は、当事者双方が遺留分権利者に損害を加えることを知ってしたものに限り、当該対価を負担の価額とする負担付贈与とみなす。

（遺留分侵害額の請求）
第1046条　遺留分権利者及びその承継人は、受遺者（特定財産承継遺言により財産を承継し又は相続分の指定を受けた相続人を含む。以下この章において同じ。）又は受贈者に対し、遺留分侵害額に相当する金銭の支払を請求することができる。
2　遺留分侵害額は、第1042条の規定による遺留分から第1号及び第2号に掲げる額を控除し、これに第3号に掲げる額を加算して算定する。
　一　遺留分権利者が受けた遺贈又は第903条第1項に規定する贈与の価額
　二　第900条から第902条まで、第903条及び第904条の規定により算定した相続分に応じて遺留分権利者が取得すべき遺産の価額

次前の贈与に対してする。
（受贈者による果実の返還）
第1036条　受贈者は、その返還すべき財産のほか、減殺の請求があった日以後の果実を返還しなければならない。
（受贈者の無資力による損失の負担）
第1037条　減殺を受けるべき受贈者の無資力によって生じた損失は、遺留分権利者の負担に帰する。
（負担付贈与の減殺請求）
第1038条　負担付贈与は、その目的の価額から負担の価額を控除したものについて、その減殺を請求することができる。
（不相当な対価による有償行為）
第1039条　（新設）

　　不相当な対価をもってした有償行為は、当事者双方が遺留分権利者に損害を加えることを知ってしたものに限り、これを贈与とみなす。この場合において、遺留分権利者がその減殺を請求するときは、その対価を償還しなければならない。

（新設）

三　被相続人が相続開始の時において有した債務のうち、第899条の規定により遺留分権利者が承継する債務（次条第3項において「遺留分権利者承継債務」という。）の額

（受遺者又は受贈者の負担額）

第1047条　受遺者又は受贈者は、次の各号の定めるところに従い、遺贈（特定財産承継遺言による財産の承継又は相続分の指定による遺産の取得を含む。以下この章において同じ。）又は贈与（遺留分を算定するための財産の価額に算入されるものに限る。以下この章において同じ。）の目的の価額（受遺者又は受贈者が相続人である場合にあっては、当該価額から第1042条の規定による遺留分として当該相続人が受けるべき額を控除した額）を限度として、遺留分侵害額を負担する。

一　受遺者と受贈者とがあるときは、受遺者が先に負担する。

二　受遺者が複数あるとき、又は受贈者が複数ある場合においてその贈与が同時にされたものであるときは、受遺者又は受贈者がその目的の価額の割合に応じて負担する。ただし、遺言者がその遺言に別段の意思を表示したときは、その意思に従う。

三　受贈者が複数あるとき（前号に規定する場合を除く。）は、後の贈与に係る受贈者から順次前の贈与に係る受贈者が負担する。

2　第904条、第1043条第2項及び第1045条の規定は、前項に規定する遺贈又は贈与の目的の価額について準用する。

3　前条第1項の請求を受けた受遺者又は受贈者は、遺留分権利者承継債務について弁済その他の債務を消滅させる行為をしたときは、消滅した債務の額の限度において、遺留分権利者に対する意思表示によって第1項の規定により負担する債務を消滅させることができる。この場合において、当該行為によって遺留分権利

（新設）

者に対して取得した求償権は、消滅した
当該債務の額の限度において消滅する。

4　受遺者又は受贈者の無資力によって生
じた損失は、遺留分権利者の負担に帰す
る。

5　裁判所は、受遺者又は受贈者の請求に
より、第1項の規定により負担する債務
の全部又は一部の支払につき相当の期限
を許与することができる。

（削る）

（削る）

（遺留分侵害額請求権の期間の制限）
第1048条　遺留分侵害額の請求権は、遺留
分権利者が、相続の開始及び遺留分を侵
害する贈与又は遺贈があったことを知っ
た時から1年間行使しないときは、時効
によって消滅する。相続開始の時から10
年を経過したときも、同様とする。

（遺留分の放棄）
第1049条　（略）

（削る）

第10章　特別の寄与

（受贈者が贈与の目的を譲渡した場合等）
第1040条　減殺を受けるべき受贈者が贈与
の目的を他人に譲り渡したときは、遺留
分権利者にその価額を弁償しなければな
らない。ただし、譲受人が譲渡の時にお
いて遺留分権利者に損害を加えることを
知っていたときは、遺留分権利者は、こ
れに対しても減殺を請求することができ
る。

2　前項の規定は、受贈者が贈与の目的に
つき権利を設定した場合について準用す
る。

（遺留分権利者に対する価額による弁償）
第1041条　受贈者及び受遺者は、減殺を受
けるべき限度において、贈与又は遺贈の
目的の価額を遺留分権利者に弁償して返
還の義務を免れることができる。

2　前項の規定は、前条第1項ただし書の
場合について準用する。

（減殺請求権の期間の制限）
第1042条　減殺の請求権は、遺留分権利者
が、相続の開始及び減殺すべき贈与又は
遺贈があったことを知った時から1年間
行使しないときは、時効によって消滅す
る。相続開始の時から10年を経過したと
きも、同様とする。

（遺留分の放棄）
第1043条　（同左）

（代襲相続及び相続分の規定の準用）
第1044条　第887条第2項及び第3項、第
900条、第901条、第903条並びに第904条
の規定は、遺留分について準用する。

（新設）

第1050条　被相続人に対して無償で療養看護その他の労務の提供をしたことにより被相続人の財産の維持又は増加について特別の寄与をした被相続人の親族（相続人、相続の放棄をした者及び第891条の規定に該当し又は廃除によってその相続権を失った者を除く。以下この条において「特別寄与者」という。）は、相続の開始後、相続人に対し、特別寄与者の寄与に応じた額の金銭（以下この条において「特別寄与料」という。）の支払を請求することができる。

2　前項の規定による特別寄与料の支払について、当事者間に協議が調わないとき、又は協議をすることができないときは、特別寄与者は、家庭裁判所に対して協議に代わる処分を請求することができる。ただし、特別寄与者が相続の開始及び相続人を知った時から6箇月を経過したとき、又は相続開始の時から1年を経過したときは、この限りでない。

3　前項本文の場合には、家庭裁判所は、寄与の時期、方法及び程度、相続財産の額その他一切の事情を考慮して、特別寄与料の額を定める。

4　特別寄与料の額は、被相続人が相続開始の時において有した財産の価額から遺贈の価額を控除した残額を超えることができない。

5　相続人が数人ある場合には、各相続人は、特別寄与料の額に第900条から第902条までの規定により算定した当該相続人の相続分を乗じた額を負担する。

2　家事事件手続法（平成23年法律第52号）　　　　　　　　　（下線部は改正部分）

新　法	旧　法
目次 　第2編　（略） 　　第2章　（略） 　　　<u>第18節　遺留分に関する審判事件 　　　　　（第216条）</u> 　　　<u>第18節の2　特別の寄与に関する審 　　　　　判事件（第216条の2― 　　　　　第216条の5）</u> （相続に関する審判事件の管轄権） **第3条の11**　裁判所は、相続に関する審判 　事件（別表第1の86の項から110の項ま 　で及び133の項並びに別表第2の11の項 　から<u>15の項</u>までの事項についての審判事 　件をいう。）について、相続開始の時に 　おける被相続人の住所が日本国内にある 　とき、住所がない場合又は住所が知れな 　い場合には相続開始の時における被相続 　人の居所が日本国内にあるとき、居所が 　ない場合又は居所が知れない場合には被 　相続人が相続開始の前に日本国内に住所 　を有していたとき（日本国内に最後に住 　所を有していた後に外国に住所を有して 　いたときを除く。）は、管轄権を有する。 2・3　（略） 4　当事者は、合意により、いずれの国の 　裁判所に遺産の分割に関する審判事件 　（別表第2の12の項から14の項までの事 　項についての審判事件をいう。第3条の 　14及び第191条第1項において同じ。）<u>及 　び特別の寄与に関する処分の審判事件 　（同表の15の項の事項についての審判事 　件をいう。第3条の14及び第216条の2 　において同じ。）</u>の申立てをすることが 　できるかについて定めることができる。 5　（略） （特別の事情による申立ての却下） **第3条の14**　裁判所は、第3条の2から前 　条までに規定する事件について日本の裁 　判所が管轄権を有することとなる場合	目次 　第2編　（同左） 　　第2章　（同左） 　　　<u>第18節　遺留分に関する審判事件 　　　　　（第216条）</u> 　　（新設） （相続に関する審判事件の管轄権） **第3条の11**　裁判所は、相続に関する審判 　事件（別表第1の86の項から110の項ま 　で及び133の項並びに別表第2の11の項 　から<u>14の項</u>までの事項についての審判事 　件をいう。）について、相続開始の時に 　おける被相続人の住所が日本国内にある 　とき、住所がない場合又は住所が知れな 　い場合には相続開始の時における被相続 　人の居所が日本国内にあるとき、居所が 　ない場合又は居所が知れない場合には被 　相続人が相続開始の前に日本国内に住所 　を有していたとき（日本国内に最後に住 　所を有していた後に外国に住所を有して 　いたときを除く。）は、管轄権を有する。 2・3　（同左） 4　当事者は、合意により、いずれの国の 　裁判所に遺産の分割に関する審判事件 　（別表第2の12の項から14の項までの事 　項についての審判事件をいう。第3条の 　14及び第191条第1項において同じ。）の 　申立てをすることができるかについて定 　めることができる。 5　（同左） （特別の事情による申立ての却下） **第3条の14**　裁判所は、第3条の2から前 　条までに規定する事件について日本の裁 　判所が管轄権を有することとなる場合

（遺産の分割に関する審判事件又は特別の寄与に関する処分の審判事件について、日本の裁判所にのみ申立てをすることができる旨の合意に基づき申立てがされた場合を除く。）においても、事案の性質、申立人以外の事件の関係人の負担の程度、証拠の所在地、未成年者である子の利益その他の事情を考慮して、日本の裁判所が審理及び裁判をすることが適正かつ迅速な審理の実現を妨げ、又は相手方がある事件について申立人と相手方との間の衡平を害することとなる特別の事情があると認めるときは、その申立ての全部又は一部を却下することができる。

（遺産の分割の審判事件を本案とする保全処分）

第200条　家庭裁判所（第105条第2項の場合にあっては、高等裁判所。次項及び第3項において同じ。）は、遺産の分割の審判又は調停の申立てがあった場合において、財産の管理のため必要があるときは、申立てにより又は職権で、担保を立てさせないで、遺産の分割の申立てについての審判が効力を生ずるまでの間、財産の管理者を選任し、又は事件の関係人に対し、財産の管理に関する事項を指示することができる。

2　家庭裁判所は、遺産の分割の審判又は調停の申立てがあった場合において、強制執行を保全し、又は事件の関係人の急迫の危険を防止するため必要があるときは、当該申立てをした者又は相手方の申立てにより、遺産の分割の審判を本案とする仮差押え、仮処分その他の必要な保全処分を命ずることができる。

3　前項に規定するもののほか、家庭裁判所は、遺産の分割の審判又は調停の申立てがあった場合において、相続財産に属する債務の弁済、相続人の生活費の支弁その他の事情により遺産に属する預貯金債権（民法第466条の5第1項に規定する預貯金債権をいう。以下この項において同じ。）を当該申立てをした者又は相

（遺産の分割に関する審判事件について、日本の裁判所にのみ申立てをすることができる旨の合意に基づき申立てがされた場合を除く。）においても、事案の性質、申立人以外の事件の関係人の負担の程度、証拠の所在地、未成年者である子の利益その他の事情を考慮して、日本の裁判所が審理及び裁判をすることが適正かつ迅速な審理の実現を妨げ、又は相手方がある事件について申立人と相手方との間の衡平を害することとなる特別の事情があると認めるときは、その申立ての全部又は一部を却下することができる。

（遺産の分割の審判事件を本案とする保全処分）

第200条　家庭裁判所（第105条第2項の場合にあっては、高等裁判所。次項において同じ。）は、遺産の分割の審判又は調停の申立てがあった場合において、財産の管理のため必要があるときは、申立てにより又は職権で、担保を立てさせないで、遺産の分割の申立てについての審判が効力を生ずるまでの間、財産の管理者を選任し、又は事件の関係人に対し、財産の管理に関する事項を指示することができる。

2　（同左）

（新設）

手方が行使する必要があると認めるとき
は、その申立てにより、遺産に属する特
定の預貯金債権の全部又は一部をその者
に仮に取得させることができる。ただ
し、他の共同相続人の利益を害するとき
は、この限りでない。

4　（略）

**（遺言執行者の解任の審判事件を本案と
する保全処分）**

第215条　家庭裁判所（第105条第2項の場
合にあっては、高等裁判所。第3項及び
第4項において同じ。）は、遺言執行者
の解任の申立てがあった場合において、
遺言の内容の実現のため必要があるとき
は、当該申立てをした者の申立てによ
り、遺言執行者の解任の申立てについて
の審判が効力を生ずるまでの間、遺言執
行者の職務の執行を停止し、又はその職
務代行者を選任することができる。

2～4　（略）

第18節　（略）

第216条　次の各号に掲げる審判事件は、
当該各号に定める地を管轄する家庭裁判
所の管轄に属する。

一　遺留分を算定するための財産の価額
を定める場合における鑑定人の選任の
審判事件（別表第1の109の項の事項
についての審判事件をいう。）　相続が
開始した地

二　（略）

2　（略）

第18節の2　特別の寄与に関する審
判事件

（管轄）

第216条の2　特別の寄与に関する処分の
審判事件は、相続が開始した地を管轄す
る家庭裁判所の管轄に属する。

（給付命令）

第216条の3　家庭裁判所は、特別の寄与
に関する処分の審判において、当事者に
対し、金銭の支払を命ずることができ
る。

（即時抗告）

3　（同左）

**（遺言執行者の解任の審判事件を本案と
する保全処分）**

第215条　家庭裁判所（第105条第2項の場
合にあっては、高等裁判所。第3項及び
第4項において同じ。）は、遺言執行者
の解任の申立てがあった場合において、
相続人の利益のため必要があるときは、
当該申立てをした者の申立てにより、遺
言執行者の解任の申立てについての審判
が効力を生ずるまでの間、遺言執行者の
職務の執行を停止し、又はその職務代行
者を選任することができる。

2～4　（同左）

第18節　（同左）

第216条　次の各号に掲げる審判事件は、
当該各号に定める地を管轄する家庭裁判
所の管轄に属する。

一　遺留分を算定する場合における鑑定
人の選任の審判事件（別表第1の109
の項の事項についての審判事件をい
う。）　相続が開始した地

二　（同左）

2　（同左）

（新設）

第216条の4　次の各号に掲げる審判に対しては、当該各号に定める者は、即時抗告をすることができる。
一　特別の寄与に関する処分の審判　申立人及び相手方
二　特別の寄与に関する処分の申立てを却下する審判　申立人
（特別の寄与に関する審判事件を本案とする保全処分）
第216条の5　家庭裁判所（第105条第2項の場合にあっては、高等裁判所）は、特別の寄与に関する処分についての審判又は調停の申立てがあった場合において、強制執行を保全し、又は申立人の急迫の危険を防止するため必要があるときは、当該申立てをした者の申立てにより、特別の寄与に関する処分の審判を本案とする仮差押え、仮処分その他の必要な保全処分を命ずることができる。

第233条　請求すべき按分割合に関する処分の審判事件（別表第2の16の項の事項についての審判事件をいう。）は、申立人又は相手方の住所地を管轄する家庭裁判所の管轄に属する。
2・3　（略）
第240条　（略）
2　扶養義務者の負担すべき費用額の確定の審判事件（別表第2の17の項の事項についての審判事件をいう。）は、扶養義務者（数人に対する申立てに係るものにあっては、そのうちの一人）の住所地を管轄する家庭裁判所の管轄に属する。
3～6　（略）
別表第1　（略）

項	事項	根拠となる法律の規定
（略）		
109	遺留分を算定するための財産の価額を定める場合における鑑定人の選任	民法第1043条第2項

第233条　請求すべき按分割合に関する処分の審判事件（別表第2の15の項の事項についての審判事件をいう。）は、申立人又は相手方の住所地を管轄する家庭裁判所の管轄に属する。
2・3　（同左）
第240条　（同左）
2　扶養義務者の負担すべき費用額の確定の審判事件（別表第2の16の項の事項についての審判事件をいう。）は、扶養義務者（数人に対する申立てに係るものにあっては、そのうちの一人）の住所地を管轄する家庭裁判所の管轄に属する。
3～6　（同左）
別表第1　（同左）

項	事項	根拠となる法律の規定
（同左）		
109	遺留分を算定する場合における鑑定人の選任	民法第1029条第2項

110	遺留分の放棄についての許可	民法<u>第1049条第1項</u>
(略)		

110	遺留分の放棄についての許可	民法<u>第1043条第1項</u>
(同左)		

別表第2　（略）

項	事項	根拠となる法律の規定
(略)		
遺産の分割		
(略)	(略)	(略)
特別の寄与		
<u>15</u>	特別の寄与に関する処分	<u>民法第1050条第2項</u>
厚生年金保険法		
<u>16</u>	(略)	(略)
生活保護法等		
<u>17</u>	(略)	(略)

別表第2　（同左）

項	事項	根拠となる法律の規定
(同左)		
遺産の分割		
(同左)	(同左)	(同左)
(新設)		
(新設)	(新設)	(新設)
厚生年金保険法		
<u>15</u>	(同左)	(同左)
生活保護法等		
<u>16</u>	(同左)	(同左)

（中略）

　　附　　則

（施行期日）

第1条　この法律は、公布の日から起算して1年を超えない範囲内において政令で定める日から施行する。ただし、次の各号に掲げる規定は、当該各号に定める日から施行する。

　一　附則第30条及び第31条の規定　公布の日

　二　第1条中民法第968条、第970条第2項及び第982条の改正規定並びに附則第6条の規定　公布の日から起算して6月を経過した日

　三　第1条中民法第998条、第1000条及び第1025条ただし書の改正規定並びに附則第7条及び第9条の規定　民法の一部を改正する法律（平成29年法律第44号）の施行の日

　四　第2条並びに附則第10条、第13条、第14条、第17条、第18条及び第23条から第26条までの規定　公布の日から起算して2年を超えない範囲内において政令で定める日

　五　第3条中家事事件手続法第3条の11及び第3条の14の改正規定並びに附則第11条第1項の規定　人事訴訟法等の一部を改正する法律（平成30年法律第20号）の施行の日又はこの法律の施行の日のいずれか遅い日

（民法の一部改正に伴う経過措置の原則）

第2条　この法律の施行の日（以下「施行日」という。）前に開始した相続については、この附則に特別の定めがある場合を除き、なお従前の例による。

（共同相続における権利の承継の対抗要件に関する経過措置）

第3条　第1条の規定による改正後の民法（以下「新民法」という。）第899条の2の規定は、施行日前に開始した相続に関し遺産の分割による債権の承継がされた場合において、施行日以後にその承継の通知がされるときにも、適用する。

（夫婦間における居住用不動産の遺贈又は贈与に関する経過措置）

第4条　新民法第903条第4項の規定は、施行日前にされた遺贈又は贈与については、適用しない。

（遺産の分割前における預貯金債権の行使に関する経過措置）

第5条　新民法第909条の2の規定は、施行日前に開始した相続に関し、施行日以後に預貯金債権が行使されるときにも、適用する。

2　施行日から附則第1条第3号に定める日の前日までの間における新民法第909条の2の規定の適用については、同条中「預貯金債権のうち」とあるのは、

「預貯金債権（預金口座又は貯金口座に係る預金又は貯金に係る債権をいう。以下同じ。）のうち」とする。

（自筆証書遺言の方式に関する経過措置）

第6条 附則第1条第2号に掲げる規定の施行の日前にされた自筆証書遺言については、新民法第968条第2項及び第3項の規定にかかわらず、なお従前の例による。

（遺贈義務者の引渡義務等に関する経過措置）

第7条 附則第1条第3号に掲げる規定の施行の日（以下「第3号施行日」という。）前にされた遺贈に係る遺贈義務者の引渡義務については、新民法第998条の規定にかかわらず、なお従前の例による。

2　第1条の規定による改正前の民法第1000条の規定は、第3号施行日前にされた第三者の権利の目的である財産の遺贈については、なおその効力を有する。

（遺言執行者の権利義務等に関する経過措置）

第8条 新民法第1007条第2項及び第1012条の規定は、施行日前に開始した相続に関し、施行日以後に遺言執行者となる者にも、適用する。

2　新民法第1014条第2項から第4項までの規定は、施行日前にされた特定の財産に関する遺言に係る遺言執行者によるその執行については、適用しない。

3　施行日前にされた遺言に係る遺言執行者の復任権については、新民法第1016条の規定にかかわらず、なお従前の例による。

（撤回された遺言の効力に関する経過措置）

第9条 第3号施行日前に撤回された遺言の効力については、新民法第1025条ただし書の規定にかかわらず、なお従前の例による。

（配偶者の居住の権利に関する経過措置）

第10条 第2条の規定による改正後の民法（次項において「第4号新民法」という。）第1028条から第1041条までの規定は、次項に定めるものを除き、附則第1条第4号に掲げる規定の施行の日（以下この条において「第4号施行日」という。）以後に開始した相続について適用し、第4号施行日前に開始した相続については、なお従前の例による。

2　第4号新民法第1028条から第1036条までの規定は、第4号施行日前にされた遺贈については、適用しない。

（家事事件手続法の一部改正に伴う経過措置）

第11条 第3条の規定による改正後の家事事件手続法（以下「新家事事件手続法」という。）第3条の11第4項の規定は、附則第1条第5号に掲げる規定の施行の日前にした特定の国の裁判所に特別の寄与に関する処分の審判事件（新家事事件手続法別表第2の15の項の事項についての審判事件をいう。）の申立てをすることができる旨の合意については、適用しない。

2　施行日から第3号施行日の前日までの間における新家事事件手続法第200条第3項の規定の適用については、同項中「民法第466条の5第1項に規定する

預貯金債権」とあるのは、「預金口座又は貯金口座に係る預金又は貯金に係る債権」とする。

（家事事件手続法の一部改正に伴う調整規定）

第12条　施行日が人事訴訟法等の一部を改正する法律の施行の日前となる場合には、同日の前日までの間における新家事事件手続法第216条の2及び別表第2の規定の適用については、同条中「審判事件」とあるのは「審判事件（別表第2の15の項の事項についての審判事件をいう。）」と、同表中「第197条」とあるのは「第197条、第216条の2」とする。

（以下略）

（趣旨）

第1条　この法律は、法務局（法務局の支局及び出張所、法務局の支局の出張所並びに地方法務局及びその支局並びにこれらの出張所を含む。次条第1項において同じ。）における遺言書（民法（明治29年法律第89号）第968条の自筆証書によってした遺言に係る遺言書をいう。以下同じ。）の保管及び情報の管理に関し必要な事項を定めるとともに、その遺言書の取扱いに関し特別の定めをするものとする。

（遺言書保管所）

第2条　遺言書の保管に関する事務は、法務大臣の指定する法務局が、遺言書保管所としてつかさどる。

2　前項の指定は、告示してしなければならない。

（遺言書保管官）

第3条　遺言書保管所における事務は、遺言書保管官（遺言書保管所に勤務する法務事務官のうちから、法務局又は地方法務局の長が指定する者をいう。以下同じ。）が取り扱う。

（遺言書の保管の申請）

第4条　遺言者は、遺言書保管官に対し、遺言書の保管の申請をすることができる。

2　前項の遺言書は、法務省令で定める様式に従って作成した無封のものでなければならない。

3　第1項の申請は、遺言者の住所地若しくは本籍地又は遺言者が所有する不動産の所在地を管轄する遺言書保管所（遺言者の作成した他の遺言書が現に遺言書保管所に保管されている場合にあっては、当該他の遺言書が保管されている遺言書保管所）の遺言書保管官に対してしなければならない。

4　第1項の申請をしようとする遺言者は、法務省令で定めるところにより、遺言書に添えて、次に掲げる事項を記載した申請書を遺言書保管官に提出しなければならない。

　一　遺言書に記載されている作成の年月日

　二　遺言者の氏名、出生の年月日、住所及び本籍（外国人にあっては、国籍）

　三　遺言書に次に掲げる者の記載があるときは、その氏名又は名称及び住所

　　イ　受遺者

　　ロ　民法第1006条第1項の規定により指定された遺言執行者

　四　前三号に掲げるもののほか、法務省令で定める事項

5　前項の申請書には、同項第2号に掲げる事項を証明する書類その他法務省令

で定める書類を添付しなければならない。

6　遺言者が第1項の申請をするときは、遺言書保管所に自ら出頭して行わなければならない。

（遺言書保管官による本人確認）

第5条　遺言書保管官は、前条第1項の申請があった場合において、申請人に対し、法務省令で定めるところにより、当該申請人が本人であるかどうかの確認をするため、当該申請人を特定するために必要な氏名その他の法務省令で定める事項を示す書類の提示若しくは提出又はこれらの事項についての説明を求めるものとする。

（遺言書の保管等）

第6条　遺言書の保管は、遺言書保管官が遺言書保管所の施設内において行う。

2　遺言者は、その申請に係る遺言書が保管されている遺言書保管所（第4項及び第8条において「特定遺言書保管所」という。）の遺言書保管官に対し、いつでも当該遺言書の閲覧を請求することができる。

3　前項の請求をしようとする遺言者は、法務省令で定めるところにより、その旨を記載した請求書に法務省令で定める書類を添付して、遺言書保管官に提出しなければならない。

4　遺言者が第2項の請求をするときは、特定遺言書保管所に自ら出頭して行わなければならない。この場合においては、前条の規定を準用する。

5　遺言書保管官は、第1項の規定による遺言書の保管をする場合において、遺言者の死亡の日（遺言者の生死が明らかでない場合にあっては、これに相当する日として政令で定める日）から相続に関する紛争を防止する必要があると認められる期間として政令で定める期間が経過した後は、これを廃棄することができる。

（遺言書に係る情報の管理）

第7条　遺言書保管官は、前条第1項の規定により保管する遺言書について、次項に定めるところにより、当該遺言書に係る情報の管理をしなければならない。

2　遺言書に係る情報の管理は、磁気ディスク（これに準ずる方法により一定の事項を確実に記録することができる物を含む。）をもって調製する遺言書保管ファイルに、次に掲げる事項を記録することによって行う。

一　遺言書の画像情報

二　第4条第4項第1号から第3号までに掲げる事項

三　遺言書の保管を開始した年月日

四　遺言書が保管されている遺言書保管所の名称及び保管番号

3　前条第5項の規定は、前項の規定による遺言書に係る情報の管理について準用する。この場合において、同条第5項中「廃棄する」とあるのは、「消去する」と読み替えるものとする。

（遺言書の保管の申請の撤回）

第8条　遺言者は、特定遺言書保管所の遺言書保管官に対し、いつでも、第4条第1項の申請を撤回することができる。

2　前項の撤回をしようとする遺言者は、法務省令で定めるところにより、その旨を記載した撤回書に法務省令で定める書類を添付して、遺言書保管官に提出しなければならない。

3　遺言者が第1項の撤回をするときは、特定遺言書保管所に自ら出頭して行わなければならない。この場合においては、第5条の規定を準用する。

4　遺言書保管官は、遺言者が第1項の撤回をしたときは、遅滞なく、当該遺言者に第6条第1項の規定により保管している遺言書を返還するとともに、前条第2項の規定により管理している当該遺言書に係る情報を消去しなければならない。

（遺言書情報証明書の交付等）

第9条　次に掲げる者（以下この条において「関係相続人等」という。）は、遺言書保管官に対し、遺言書保管所に保管されている遺言書（その遺言者が死亡している場合に限る。）について、遺言書保管ファイルに記録されている事項を証明した書面（第5項及び第12条第1項第3号において「遺言書情報証明書」という。）の交付を請求することができる。

一　当該遺言書の保管を申請した遺言者の相続人（民法第891条の規定に該当し又は廃除によってその相続権を失った者及び相続の放棄をした者を含む。以下この条において同じ。）

二　前号に掲げる者のほか、当該遺言書に記載された次に掲げる者又はその相続人（ロに規定する母の相続人の場合にあっては、ロに規定する胎内に在る子に限る。）

　　イ　第4条第4項第3号イに掲げる者

　　ロ　民法第781条第2項の規定により認知するものとされた子（胎内に在る子にあっては、その母）

　　ハ　民法第893条の規定により廃除する意思を表示された推定相続人（同法第892条に規定する推定相続人をいう。以下このハにおいて同じ。）又は同法第894条第2項において準用する同法第893条の規定により廃除を取り消す意思を表示された推定相続人

　　ニ　民法第897条第1項ただし書の規定により指定された祖先の祭祀を主宰すべき者

　　ホ　国家公務員災害補償法（昭和26年法律第191号）第17条の5第3項の規定により遺族補償一時金を受けることができる遺族のうち特に指定された者又は地方公務員災害補償法（昭和42年法律第121号）第37条第3項の規定により遺族補償一時金を受けることができる遺族のうち特に指定された者

ヘ　信託法（平成18年法律第108号）第３条第２号に掲げる方法によって信
　　託がされた場合においてその受益者となるべき者として指定された者若し
　　くは残余財産の帰属すべき者となるべき者として指定された者又は同法第
　　89条第２項の規定による受益者指定権等の行使により受益者となるべき者
　ト　保険法（平成20年法律第56号）第44条第１項又は第73条第１項の規定に
　　よる保険金受取人の変更により保険金受取人となるべき者
　チ　イからトまでに掲げる者のほか、これらに類するものとして政令で定め
　　る者
三　前二号に掲げる者のほか、当該遺言書に記載された次に掲げる者
　イ　第４条第４項第３号ロに掲げる者
　ロ　民法第830条第１項の財産について指定された管理者
　ハ　民法第839条第１項の規定により指定された未成年後見人又は同法第848
　　条の規定により指定された未成年後見監督人
　ニ　民法第902条第１項の規定により共同相続人の相続分を定めることを委
　　託された第三者、同法第908条の規定により遺産の分割の方法を定めるこ
　　とを委託された第三者又は同法第1006条第１項の規定により遺言執行者の
　　指定を委託された第三者
　ホ　著作権法（昭和45年法律第48号）第75条第２項の規定により同条第１項
　　の登録について指定を受けた者又は同法第116条第３項の規定により同条
　　第１項の請求について指定を受けた者
　ヘ　信託法第３条第２号に掲げる方法によって信託がされた場合においてそ
　　の受託者となるべき者、信託管理人となるべき者、信託監督人となるべき
　　者又は受益者代理人となるべき者として指定された者
　ト　イからヘまでに掲げる者のほか、これらに類するものとして政令で定め
　　る者
２　前項の請求は、自己が関係相続人等に該当する遺言書（以下この条及び次条
　第１項において「関係遺言書」という。）を現に保管する遺言書保管所以外の
　遺言書保管所の遺言書保管官に対してもすることができる。
３　関係相続人等は、関係遺言書を保管する遺言書保管所の遺言書保管官に対
　し、当該関係遺言書の閲覧を請求することができる。
４　第１項又は前項の請求をしようとする者は、法務省令で定めるところによ
　り、その旨を記載した請求書に法務省令で定める書類を添付して、遺言書保管
　官に提出しなければならない。
５　遺言書保管官は、第１項の請求により遺言書情報証明書を交付し又は第３項
　の請求により関係遺言書の閲覧をさせたときは、法務省令で定めるところによ
　り、速やかに、当該関係遺言書を保管している旨を遺言者の相続人並びに当該
　関係遺言書に係る第４条第４項第３号イ及びロに掲げる者に通知するものとす
　る。ただし、それらの者が既にこれを知っているときは、この限りでない。

（遺言書保管事実証明書の交付）

第10条　何人も、遺言書保管官に対し、遺言書保管所における関係遺言書の保管の有無並びに当該関係遺言書が保管されている場合には遺言書保管ファイルに記録されている第7条第2項第2号（第4条第4項第1号に係る部分に限る。）及び第4号に掲げる事項を証明した書面（第12条第1項第3号において「遺言書保管事実証明書」という。）の交付を請求することができる。

2　前条第2項及び第4項の規定は、前項の請求について準用する。

（遺言書の検認の適用除外）

第11条　民法第1004条第1項の規定は、遺言書保管所に保管されている遺言書については、適用しない。

（手数料）

第12条　次の各号に掲げる者は、物価の状況のほか、当該各号に定める事務に要する実費を考慮して政令で定める額の手数料を納めなければならない。

一　遺言書の保管の申請をする者　遺言書の保管及び遺言書に係る情報の管理に関する事務

二　遺言書の閲覧を請求する者　遺言書の閲覧及びそのための体制の整備に関する事務

三　遺言書情報証明書又は遺言書保管事実証明書の交付を請求する者　遺言書情報証明書又は遺言書保管事実証明書の交付及びそのための体制の整備に関する事務

2　前項の手数料の納付は、収入印紙をもってしなければならない。

（行政手続法の適用除外）

第13条　遺言書保管官の処分については、行政手続法（平成5年法律第88号）第2章の規定は、適用しない。

（行政機関の保有する情報の公開に関する法律の適用除外）

第14条　遺言書保管所に保管されている遺言書及び遺言書保管ファイルについては、行政機関の保有する情報の公開に関する法律（平成11年法律第42号）の規定は、適用しない。

（行政機関の保有する個人情報の保護に関する法律の適用除外）

第15条　遺言書保管所に保管されている遺言書及び遺言書保管ファイルに記録されている保有個人情報（行政機関の保有する個人情報の保護に関する法律（平成15年法律第58号）第2条第5項に規定する保有個人情報をいう。）については、同法第4章の規定は、適用しない。

（審査請求）

第16条　遺言書保管官の処分に不服がある者又は遺言書保管官の不作為に係る処分を申請した者は、監督法務局又は地方法務局の長に審査請求をすることができる。

2　審査請求をするには、遺言書保管官に審査請求書を提出しなければならな

い。

3　遺言書保管官は、処分についての審査請求を理由があると認め、又は審査請求に係る不作為に係る処分をすべきものと認めるときは、相当の処分をしなければならない。

4　遺言書保管官は、前項に規定する場合を除き、3日以内に、意見を付して事件を監督法務局又は地方法務局の長に送付しなければならない。この場合において、監督法務局又は地方法務局の長は、当該意見を行政不服審査法（平成26年法律第68号）第11条第2項に規定する審理員に送付するものとする。

5　法務局又は地方法務局の長は、処分についての審査請求を理由があると認め、又は審査請求に係る不作為に係る処分をすべきものと認めるときは、遺言書保管官に相当の処分を命じ、その旨を審査請求人のほか利害関係人に通知しなければならない。

6　法務局又は地方法務局の長は、審査請求に係る不作為に係る処分についての申請を却下すべきものと認めるときは、遺言書保管官に当該申請を却下する処分を命じなければならない。

7　第1項の審査請求に関する行政不服審査法の規定の適用については、同法第29条第5項中「処分庁等」とあるのは「審査庁」と、「弁明書の提出」とあるのは「法務局における遺言書の保管等に関する法律（平成30年法律第73号）第16条第4項に規定する意見の送付」と、同法第30条第1項中「弁明書」とあるのは「法務局における遺言書の保管等に関する法律第16条第4項の意見」とする。

（行政不服審査法の適用除外）

第17条　行政不服審査法第13条、第15条第6項、第18条、第21条、第25条第2項から第7項まで、第29条第1項から第4項まで、第31条、第37条、第45条第3項、第46条、第47条、第49条第3項（審査請求に係る不作為が違法又は不当である旨の宣言に係る部分を除く。）から第5項まで及び第52条の規定は、前条第1項の審査請求については、適用しない。

（政令への委任）

第18条　この法律に定めるもののほか、遺言書保管所における遺言書の保管及び情報の管理に関し必要な事項は、政令で定める。

　　　　附　　　則

　この法律は、公布の日から起算して2年を超えない範囲内において政令で定める日から施行する。

法務局における遺言書の保管等に関する政令（令和１.12.11政令第178号）

（趣旨）
第１条 この政令は、法務局における遺言書の保管等に関する法律（以下「法」という。）の規定による遺言書の保管及び情報の管理に関し必要な事項を定めるものとする。

（遺言書の保管の申請の却下）
第２条 遺言書保管官は、次の各号のいずれかに該当する場合には、理由を付した決定で、法第４条第１項の申請を却下しなければならない。
　一　当該申請が遺言者以外の者によるものであるとき、又は申請人が遺言者であることの証明がないとき。
　二　当該申請に係る遺言書が、法第１条に規定する遺言書でないとき、又は法第４条第２項に規定する様式に従って作成した無封のものでないとき。
　三　当該申請が法第４条第３項に規定する遺言書保管官に対してされたものでないとき。
　四　申請書が法第４条第４項に定めるところにより提出されなかったとき。
　五　申請書に法第４条第５項に規定する書類を添付しないとき。
　六　法第４条第６項の規定に違反して、遺言者が出頭しないとき。
　七　申請書又はその添付書類の記載が当該申請書の添付書類又は当該申請に係る遺言書の記載と抵触するとき。
　八　法第12条第１項の手数料を納付しないとき。

（遺言者の住所等の変更の届出）
第３条 遺言者は、法第４条第１項の申請に係る遺言書が遺言書保管所に保管されている場合において、同条第４項第２号又は第３号に掲げる事項に変更が生じたときは、速やかに、その旨を遺言書保管官に届け出なければならない。
２　前項の規定による届出は、同項の遺言書が保管されている遺言書保管所（次条第２項において「特定遺言書保管所」という。）以外の遺言書保管所の遺言書保管官に対してもすることができる。
３　第１項の規定による届出をしようとする遺言者は、法務省令で定めるところにより、変更が生じた事項を記載した届出書に法務省令で定める書類を添付して、遺言書保管官に提出しなければならない。

（遺言者による遺言書保管ファイルの記録の閲覧）
第４条 遺言者は、遺言書保管官に対し、いつでも、法第４条第１項の申請に係る遺言書に係る遺言書保管ファイルに記録された事項を法務省令で定める方法により表示したものの閲覧の請求をすることができる。
２　前項の請求は、特定遺言書保管所以外の遺言書保管所の遺言書保管官に対し

てもすることができる。

3　第1項の請求をしようとする遺言者は、法務省令で定めるところにより、その旨を記載した請求書に法務省令で定める書類を添付して、遺言書保管官に提出しなければならない。

4　遺言者が第1項の請求をするときは、遺言書保管所に自ら出頭して行わなければならない。この場合においては、法第5条の規定を準用する。

5　法第12条第1項（第2号に係る部分に限る。）及び第2項の規定は、第1項の閲覧を請求する者について準用する。

（遺言書の保管期間等）

第5条　法第6条第5項（法第7条第3項において準用する場合を含む。）の政令で定める日は、遺言者の出生の日から起算して120年を経過した日とする。

2　法第6条第5項の政令で定める期間は50年とし、法第7条第3項において準用する法第6条第5項の政令で定める期間は150年とする。

（遺言書情報証明書の送付請求等）

第6条　遺言書情報証明書又は遺言書保管事実証明書の交付を請求する場合において、その送付を求めるときは、情報通信技術を活用した行政の推進等に関する法律（平成14年法律第151号）第6条第1項の規定により同項に規定する電子情報処理組織を使用する方法により行う場合を除き、法務省令で定めるところにより、当該送付に要する費用を納付しなければならない。

（法第9条第1項第2号チの政令で定める者）

第7条　法第9条第1項第2号チの政令で定める者は、次に掲げる者とする。

一　国家公務員災害補償法（昭和26年法律第191号）以外の法令において引用し、準用し、又はその例によることとされる同法第17条の5第3項の規定により遺族補償一時金を受けることができる遺族のうち特に指定された者

二　災害救助法施行令（昭和22年政令第225号）第13条第3項の規定により遺族扶助金を受けることができる遺族のうち特に指定された者

三　警察官の職務に協力援助した者の災害給付に関する法律施行令（昭和27年政令第429号）第10条の5第3項の規定により遺族給付一時金を受けることができる遺族のうち特に指定された者

四　海上保安官に協力援助した者等の災害給付に関する法律施行令（昭和28年政令第62号）第11条第3項の規定により遺族給付一時金を受けることができる遺族のうち特に指定された者

五　非常勤消防団員等に係る損害補償の基準を定める政令（昭和31年政令第335号）第9条第3項の規定により遺族補償一時金を受けることができる遺族のうち特に指定された者

六　公立学校の学校医、学校歯科医及び学校薬剤師の公務災害補償の基準を定める政令（昭和32年政令第283号）第13条第3項の規定により遺族補償一時金を受けることができる遺族のうち特に指定された者

七　証人等の被害についての給付に関する法律施行令（昭和33年政令第227号）第12条第３項の規定により遺族給付一時金を受けることができる遺族のうち特に指定された者

八　前各号に掲げる者のほか、これらに類するものとして法務省令で定める者

（法第９条第１項第３号トの政令で定める者）

第８条　法第９条第１項第３号トの政令で定める者は、次に掲げる者とする。

一　著作権法（昭和45年法律第48号）第116条第２項ただし書の規定により同条第１項の請求についてその順位を別に定められた者

二　前号に掲げる者のほか、これに類するものとして法務省令で定める者

（関係相続人等による遺言書保管ファイルの記録の閲覧）

第９条　関係相続人等（法第９条第１項に規定する関係相続人等をいう。次条第３項第２号において同じ。）は、遺言書保管官に対し、遺言書保管所に保管されている関係遺言書（法第９条第２項に規定する関係遺言書をいい、その遺言者が死亡している場合に限る。以下この条において同じ。）について、遺言書保管ファイルに記録された事項を法務省令で定める方法により表示したものの閲覧の請求をすることができる。

2　前項の請求は、当該関係遺言書を現に保管する遺言書保管所以外の遺言書保管所の遺言書保管官に対してもすることができる。

3　第１項の請求をしようとする者は、法務省令で定めるところにより、その旨を記載した請求書に法務省令で定める書類を添付して、遺言書保管官に提出しなければならない。

4　遺言書保管官は、第１項の請求により遺言書保管ファイルに記録された事項を表示したものの閲覧をさせたときは、法務省令で定めるところにより、速やかに、当該関係遺言書を保管している旨を遺言者の相続人（民法（明治29年法律第89号）第891条の規定に該当し又は廃除によってその相続権を失った者及び相続の放棄をした者を含む。次条において同じ。）並びに当該関係遺言書に係る法第４条第４項第３号イ及びロに掲げる者に通知するものとする。ただし、それらの者が既にこれを知っているときは、この限りでない。

5　法第12条第１項（第２号に係る部分に限る。）及び第２項の規定は、第１項の閲覧を請求する者について準用する。

（申請書等の閲覧）

第10条　遺言者は、次に掲げる申請又は届出（以下「申請等」と総称する。）をした場合において、特別の事由があるときは、当該申請等をした遺言書保管所の遺言書保管官に対し、当該申請等に係る申請書若しくは届出書又はその添付書類（以下「申請書等」と総称する。）の閲覧の請求をすることができる。

一　法第４条第１項の申請

二　第３条第１項の規定による届出

2　遺言者は、法第８条第１項の撤回をした場合において、特別の事由があると

きは、当該撤回がされた遺言書保管所の遺言書保管官に対し、同条第2項の撤回書又はその添付書類（以下「撤回書等」と総称する。）の閲覧の請求をすることができる。

3　次に掲げる者は、申請等をした遺言者が死亡している場合において、特別の事由があるときは、当該申請等がされた遺言書保管所の遺言書保管官に対し、当該申請等に係る申請書等の閲覧の請求をすることができる。

一　当該遺言者の相続人

二　関係相続人等（前号に掲げる者を除く。）

三　当該申請等に係る申請書又は届出書に記載されている法第4条第4項第3号イ又はロに掲げる者（前2号に掲げる者を除く。）

4　次に掲げる者は、法第8条第1項の撤回をした遺言者が死亡している場合において、特別の事由があるときは、当該撤回がされた遺言書保管所の遺言書保管官に対し、当該撤回に係る撤回書等の閲覧の請求をすることができる。

一　当該遺言者の相続人

二　当該撤回がされた申請に係る遺言書に記載されていた法第4条第4項第3号イ又はロに掲げる者（前号に掲げる者を除く。）

5　前各項の請求をしようとする者は、法務省令で定めるところにより、その旨を記載した請求書に法務省令で定める書類を添付して、遺言書保管官に提出しなければならない。

6　遺言者が第1項又は第2項の請求をするときは、遺言書保管所に自ら出頭して行わなければならない。この場合においては、法第5条の規定を準用する。

7　法第12条第1項（第2号に係る部分に限る。）及び第2項の規定は、第1項から第4項までの閲覧を請求する者について準用する。

（行政機関の保有する情報の公開に関する法律の適用除外）

第11条　申請書等及び撤回書等については、行政機関の保有する情報の公開に関する法律（平成11年法律第42号）の規定は、適用しない。

（行政機関の保有する個人情報の保護に関する法律の適用除外）

第12条　申請書等及び撤回書等に記録されている保有個人情報（行政機関の保有する個人情報の保護に関する法律（平成15年法律第58号）第2条第5項に規定する保有個人情報をいう。）については、同法第4章の規定は、適用しない。

（事件の送付）

第13条　法第16条第4項の規定による事件の送付は、審査請求書の正本によってする。

（意見書の提出等）

第14条　法第16条第4項の意見を記載した書面（次項において「意見書」という。）は、正本及び当該意見を送付すべき審査請求人の数に行政不服審査法（平成26年法律第68号）第11条第2項に規定する審理員の数を加えた数に相当する通数の副本を提出しなければならない。

2 　法第16条第4項後段の規定による意見の送付は、意見書の副本によってする。

（行政不服審査法施行令の規定の読替え）

第15条　法第16条第1項の審査請求に関する行政不服審査法施行令（平成27年政令第391号）の規定の適用については、同令第6条第2項中「法第29条第5項」とあるのは「法務局における遺言書の保管等に関する法律（平成30年法律第73号）第16条第7項の規定により読み替えて適用する法第29条第5項」と、「弁明書の送付」とあるのは「法務局における遺言書の保管等に関する法律第16条第4項の意見の送付」と、「弁明書の副本」とあるのは「法務局における遺言書の保管等に関する政令（令和元年政令第178号）第14条第1項に規定する意見書の副本」とする。

（法務省令への委任）

第16条　この政令の実施のため必要な事項は、法務省令で定める。

　　　　附　　　則

この政令は、法の施行の日（令和2年7月10日）から施行する。

資料5 法務局における遺言書の保管等に関する省令（令和2.4.20法務省令第33号）

目次

第1章　総則

（遺言書等の持出禁止）

第1条　法務局における遺言書の保管等に関する法律（以下「法」という。）第4条第1項の申請に係る遺言書、申請書等（法務局における遺言書の保管等に関する政令（以下「令」という。）第10条第1項に規定する申請書等をいう。以下同じ。）、撤回書等（同条第2項に規定する撤回書等をいう。以下同じ。）及び遺言書保管ファイルは、事変を避けるためにする場合を除き、遺言書保管所外に持ち出してはならない。ただし、遺言書、申請書等及び撤回書等については、裁判所の命令又は嘱託があったときは、この限りでない。

（裁判所への遺言書等の送付）

第2条　裁判所から法第4条第1項の申請に係る遺言書、申請書等又は撤回書等を送付すべき命令又は嘱託があったときは、遺言書保管官は、その関係がある部分に限り、送付しなければならない。

（帳簿）

第3条　遺言書保管所には、次に掲げる帳簿を備えるものとする。
一　遺言書保管申請書等つづり込み帳
二　請求書類つづり込み帳
三　決定原本つづり込み帳
四　審査請求書類等つづり込み帳
五　遺言書保管関係帳簿保存簿
2　次の各号に掲げる帳簿には、当該各号に定める書類をつづり込むものとする。
一　遺言書保管申請書等つづり込み帳　申請書等及び撤回書等
二　請求書類つづり込み帳　法第6条第2項、第9条第1項及び第3項並びに第10条第1項並びに令第4条第1項、第9条第1項及び第10条第1項から第4項までの請求（第7条第1項及び第8条第1項において「閲覧請求等」と

いう。）に係る書類
　三　決定原本つづり込み帳　法第４条第１項の申請を却下した決定に係る決定書の原本
　四　審査請求書類等つづり込み帳　審査請求書その他の審査請求事件に関する書類
　3　遺言書保管関係帳簿保存簿には、遺言書保管ファイルを除く一切の遺言書保管関係帳簿の保存状況を記載するものとする。

（保存期間）

第４条　次の各号に掲げる帳簿の保存期間は、当該各号に定めるとおりとする。
　一　遺言書保管申請書等つづり込み帳　受付の日から10年間
　二　請求書類つづり込み帳　受付の日から５年間
　三　決定原本つづり込み帳　これにつづり込まれた決定書に係る決定の翌年度から５年間
　四　審査請求書類等つづり込み帳　これにつづり込まれた審査請求書の受付の年度の翌年度から５年間
　五　遺言書保管関係帳簿保存簿　作成の時から30年間

（遺言書等の廃棄等）

第５条　遺言書保管所において法第６条第５項（法第７条第３項において準用する場合を含む。）の規定により遺言書を廃棄し若しくは遺言書に係る情報を消去し又は帳簿を廃棄するときは、法務局又は地方法務局の長の認可を受けなければならない。

（記載の文字）

第６条　法第４条第４項の申請書、法第６条第３項の請求書その他の遺言書の保管に関する書面に記載する文字は、字画を明確にしなければならない。

（添付書類の省略）

第７条　同一の遺言書保管所の遺言書保管官に対し、同時に数個の申請等（令第10条第１項に規定する申請等をいう。次条第１項において同じ。）、法第８条第１項の撤回又は閲覧請求等をする場合において、各申請書、各届出書、各撤回書又は各請求書に添付すべき書類に内容が同一であるものがあるときは、１個の申請書、届出書、撤回書又は請求書のみに１通を添付すれば足りる。
　2　前項の場合には、他の各申請書、各届出書、各撤回書又は各請求書にその旨を記載しなければならない。

（添付書類の原本還付）

第８条　申請等、法第８条第１項の撤回又は閲覧請求等をした者は、申請書、届出書、撤回書又は請求書の添付書類の原本の還付を請求することができる。
　2　前項の規定により原本の還付を請求する者は、原本と相違ない旨を記載した謄本を提出しなければならない。
　3　遺言書保管官は、書類を還付したときは、その謄本に原本還付の旨を記載

し、これに押印しなければならない。

第2章　遺言書の保管の申請手続等

（遺言書の様式）

第9条　法第4条第2項の法務省令で定める様式は、別記第1号様式によるものとする。

（遺言書の保管の申請書の様式）

第10条　法第4条第4項の申請書は、別記第2号様式によるものとする。

（遺言書の保管の申請書の記載事項）

第11条　法第4条第4項第4号の法務省令で定める事項は、次に掲げる事項とする。

一　遺言者の戸籍の筆頭に記載された者の氏名

二　遺言者の電話番号その他の連絡先

三　申請をする遺言書保管官の所属する遺言書保管所が遺言者の住所地及び本籍地を管轄しないとき（次号の場合を除く。）は、遺言者が所有する不動産の所在地（当該遺言書保管所が管轄するものに限る。）

四　遺言者の作成した他の遺言書が現に遺言書保管所に保管されているときは、その旨

五　遺言書に法第9条第1項第2号（イを除く。）及び第3号（イを除く。）に掲げる者の記載があるときは、その氏名又は名称及び住所

六　遺言書の総ページ数

七　手数料の額

八　申請の年月日

九　遺言書保管所の表示

（遺言書の保管の申請書の添付書類）

第12条　法第4条第5項の法務省令で定める書類は、次に掲げる書類とする。

一　前条第1号に掲げる事項を証明する書類

二　遺言書が外国語により記載されているときは、日本語による翻訳文

2　法第4条第5項に規定する同条第4項第2号に掲げる事項を証明する書類及び前項第1号に掲げる書類で官庁又は公署の作成したものは、その作成後3月以内のものに限る。

（遺言書保管官による本人確認の方法）

第13条　法第5条（法第6条第4項及び第8条第3項、令第4条第4項及び第10条第6項並びに第19条第3項において準用する場合を含む。次条において同じ。）の規定による提示若しくは提出又は説明は、次のいずれかの方法によるものとする。

一　個人番号カード（行政手続における特定の個人を識別するための番号の利用等に関する法律（平成25年法律第27号）第2条第7項に規定する個人番号カードをいう。）、運転免許証（道路交通法（昭和35年法律第105号）第92条

第１項に規定する運転免許証をいう。）、運転経歴証明書（同法第104条の４
第５項（同法第105条第２項において準用する場合を含む。）に規定する運転
経歴証明書をいう。）、旅券等（出入国管理及び難民認定法（昭和26年政令第
319号）第２条第５号に規定する旅券及び同条第６号に規定する乗員手帳を
いう。ただし、書類の提示を行う者の氏名及び出生の年月日の記載があるも
のに限る。）、在留カード（同法第19条の３に規定する在留カードをいう。）
又は特別永住者証明書（日本国との平和条約に基づき日本の国籍を離脱した
者等の出入国管理に関する特例法（平成３年法律第71号）第７条に規定する
特別永住者証明書をいう。）を提示する方法

二　前号に掲げるもののほか、官公署から発行され、又は発給された書類その
他これに類する書類（氏名及び出生の年月日又は住所の記載があり、本人の
写真が貼付されたものに限る。）であって、当該書類の提示を行う者が本人
であることを確認することができるものとして遺言書保管官が適当と認める
ものを提示する方法

（申請人を特定するために必要な事項）

第14条　法第５条の法務省令で定める事項は、氏名及び出生の年月日又は住所と
する。

（保管証）

第15条　遺言書保管官は、法第４条第１項の申請に基づいて遺言書の保管を開始
したときは、遺言者に対し、保管証を交付しなければならない。

２　前項の保管証は、別記第３号様式により、次に掲げる事項を記録して作成す
るものとする。

一　遺言者の氏名及び出生の年月日

二　遺言書が保管されている遺言書保管所の名称及び保管番号

（保管証の送付の請求）

第16条　遺言者は、送付に要する費用を納付して、前条第１項の保管証の送付を
請求することができる。

２　前項の場合における保管証の送付は、遺言者の住所に宛てて、郵便又は民間
事業者による信書の送達に関する法律（平成14年法律第99号）第２条第６項に
規定する一般信書便事業者若しくは同条第９項に規定する特定信書便事業者に
よる同条第２項に規定する信書便（以下「信書便」という。）によってするも
のとする。

（保管証の交付を要しない場合）

第17条　遺言書保管官は、遺言者が、法第４条第１項の申請に基づいて遺言書の
保管を開始した時から３月を経過しても保管証を受領しないときは、第15条第
１項の規定にかかわらず、遺言者に対し、保管証を交付することを要しない。
この場合においては、同条第２項の規定により作成した保管証を廃棄すること
ができる。

（遺言書の保管の申請の却下の方式）

第18条 遺言書保管官は、法第4条第1項の申請を却下するときは、決定書を作成して、これを申請人に交付するものとする。

2 前項の交付は、当該決定書を送付する方法によりすることができる。

3 遺言書保管官は、法第4条第1項の申請を却下したときは、遺言書及び添付書類を還付するものとする。ただし、偽造された添付書類その他の不正な申請のために用いられた疑いがある添付書類については、この限りでない。

（遺言書の保管の申請の取下げ）

第19条 法第4条第1項の申請の取下げをしようとする申請人は、その旨を記載した取下書を遺言書保管官に提出しなければならない。

2 前項の取下げは、法第4条第1項の申請に基づいて遺言書の保管が開始された後は、することができない。

3 申請人が第1項の取下げをするときは、法第4条第1項の申請をした遺言書保管所に自ら出頭して行わなければならない。この場合においては、法第5条の規定を準用する。

4 遺言書保管官は、第1項の取下げがされたときは、遺言書並びに申請書及びその添付書類を還付するものとする。前条第3項ただし書の規定は、この場合について準用する。

（遺言書に係る情報の管理の方法）

第20条 遺言書保管官は、遺言書に係る情報の管理をするには、第11条第1号及び第5号に掲げる事項をも遺言書保管ファイルに記録しなければならない。

第3章 遺言者による遺言書の閲覧の請求手続等

（遺言者による遺言書の閲覧の請求の方式）

第21条 法第6条第3項の請求書は、別記第4号様式によるものとする。

2 前項の請求書には、次に掲げる事項を記載しなければならない。

　一 法第4条第4項第2号に掲げる事項及び第11条第2号に掲げる事項

　二 手数料の額

　三 請求の年月日

　四 遺言書保管所の表示

（遺言者による遺言書の閲覧の方法）

第22条 法第6条第2項の規定による遺言書の閲覧は、遺言書保管官又はその指定する職員の面前でさせるものとする。

（遺言者による遺言書保管ファイルの記録の閲覧の請求の方式）

第23条 第21条の規定は、令第4条第3項の請求書について準用する。

（遺言者による遺言書保管ファイルの記録の閲覧の方法）

第24条 令第4条第1項の法務省令で定める方法は、遺言書保管ファイルに記録されている次に掲げる事項を出力装置の映像面に表示する方法とする。

　一 法第7条第2項各号に掲げる事項

二　第11条第1号及び第5号に掲げる事項

2　第22条の規定は、令第4条第1項の規定による遺言書保管ファイルの記録の閲覧について準用する。

（遺言書の保管の申請の撤回の方式）

第25条　法第8条第2項の撤回書は、別記第5号様式によるものとする。

2　前項の撤回書には、次に掲げる事項を記載しなければならない。

一　法第4条第4項第2号に掲げる事項及び第11条第2号に掲げる事項

二　撤回の年月日

三　遺言書保管所の表示

（遺言書の保管の申請の撤回書の添付書類）

第26条　法第4条第4項第2号に掲げる事項に変更がある場合（令第3条第1項の規定により当該変更に係る届出がされている場合を除く。）における法第8条第2項の法務省令で定める書類は、当該変更を証明する書類とする。

（遺言書等の返還の手続）

第27条　遺言書保管官は、法第8条第4項の規定により遺言書を遺言者に返還するときは、当該遺言書を受領した旨を記載した受領書と引換えに返還するものとする。

2　遺言書保管官は、第12条第1項第2号の翻訳文を保存している場合において、法第8条第4項の規定により遺言書を遺言者に返還するときは、当該翻訳文についても当該遺言者に返還するものとする。この場合においては、前項の規定を準用する。

（遺言者の住所等の変更の届出の方式）

第28条　令第3条第3項（第30条第2項において準用する場合を含む。）の届出書は、別記第6号様式によるものとする。

2　前項の届出書には、次に掲げる事項を記載しなければならない。

一　法第4条第4項第2号に掲げる事項

二　法定代理人によって届出をするときは、当該法定代理人の氏名又は名称及び住所並びに法定代理人が法人であるときはその代表者の氏名

三　届出人又は法定代理人の電話番号その他の連絡先

四　令第3条第1項の変更が生じた事項

五　届出の年月日

六　遺言書保管所の表示

（遺言者の住所等の変更の届出書の添付書類）

第29条　令第3条第3項（次条第2項において準用する場合を含む。）の法務省令で定める書類は、次に掲げる書類とする。

一　変更が生じた法第4条第4項第2号に掲げる事項（次条第2項において準用する場合にあっては、変更が生じた第11条第1号に掲げる事項）を証明する書類

二　届出人の氏名及び出生の年月日又は住所と同一の氏名及び出生の年月日又
　　は住所が記載されている市町村長その他の公務員が職務上作成した証明書
　　（当該届出人が原本と相違がない旨を記載した謄本を含む。）
　三　法定代理人によって届出をするときは、戸籍謄本その他その資格を証明す
　　る書類で作成後３月以内のもの
（その他の変更の届出）
第30条　遺言者は、法第４条第１項の申請に係る遺言書が遺言書保管所に保管さ
　れている場合において、第11条第１号又は第５号に掲げる事項に変更が生じた
　ときは、その旨を遺言書保管官に届け出るものとする。
２　令第３条第２項及び第３項の規定は、前項の届出について準用する。
（遺言者による申請書等の閲覧の請求の方式）
第31条　令第10条第１項及び第２項の請求に係る同条第５項の請求書は、別記第
　７号様式によるものとする。
２　前項の請求書には、次に掲げる事項を記載しなければならない。
　一　法第４条第４項第２号に掲げる事項及び第11条第２号に掲げる事項
　二　閲覧を請求する申請書等又は撤回書等
　三　特別の事由
　四　手数料の額
　五　請求の年月日
　六　遺言書保管所の表示
（遺言者による申請書等の閲覧の方法）
第32条　第22条の規定は、令第10条第１項及び第２項の規定による申請書等及び
　撤回書等の閲覧について準用する。
　　　第４章　関係相続人等による遺言書情報証明書の交付の請求手続等
（関係相続人等による遺言書情報証明書の交付の請求の方式）
第33条　法第９条第１項の請求に係る同条第４項の請求書は、別記第８号様式に
　よるものとする。
２　前項の請求書には、次に掲げる事項を記載しなければならない。
　一　請求人の資格、氏名又は名称、出生の年月日又は会社法人等番号（商業登
　　記法（昭和38年法律第125号）第７条（他の法令において準用する場合を含
　　む。）に規定する会社法人等番号をいう。）及び住所並びに請求人が法人であ
　　るときはその代表者の氏名
　二　法定代理人によって請求するときは、当該法定代理人の氏名又は名称及び
　　住所並びに法定代理人が法人であるときはその代表者の氏名
　三　請求人又は法定代理人の電話番号その他の連絡先
　四　遺言者の氏名、出生の年月日、最後の住所、本籍（外国人にあっては、国
　　籍。以下同じ。）及び死亡の年月日
　五　法第９条第１項第１号に規定する相続人（当該相続人の地位を相続により

承継した者を除く。次項第3号並びに次条第1項第1号及び第2号において「相続人」という。）の氏名、出生の年月日及び住所

六　請求に係る証明書の通数

七　手数料の額

八　請求の年月日

九　遺言書保管所の表示

3　次の各号に掲げる場合は、当該各号に掲げる事項の記載を要しない。

一　請求人が遺言書保管事実証明書の写しを添付した場合　前項第4号に掲げる事項のうち遺言者の最後の住所、本籍及び死亡の年月日

二　請求人が遺言書情報証明書又は第48条第2項の書面の写しを添付した場合　前号に掲げる事項及び前項第5号に掲げる事項

三　請求人が不動産登記規則（平成17年法務省令第18号）第247条第5項の規定により交付を受けた同条第1項に規定する法定相続情報一覧図の写し（次条第1項第1号において「法定相続情報一覧図の写し」という。）（相続人の住所の記載があるものに限る。）を添付した場合（廃除された者がある場合を除く。）　前項第5号に掲げる事項

（関係相続人等による遺言書情報証明書の交付の請求書の添付書類）

第34条　法第9条第1項の請求に係る同条第4項の法務省令で定める書類は、次に掲げる書類とする。

一　遺言者を被相続人とする法定相続情報一覧図の写し（廃除された者がある場合には、法定相続情報一覧図の写し及びその者の戸籍の謄本、抄本又は記載事項証明書）又は遺言者（当該遺言者につき代襲相続がある場合には、被代襲者を含む。）の出生時からの戸籍及び除かれた戸籍の謄本若しくは全部事項証明書並びに相続人の戸籍の謄本、抄本又は記載事項証明書（遺言者又は相続人が外国人である場合には、これらに準ずるもの）

二　相続人の住所を証明する書類（官庁又は公署の作成したものは、その作成後3月以内のものに限る。）

三　請求人の氏名及び住所と同一の氏名及び住所が記載されている市町村長その他の公務員が職務上作成した証明書（当該請求人が原本と相違がない旨を記載した謄本を含む。）

四　請求人が法第9条第1項第1号に規定する相続人に該当することを理由として請求する場合は、当該相続人に該当することを証明する書類

五　請求人が法第9条第1項第2号に規定する相続人に該当することを理由として請求する場合は、当該相続人に該当することを証明する書類

六　請求人が法人であるときは、代表者の資格を証明する書類で作成後3月以内のもの

七　法定代理人によって請求するときは、戸籍謄本その他その資格を証明する書類で作成後3月以内のもの

2　前項の請求に係る遺言書について、既に遺言書情報証明書の交付がされ又は関係相続人等による閲覧がされている場合には、同項第1号及び第2号に掲げる書類の添付を要しない。

（遺言書情報証明書の作成方法）

第35条　遺言書情報証明書を作成するには、遺言書保管官は、次に掲げる事項を記載した書面の末尾に認証文を付した上で、作成の年月日及び職氏名を記載し、職印を押さなければならない。

一　法第7条第2項各号に掲げる事項

二　遺言書に記載された法第9条第1項第2号（イを除く。）及び第3号（イを除く。）に掲げる者の氏名又は名称及び住所

（遺言書情報証明書の交付の方法）

第36条　遺言書保管官は、次に掲げる方法によって遺言書情報証明書を交付しなければならない。

一　第13条各号に掲げる方法により請求人、その法定代理人又は請求人が法人であるときはその代表者が本人であることを確認して交付する方法

二　請求人又はその法定代理人の住所に宛てて郵便又は信書便により送付して交付する方法

（関係相続人等による遺言書の閲覧の請求の方式）

第37条　法第9条第3項の請求に係る同条第4項の請求書は、別記第9号様式によるものとする。

2　第33条第2項（第6号を除く。）及び第3項の規定は、前項の請求書について準用する。

（関係相続人等による遺言書の閲覧の請求書の添付書類）

第38条　第34条の規定は、法第9条第3項の請求に係る同条第4項の法務省令で定める書類について準用する。

（関係相続人等による遺言書の閲覧の方法）

第39条　遺言書保管官は、第13条各号に掲げる方法により請求人、その法定代理人又は請求人が法人であるときはその代表者が本人であることを確認して、法第9条第3項の規定による閲覧をさせなければならない。

2　第22条の規定は、法第9条第3項の規定による遺言書の閲覧について準用する。

（関係相続人等による遺言書保管ファイルの記録の閲覧の請求の方式）

第40条　第37条の規定は、令第9条第3項の請求書について準用する。

（関係相続人等による遺言書保管ファイルの記録の閲覧の請求書の添付書類）

第41条　第34条の規定は、令第9条第3項の法務省令で定める書類について準用する。

（関係相続人等による遺言書保管ファイルの記録の閲覧の方法）

第42条　第24条及び第39条第1項の規定は、令第9条第1項の規定による遺言書

保管ファイルの記録の閲覧について準用する。

（遺言書保管事実証明書の交付の請求の方式）

第43条　法第10条第2項において準用する法第9条第4項の請求書は、別記第10号様式によるものとする。

2　第33条第2項（第5号を除く。）の規定は、前項の請求書について準用する。

（遺言書保管事実証明書の交付の請求書の添付書類）

第44条　法第10条第2項において準用する法第9条第4項の法務省令で定める書類は、次に掲げる書類とする。

一　遺言者が死亡したことを証明する書類

二　請求人の氏名及び住所と同一の氏名及び住所が記載されている市町村長その他の公務員が職務上作成した証明書（当該請求人が原本と相違がない旨を記載した謄本を含む。）

三　請求人が法第9条第1項第1号に規定する相続人に該当することを理由として請求する場合は、当該相続人に該当することを証明する書類

四　請求人が法第9条第1項第2号に規定する相続人に該当することを理由として請求する場合は、当該相続人に該当することを証明する書類

五　請求人が法人であるときは、代表者の資格を証明する書類で作成後3月以内のもの

六　法定代理人によって請求するときは、戸籍謄本その他その資格を証明する書類で作成後3月以内のもの

2　請求人が第48条第2項の書面の写しを添付したときは、前条第2項において準用する第33条第2項第4号に掲げる事項のうち遺言者の最後の住所、本籍及び死亡の年月日の記載を要せず、かつ、前項第1号に掲げる書類の添付を要しない。

（遺言書保管事実証明書の作成方法）

第45条　遺言書保管事実証明書を作成するには、遺言書保管官は、次に掲げる事項を記載した書面の末尾に認証文を付した上で、作成の年月日及び職氏名を記載し、職印を押さなければならない。

一　関係遺言書の保管の有無

二　関係遺言書が保管されている場合にあっては、法第4条第4項第1号及び第7条第2項第4号に掲げる事項

三　請求人の資格、氏名又は名称及び住所

四　遺言者の氏名及び出生の年月日

（遺言書保管事実証明書の交付の方法）

第46条　第36条の規定は、法第10条第1項の規定による遺言書保管事実証明書の交付について準用する。

（令第七条第八号の法務省令で定める者）

第47条　令第7条第8号の法務省令で定める者は、次に掲げる者とする。

一　労働基準法施行規則（昭和22年厚生省令第23号）第43条第２項の規定により遺族補償を受けることができる遺族のうち特に指定された者

二　船員法施行規則（昭和22年運輸省令第23号）第63条第２項の規定により遺族手当を受けることができる遺族のうち特に指定された者

三　ハンセン病問題の解決の促進に関する法律施行規則（平成21年厚生労働省令第75号）第９条第２項第８号の規定により指定された特定配偶者等支援金を受けることができる遺族のうち特に指定された者

（関係遺言書保管通知）

第48条　遺言書保管官は、法第９条第５項本文の場合又は令第９条第４項本文の場合には、速やかに、関係遺言書を保管している旨を当該関係遺言書に記載された法第９条第１項第２号（イを除く。）及び第３号（イを除く。）に掲げる者にも通知するものとする。ただし、それらの者が既にこれを知っているときは、この限りでない。

２　法第９条第５項、令第９条第４項及び前項の通知は、関係遺言書を現に保管する遺言書保管所の遺言書保管官が、郵便又は信書便により書面を送付する方法により行うものとする。

３　前項の遺言書保管所以外の遺言書保管所の遺言書保管官は、法第９条第１項の請求により遺言書情報証明書を交付し又は令第９条第１項の請求により遺言書保管ファイルに記録された事項を表示したものの閲覧をさせたときは、遅滞なく、その旨を前項の遺言書保管所に通知しなければならない。

（関係相続人等による申請書等の閲覧の請求の方式）

第49条　令第10条第３項及び第４項の請求に係る同条第５項の請求書は、別記第11号様式によるものとする。

２　前項の請求書には、次に掲げる事項を記載しなければならない。

一　第33条第２項各号（第５号及び第６号を除く。）に掲げる事項

二　閲覧を請求する申請書等又は撤回書等

三　特別の事由

（関係相続人等による申請書等の閲覧の請求書の添付書類）

第50条　第44条の規定は、令第10条第３項又は第４項の請求に係る同条第５項の法務省令で定める書類について準用する。

（関係相続人等による申請書等の閲覧の方法）

第51条　第39条の規定は、令第10条第３項及び第４項の規定による申請書等及び撤回書等の閲覧について準用する。

　　　第５章　補則

（手数料等の納付の方法）

第52条　法第12条第２項（令第４条第５項、第９条第５項及び第10条第７項において準用する場合を含む。）の手数料の納付は、別記第12号様式による手数料納付用紙に、当該手数料の額に相当する収入印紙を貼ってしなければならな

い。

2　令第6条及び第16条第1項の送付に要する費用は、郵便切手又は信書便の役務に関する料金の支払のために使用することができる証票であって法務大臣の指定するもので納付しなければならない。

3　前項の指定は、告示してしなければならない。

　　　附　　則

（施行期日）

第1条　この省令は、法の施行の日（令和2年7月10日）から施行する。

（経過措置）

第2条　この省令の施行前に作成された遺言書（長辺方向の余白がいずれも20ミリメートル以上のものに限る。）については、この省令の施行の日から6月を経過する日までの間は、別記第1号様式備考第1号の規定中「日本産業規格A列四番」とあるのは「日本産業規格A列五番以上A列四番以下」と読み替えるものとし、同様式備考第4号の規定は適用しない。

別記第1号様式（第9条関係）

5ミリメートル以上

20ミリメートル以上

5ミリメートル以上

10ミリメートル以上

（備考）
1　用紙は，文字が明瞭に判読できる日本産業規格Ａ列四番の紙とする。
2　縦置き又は横置きかを問わず，縦書き又は横書きかを問わない。
3　各ページにページ番号を記載すること。
4　片面のみに記載すること。
5　数枚にわたるときであっても，とじ合わせないこと。
6　様式中の破線は，必要な余白を示すものであり，記載することを要しない。

別記第2号様式（第10条関係）

申請年月日 令和 ☐☐ 年 ☐☐ 月 ☐☐ 日

遺言書保管所の名称 ☐☐☐☐☐☐☐ （地方）法務局 ☐☐☐☐☐☐ 支局・出張所

遺言書の保管申請書

【遺言者欄】※保管の申請をする遺言者の氏名，住所等を記入してください。また，該当する☐にはレ印を記入してください。

遺言書の作成年月日	☐ 1：令和／2：平成／3：昭和 ☐☐ 年 ☐☐ 月 ☐☐ 日
遺言者の氏名	姓 ☐☐☐☐☐☐☐☐☐☐☐☐☐☐
	名 ☐☐☐☐☐☐☐☐☐☐☐☐☐☐
遺言者の氏名（フリガナ）	セイ ☐☐☐☐☐☐☐☐☐☐☐☐☐☐
	メイ ☐☐☐☐☐☐☐☐☐☐☐☐☐☐
遺言者の出生年月日	☐ 1：令和／2：平成／3：昭和／4：大正／5：明治 ☐☐ 年 ☐☐ 月 ☐☐ 日

遺言者の住所	〒 ☐☐☐ － ☐☐☐☐
	都道府県市区町村大字丁目 ☐☐☐☐☐☐☐☐☐☐☐☐☐☐☐☐☐☐☐☐☐☐☐☐
	番地 ☐☐☐☐☐☐☐☐☐☐☐☐☐☐
	建物名 ☐☐☐☐☐☐☐☐☐☐☐☐☐☐
遺言者の本籍	都道府県 ☐☐☐☐☐☐ 市区町村 ☐☐☐☐☐☐☐☐
	大字丁目 ☐☐☐☐☐☐☐☐☐☐☐☐☐☐
	番地 ☐☐☐☐☐☐☐☐☐☐☐☐☐☐
筆頭者の氏名 (注)筆頭者が遺言者と異なる場合は，記入してください。	☐ 遺言者と同じ
	姓 ☐☐☐☐☐☐☐☐☐☐☐☐☐☐
	名 ☐☐☐☐☐☐☐☐☐☐☐☐☐☐
遺言者の国籍（国又は地域） (注)外国人の場合のみ記入してください。	コード ☐☐ 国名・地域名 ☐☐☐☐☐☐☐☐☐☐☐☐
遺言者の電話番号 (注)ハイフン(－)は不要です。	☐☐☐☐☐☐☐☐☐☐☐

1001

ページ数 1／

【遺言者本人の確認・記入等欄】 ※以下の事項について，全て確認の上，記入してください。また，該当する☐にはレ印を記入してください。

☐ 遺言者が所有する不動産の所在地を管轄する遺言書保管所に保管の申請をする。

　(注) 不動産の所在地を記入してください。

都道府県	☐☐☐☐	市区町村	☐☐☐☐☐☐☐☐☐☐☐☐
大字丁目	☐☐☐☐		☐☐☐☐☐☐☐☐☐☐☐☐
番地	☐☐☐☐		☐☐☐☐☐☐☐☐☐☐☐☐

☐ 申請に係る遺言書は，私が作成した民法第968条の自筆証書による遺言書に相違ない。

☐ 現在，遺言書保管所に他の遺言書が保管されている。

① 他の遺言書が保管されている場合は，その保管番号を記入してください。

　(注) 複数ある場合には，備考欄に記入してください。

保管番号 H ☐☐☐☐ － ☐☐☐☐☐☐ － ☐☐☐☐☐☐☐☐ － ☐☐

② 上記①の遺言書が保管された後，氏名，出生年月日，住所，本籍(外国人にあっては，国籍(国又は地域))又は筆頭者の氏名に変更があった場合は，その変更内容を記入してください。

変更内容

☐ 上記①の保管番号の遺言書について，上記②の変更内容に基づく変更届出を行う。

　(注) 変更を証する書類を添付してください。

手数料の額

遺言者の署名又は記名押印

備考欄

遺言書の総ページ数 ☐☐☐☐ ページ

1002

ページ数 2／

254　資料5

【受遺者等・遺言執行者等欄】※遺言書に記載している受遺者等又は遺言執行者等の氏名，住所等を記入してください。また，該当する□にはレ印を記入してください。

受遺者等又は遺言執行者等の番号 [ ] 番
(注)受遺者等又は遺言執行者等の全員に対して通し番号を記入してください。

受遺者等又は遺言執行者等の別　□ 受遺者等　　□ 遺言執行者等
(注)受遺者等と遺言執行者等を兼ねる場合は，両方にレ印を記入してください。

氏名　姓 [　　　　　　　　　　　　　　　　　]
(注)法人の場合は，姓の欄に商号又は名称を記入してください。
　　　名 [　　　　　　　　　　　　　　　　　]

住所　〒 [　] [　] [　] － [　] [　] [　] [　]
(注)法人の場合は，本店又は主たる事務所の所在地を記入してください。
都道府県
市区町村
大字丁目 [　　　　　　　　　　　　　　　　　]
番地 [　　　　　　　　　　　　　　　　　]
建物名 [　　　　　　　　　　　　　　　　　]

出生年月日 [　] 1：令和／2：平成／3：昭和／4：大正／5：明治／6：不明(注)6：不明の場合，年月日は記入不要です。 [　][　]年 [　][　]月 [　][　]日
(注)法人の場合は，記入不要です。

会社法人等番号 [　　　　　　　　　　　　]
(注)法人の場合のみ記入してください。

受遺者等又は遺言執行者等の番号 [ ] 番
(注)受遺者等又は遺言執行者等の全員に対して通し番号を記入してください。

受遺者等又は遺言執行者等の別　□ 受遺者等　　□ 遺言執行者等
(注)受遺者等と遺言執行者等を兼ねる場合は，両方にレ印を記入してください。

氏名　姓 [　　　　　　　　　　　　　　　　　]
(注)法人の場合は，姓の欄に商号又は名称を記入してください。
　　　名 [　　　　　　　　　　　　　　　　　]

住所　〒 [　] [　] [　] － [　] [　] [　] [　]
(注)法人の場合は，本店又は主たる事務所の所在地を記入してください。
都道府県
市区町村
大字丁目 [　　　　　　　　　　　　　　　　　]
番地 [　　　　　　　　　　　　　　　　　]
建物名 [　　　　　　　　　　　　　　　　　]

出生年月日 [　] 1：令和／2：平成／3：昭和／4：大正／5：明治／6：不明(注)6：不明の場合，年月日は記入不要です。 [　][　]年 [　][　]月 [　][　]日
(注)法人の場合は，記入不要です。

会社法人等番号 [　　　　　　　　　　　　]
(注)法人の場合のみ記入してください。

(注)記入欄が不足する場合は，用紙を追加してください。

1003

ページ数 [　／　]

別記第3号様式（第15条第2項関係）

保管証

遺言者の氏名	
遺言者の出生の年月日	
遺言書が保管されている 遺言書保管所の名称	
保管番号	

上記の遺言者の申請に係る遺言書の保管を開始しました。

令和　年　月　日
　法務局

　　　　　　　　　　　　　　遺言書保管官　　　　　職印

別記第4号様式（第21条第1項関係）

請求年月日 令和 ☐☐ 年 ☐☐ 月 ☐☐ 日

請求先の遺言書保管所の名称 ☐☐☐☐☐ （地方）法務局 ☐☐☐☐☐ 支局・出張所

遺言書の閲覧の請求書（遺言者用）

【請求人欄】※請求人の氏名，住所等を記入してください。

請求人（遺言者）の氏名	セイ	
	姓	
	メイ	
	名	

| 請求人（遺言者）の出生年月日 | ☐ 1：令和／2：平成／3：昭和／4：大正／5：明治 ☐☐ 年 ☐☐ 月 ☐☐ 日 |

請求人（遺言者）の住所	〒 ☐☐☐ － ☐☐☐☐
	都道府県市区町村大字丁目	
	番地	
	建物名	

請求人（遺言者）の本籍	都道府県		市区町村	
	大字丁目			
	番地			

| 請求人（遺言者）の国籍（国又は地域） (注) 外国人の場合のみ記入してください。 | コード ☐☐ | 国名・地域名 | |

| 請求人（遺言者）の電話番号 (注) ハイフン（－）は不要です。 | ☐☐☐☐☐☐☐☐☐☐☐ |

4001

ページ数 1／

【請求対象の遺言書欄】※閲覧を請求する遺言書の保管番号等を記入してください。また，該当する□にはレ印を記入してください。

遺言書が保管されている遺言書保管所の名称		（地方）法務局		支局・出張所

請求対象の
遺言書の保管番号

(注) 請求対象の遺言書の保管番号を記入してください（複数ある場合は全て記入してください。）。
3通以上ある場合には備考欄に記入してください。

保管番号 H ☐☐☐☐ － ☐☐☐☐☐☐ － ☐☐☐☐☐☐☐☐ － ☐☐

　　　　 H ☐☐☐☐ － ☐☐☐☐☐☐ － ☐☐☐☐☐☐☐☐ － ☐☐

希望する閲覧の方法　　☐ モニターによる遺言書保管ファイルの記録の閲覧　　☐ 遺言書の閲覧

手数料の額　　　　遺言書保管ファイルの記録の閲覧
　　　　　　　　　遺言書の閲覧

請求人（遺言者）の署名又は記名押印	

備考欄	

4002

ページ数	2／

別記第5号様式（第25条第1項関係）

撤回年月日 令和 ☐☐ 年 ☐☐ 月 ☐☐ 日

保管先の遺言書保管所の名称 ☐☐☐☐☐ (地方)法務局 ☐☐☐☐☐ 支局・出張所

遺言書の保管の申請の撤回書

【遺言者欄】※保管の申請を撤回する遺言者の氏名，住所等を記入してください。

撤回をする者 (遺言者)の氏名	セイ	
	姓	☐☐☐☐☐☐☐☐☐☐☐☐☐☐☐
	メイ	
	名	☐☐☐☐☐☐☐☐☐☐☐☐☐☐☐

撤回をする者
(遺言者)の出生年月日 ☐ 1：令和／2：平成／3：昭和／4：大正／5：明治 ☐☐ 年 ☐☐ 月 ☐☐ 日

撤回をする者
(遺言者)の
住所 〒 ☐☐☐ － ☐☐☐☐

都道府県
市区町村
大字丁目

番地 ☐☐☐☐☐☐☐☐☐☐☐☐☐☐☐

建物名 ☐☐☐☐☐☐☐☐☐☐☐☐☐☐☐

撤回をする者
(遺言者)の
本籍

都道
府県 市区
町村 ☐☐☐☐☐☐☐☐☐☐☐☐☐☐☐

大字
丁目 ☐☐☐☐☐☐☐☐☐☐☐☐☐☐☐

番地 ☐☐☐☐☐☐☐☐☐☐☐☐☐☐☐

撤回をする者
(遺言者)の国籍
(国又は地域)
(注)外国人の場合のみ記入してください。

コード ☐☐ 国名・
地域名 ☐☐☐☐☐☐☐☐☐☐☐☐☐☐☐

撤回をする者
(遺言者)の電話番号
(注)ハイフン（－）は不要です。

☐☐☐☐☐☐☐☐☐☐☐

2001

ページ数 1／2

【撤回対象の遺言書欄】※以下の事項について，全て確認の上，記入してください。

本撤回書において保管の申請を撤回する遺言書は，遺言者が遺言書保管所に保管している全ての遺言書か，それとも一部の遺言書か。

☐ 1：全部の遺言書／2：一部の遺言書

撤回対象の遺言書の保管番号
(注) 撤回対象の遺言書の保管番号を全て記入してください(複数ある場合は全て記入してください。)。3通以上ある場合には備考欄に記入してください。

保管番号 H ☐☐☐☐ － ☐☐☐☐☐☐ － ☐☐☐☐☐☐☐☐ － ☐☐

H ☐☐☐☐ － ☐☐☐☐☐☐ － ☐☐☐☐☐☐☐☐ － ☐☐

遺言書が保管された後，氏名，出生年月日，住所，本籍(外国人にあっては，国籍(国又は地域))又は筆頭者の氏名に変更があった場合は，その変更内容を記入してください。
(注) 変更を証する書類を添付してください。

変更内容

撤回をする者
(遺言者)の署名又は記名押印

備考欄

【受領書】※撤回する遺言書を受領した際に記入していただきますので，あらかじめ記入しないでください。

撤回対象の遺言書を受領した。
(☐ 翻訳文を含む)　　　　　　　　　　令和 ☐☐ 年 ☐☐ 月 ☐☐ 日

撤回をする者(遺言者)の署名

2002

ページ数	2／2

別記第6号様式（第28条第1項関係）

届出年月日 令和 ☐☐ 年 ☐☐ 月 ☐☐ 日

届出先の遺言書保管所の名称 ☐☐☐☐☐☐☐ （地方）法務局 ☐☐☐☐ 支局・出張所

変更届出書

【届出人等欄】※変更の届出をする遺言者の氏名，住所等を記入してください。また，該当する☐にはレ印を記入してください。

届出人（遺言者）の氏名	セイ	
	姓	
	メイ	
	名	

届出人（遺言者）の出生年月日　☐ 1：令和／2：平成／3：昭和／4：大正／5：明治　☐☐ 年 ☐☐ 月 ☐☐ 日

届出人（遺言者）の住所　〒 ☐☐☐ － ☐☐☐☐

都道府県市区町村大字丁目	
番地	
建物名	

届出人（遺言者）の本籍	都道府県		市区町村	
	大字丁目			
	番地			

届出人（遺言者）の国籍（国又は地域）　コード ☐☐　国名・地域名 ☐☐☐☐☐☐☐☐
(注)外国人の場合のみ記入してください。

☐ 法定代理人による届出の有無
(注)法定代理人による届出の場合には，レ印を記入してください。
法定代理人の氏名及び住所

届出人（遺言者）又は法定代理人の電話番号 ☐☐☐☐☐☐☐☐☐☐☐
(注)ハイフン（－）は不要です。

遺言書が保管されている遺言書保管所の名称 ☐☐☐☐☐☐☐ （地方）法務局 ☐☐☐☐ 支局・出張所

変更対象の遺言書の保管番号　(注)変更対象の遺言書の保管番号を全て記入してください。
3通以上ある場合には備考欄に記入してください。

保管番号 H ☐☐☐☐ － ☐☐☐☐☐☐ － ☐☐☐☐☐☐ － ☐☐

H ☐☐☐☐ － ☐☐☐☐☐☐ － ☐☐☐☐☐☐ － ☐☐

3001

ページ数 1／

【変更内容欄】※変更が生じた内容を記入してください。

1

① 対象 ☐ 1：遺言者／2：受遺者等／3：遺言執行者等／4：その他

② 内容 ☐ 1：氏名（商号又は名称）／2：出生年月日／3：住所（本店又は主たる事務所の所在地）／4：本籍／
5：筆頭者の氏名／6：国籍（国又は地域）／7：会社法人等番号／8：その他

③ 氏名 姓 ☐☐☐☐☐☐☐☐☐☐☐☐☐☐☐

名 ☐☐☐☐☐☐☐☐☐☐☐☐☐☐☐

④ 変更年月日 令和 ☐☐ 年 ☐☐ 月 ☐☐ 日

⑤ 変更前

⑥ 変更後

2

① 対象 ☐ 1：遺言者／2：受遺者等／3：遺言執行者等／4：その他

② 内容 ☐ 1：氏名（商号又は名称）／2：出生年月日／3：住所（本店又は主たる事務所の所在地）／4：本籍／
5：筆頭者の氏名／6：国籍（国又は地域）／7：会社法人等番号／8：その他

③ 氏名 姓 ☐☐☐☐☐☐☐☐☐☐☐☐☐☐☐

名 ☐☐☐☐☐☐☐☐☐☐☐☐☐☐☐

④ 変更年月日 令和 ☐☐ 年 ☐☐ 月 ☐☐ 日

⑤ 変更前

⑥ 変更後

届出人（遺言者）
又は法定代理人の
署名又は記名押印

備考欄

3002

ページ数 ／

262 資料 5

別記第7号様式（第31条第1項関係）

請求年月日 令和 ☐☐ 年 ☐☐ 月 ☐☐ 日

請求先の遺言書保管所の名称 ☐☐☐☐ （地方）法務局 ☐☐☐☐ 支局・出張所

申請書等の閲覧の請求書（遺言者用）

【請求人欄】※請求人の氏名，住所等を記入してください。

請求人（遺言者）の氏名	セイ	
	姓	☐☐☐☐☐☐☐☐☐☐☐☐☐☐☐
	メイ	
	名	☐☐☐☐☐☐☐☐☐☐☐☐☐☐☐

請求人（遺言者）の出生年月日　☐ 1:令和/2:平成/3:昭和/4:大正/5:明治　☐☐ 年 ☐☐ 月 ☐☐ 日

請求人（遺言者）の住所	〒 ☐☐☐ － ☐☐☐☐
都道府県 市区町村 大字丁目	
番地	☐☐☐☐☐☐☐☐☐☐☐☐☐☐
建物名	☐☐☐☐☐☐☐☐☐☐☐☐☐☐

請求人（遺言者）の本籍	都道府県 ☐	市区町村 ☐
大字丁目	☐☐☐☐☐☐☐☐☐☐☐☐☐☐	
番地	☐☐☐☐☐☐☐☐☐☐☐☐☐☐	

請求人（遺言者）の国籍（国又は地域）　コード ☐☐　国名・地域名 ☐☐☐☐☐☐☐☐☐☐☐☐☐
(注) 外国人の場合のみ記入してください。

請求人（遺言者）の電話番号 ☐☐☐☐☐☐☐☐☐☐☐
(注) ハイフン（－）は不要です。

7001

ページ数 1／

【請求対象の申請書等欄】※閲覧を請求する申請書等に係る遺言書の保管番号等を記入してください。
また，該当する■にはレ印を記入してください。

| 遺言書保管所の名称 | | （地方）法務局 | | 支局・出張所 |

遺言書の保管番号　　　　(注)遺言書の保管番号を記入してください（複数ある場合は全て記入してください。）。
　　　　　　　　　　　　　　3通以上ある場合には，備考欄に記入してください。

H □□□□ － □□□□□□ － □□□□□□□□ － □□

H □□□□ － □□□□□□ － □□□□□□□□ － □□

請求対象の申請書等・
届出書等・撤回書等の種別　　　□ 保管申請書等　　□ 変更届出書等　　□ 撤回書等

閲覧を請求する特別の事由

手数料の額　[　　　　　　　]円

請求人（遺言者）の
署名又は記名押印

備考欄

7002

ページ数　| 2／

264　資料 5

別記第8号様式（第33条第1項関係）

請求年月日 令和 □□ 年 □□ 月 □□ 日

請求先の遺言書保管所の名称 ＿＿＿＿＿＿＿（地方）法務局＿＿＿＿＿＿ 支局・出張所

遺言書情報証明書の交付請求書

【請求人欄】※請求人の氏名，住所等を記入してください。また，該当する□にはレ印を記入してください。

請求人の資格 □ 1：相続人／2：相続人以外

請求人の氏名 姓 □□□□□□□□□□□□□□□
（注）法人の場合は，姓
の欄に商号又は名称を
記入してください。 名 □□□□□□□□□□□□□□□

請求人の出生年月日 □ 1：令和／2：平成／3：昭和／4：大正／5：明治 □□ 年 □□ 月 □□ 日
（注）法人の場合は，記入不要です。

請求人の
会社法人等番号 □□□□□□□□□□□□
（注）法人の場合のみ記入
してください。

請求人の住所 〒 □□□ － □□□□
（注）法人の場合
は，本店又は主 都道府県
たる事務所の所 市区町村
在地を記入して 大字丁目
ください。
番地 □□□□□□□□□□□□□□□
建物名 □□□□□□□□□□□□□□□

□ 法定代理人による請求の有無
（注）法定代理人による請求の場合には，
レ印を記入してください。
法定代理人の氏名及び住所

請求人又は法定代理人の電話番号 □□□□□□□□□□□
（注）ハイフン（－）は不要です。

5001

ページ数 1／

【請求対象の遺言書欄】※請求対象の遺言書の保管番号等を記入してください。

遺言者の氏名	セイ	
	姓	
	メイ	
	名	

遺言者の
出生年月日　□ 1:令和／2:平成／3:昭和／4:大正／5:明治　□□ 年 □□ 月 □□ 日

遺言者の住所　〒 □□□ － □□□□

都道府県
市区町村
大字丁目

番地

建物名

遺言者の本籍	都道府県		市区町村	
	大字丁目			
	番地			

遺言者の
国籍（国又は地域）　コード □□　国名・地域名
(注)外国人の場合のみ記入してください。

遺言者の死亡年月日　令和 □□ 年 □□ 月 □□ 日

遺言書が保管されている
遺言書保管所の名称　　（地方）法務局　　支局・出張所

請求対象の
遺言書の保管番号
(注)請求対象の遺言書の保管番号を記入してください（複数ある場合は，全て記入してください。）。
3通以上ある場合には備考欄に記入してください。

保管番号　H □□□□ － □□□□□ － □□□□□□□□ － □□

　　　　　H □□□□ － □□□□□ － □□□□□□□□ － □□

5002

ページ数	2／

266　資料 5

【請求人本人の確認・記入欄】※以下の事項について，該当するものがあれば□にレ印を記入してください。

- □ 遺言書情報証明書の交付を受けた。
- □ 遺言書の閲覧をした。
- □ 遺言書保管ファイルの記録の閲覧をした。
- □ 遺言書保管事実証明書の交付を受けた。
- □ 遺言書が保管されている旨の通知を受け取った。
  (注)請求書の記載や添付が必要とされている証明書などの書類を一部省略できる場合があります。

請求通数 [　　　] 通

手数料の額 [　　　　] 円

請求人又は法定代理人の
署名又は記名押印

備考欄

5003

【相続人欄】※遺言者の法定相続人全員の氏名等を記入してください。法定相続情報一覧図の写し（住所が記載されたもの）等を添付する場合は，本用紙の記入を省略することができます。

| 相続人の氏名 | 姓 | | | | | | | | | | | | | | | |
| | 名 | | | | | | | | | | | | | | | |

相続人の
出生年月日　□ 1：令和／2：平成／3：昭和／4：大正／5：明治　□□ 年 □□ 月 □□ 日

相続人の住所　〒 □□ － □□□□

都道府県
市区町村
大字丁目

番地

建物名

| 相続人の氏名 | 姓 | | | | | | | | | | | | | | | |
| | 名 | | | | | | | | | | | | | | | |

相続人の
出生年月日　□ 1：令和／2：平成／3：昭和／4：大正／5：明治　□□ 年 □□ 月 □□ 日

相続人の住所　〒 □□ － □□□□

都道府県
市区町村
大字丁目

番地

建物名

| 相続人の氏名 | 姓 | | | | | | | | | | | | | | | |
| | 名 | | | | | | | | | | | | | | | |

相続人の
出生年月日　□ 1：令和／2：平成／3：昭和／4：大正／5：明治　□□ 年 □□ 月 □□ 日

相続人の住所　〒 □□ － □□□□

都道府県
市区町村
大字丁目

番地

建物名

(注)記入欄が不足する場合は，用紙を追加してください。

5004

ページ数　／

別記第９号様式（第37条第１項関係）

請求先の遺言書保管所の名称 ☐☐☐☐☐ （地方）法務局 ☐☐☐☐ 支局・出張所

遺言書の閲覧の請求書（関係相続人等用）

【請求人欄】※請求人の氏名，住所等を記入してください。また，該当する☐にはレ印を記入してください。

請求人の資格	☐ 1：相続人／2：相続人以外

請求人の氏名
(注) 法人の場合は，
姓の欄に商号又は
名称を記入してく
ださい。

姓 ☐☐☐☐☐☐☐☐☐☐☐☐☐☐☐

名 ☐☐☐☐☐☐☐☐☐☐☐☐☐☐☐

請求人の出生年月日
(注) 法人の場合は，記入不要です。

☐ 1：令和／2：平成／3：昭和／4：大正／5：明治 ☐☐ 年 ☐☐ 月 ☐☐ 日

請求人の
会社法人等番号
(注) 法人の場合のみ記入
してください。

☐☐☐☐☐☐☐☐☐☐☐☐

請求人の住所
(注) 法人の場合
は，本店又は主
たる事務所の所
在地を記入して
ください。

〒 ☐☐☐ － ☐☐☐☐

都道府県
市区町村
大字丁目 ☐☐☐☐☐☐☐☐☐☐☐☐☐☐☐☐☐

番地 ☐☐☐☐☐☐☐☐☐☐☐☐☐☐☐☐☐

建物名 ☐☐☐☐☐☐☐☐☐☐☐☐☐☐☐☐☐

☐ 法定代理人による請求の有無
(注) 法定代理人による請求の場合には，
レ印を記入してください。
法定代理人の氏名及び住所

請求人又は法定代理人の電話番号
(注) ハイフン（－）は不要です。

☐☐☐☐☐☐☐☐☐☐☐

4101

ページ数 1／

【請求対象の遺言書欄】※閲覧を請求する遺言書の保管番号等を記入してください。また，該当する□には
レ印を記入してください。

遺言者の氏名	セイ	
	姓	
	メイ	
	名	

遺言者の
出生年月日　□ 1：令和／2：平成／3：昭和／4：大正／5：明治　□□ 年 □□ 月 □□ 日

遺言者の住所　〒 □□□ － □□□□

都道府県
市区町村
大字丁目

番地

建物名

遺言者の本籍　都道
府県　　　　　市区
町村

大字
丁目

番地

遺言者の
国籍（国又は地域）　コード □□　国名・
地域名
(注) 外国人の場合のみ記
入してください。

遺言者の死亡年月日　令和 □□ 年 □□ 月 □□ 日

遺言書が保管されている
遺言書保管所の名称　　　　　　　　（地方）法務局　　　　　　　支局・出張所

請求対象の
遺言書の保管番号　(注) 請求対象の遺言書の保管番号を記入してください（複数ある場合は全て記入してください。）。
3通以上ある場合には，備考欄に記入してください。

H □□□□ － □□□□□□ － □□□□□□ － □□

H □□□□ － □□□□□□ － □□□□□□ － □□

希望する閲覧の方法　□ モニターによる遺言書保管ファイルの記録の閲覧　□ 遺言書の閲覧

手数料の額　遺言書保管ファイルの記録の閲覧
　　　　　　遺言書の閲覧

4102

ページ数　2／

270　資料 5

【請求人本人の確認・記入欄】※以下の項目について，該当するものがあれば□にレ印を記入してください。

- ☐ 遺言書情報証明書の交付を受けた。
- ☐ 遺言書の閲覧をした。
- ☐ 遺言書保管ファイルの記録の閲覧をした。
- ☐ 遺言書保管事実証明書の交付を受けた。
- ☐ 遺言書が保管されている旨の通知を受け取った。

(注)請求書の記載や添付が必要とされている証明書などの書類を一部省略できる場合があります。

請求人又は法定代理人の署名又は記名押印	
備考欄	

4103

ページ数　3／

【相続人欄】 ※遺言者の法定相続人全員の氏名等を記入してください。法定相続情報一覧図の写し（住所が記載されたもの）等を添付する場合は，本用紙の記入を省略することができます。

相続人の氏名　姓 ☐☐☐☐☐☐☐☐☐☐☐☐☐☐☐

　　　　　　　名 ☐☐☐☐☐☐☐☐☐☐☐☐☐☐☐

相続人の
出生年月日　☐ 1：令和／2：平成／3：昭和／4：大正／5：明治　☐☐年☐☐月☐☐日

相続人の住所　〒 ☐☐☐－☐☐☐☐

都道府県
市区町村
大字丁目 ☐

番地 ☐☐☐☐☐☐☐☐☐☐☐☐☐☐

建物名 ☐☐☐☐☐☐☐☐☐☐☐☐☐☐

相続人の氏名　姓 ☐☐☐☐☐☐☐☐☐☐☐☐☐☐☐

　　　　　　　名 ☐☐☐☐☐☐☐☐☐☐☐☐☐☐☐

相続人の
出生年月日　☐ 1：令和／2：平成／3：昭和／4：大正／5：明治　☐☐年☐☐月☐☐日

相続人の住所　〒 ☐☐☐－☐☐☐☐

都道府県
市区町村
大字丁目 ☐

番地 ☐☐☐☐☐☐☐☐☐☐☐☐☐☐

建物名 ☐☐☐☐☐☐☐☐☐☐☐☐☐☐

相続人の氏名　姓 ☐☐☐☐☐☐☐☐☐☐☐☐☐☐☐

　　　　　　　名 ☐☐☐☐☐☐☐☐☐☐☐☐☐☐☐

相続人の
出生年月日　☐ 1：令和／2：平成／3：昭和／4：大正／5：明治　☐☐年☐☐月☐☐日

相続人の住所　〒 ☐☐☐－☐☐☐☐

都道府県
市区町村
大字丁目 ☐

番地 ☐☐☐☐☐☐☐☐☐☐☐☐☐☐

建物名 ☐☐☐☐☐☐☐☐☐☐☐☐☐☐

（注）記入欄が不足する場合は，用紙を追加してください。

4104

ページ数 ／

別記第10号様式 （第43条第1項関係）

請求年月日 令和 ☐☐ 年 ☐☐ 月 ☐☐ 日

請求先の遺言書保管所の名称 ☐☐☐☐☐☐☐☐ （地方）法務局 ☐☐☐☐☐☐ 支局・出張所

遺言書保管事実証明書の交付請求書

【請求人欄】※請求人の氏名，住所等を記入してください（太線枠内を複写して証明書を作成する場合があるため，字画をはっきりと記入してください。）。また，該当する☐にはレ印を記入してください。

請求人の資格 ☐ 1：相続人／2：相続人以外

請求人の
氏名又は名称 姓 ☐☐☐☐☐☐☐☐☐☐☐☐☐☐☐

名 ☐☐☐☐☐☐☐☐☐☐☐☐☐☐☐

請求人の住所 〒 ☐☐☐ － ☐☐☐☐

都道府県
市区町村
大字丁目 ☐☐☐☐☐☐☐☐☐☐☐☐☐☐☐☐☐

番地 ☐☐☐☐☐☐☐☐☐☐☐☐☐☐☐

建物名 ☐☐☐☐☐☐☐☐☐☐☐☐☐☐☐

（注）1．法人の場合は，「請求人の氏名又は名称」の姓の欄に商号又は名称，「請求人の住所」に本店又は主たる事務所の所在地を記入してください。
　　　2．記入枠が足りない場合には，太線枠内の余白に記入してください。

請求人の
出生年月日 ☐ 1：令和／2：平成／3：昭和／4：大正／5：明治 ☐☐ 年 ☐☐ 月 ☐☐ 日
（注）法人の場合は，記入不要です。

請求人の
会社法人等番号 ☐☐☐☐☐☐☐☐☐☐☐☐
（注）法人の場合のみ記入してください。

☐ 法定代理人による請求の有無
（注）法定代理人による請求の場合には，
レ印を記入してください。
法定代理人の氏名及び住所

請求人又は法定代理人の電話番号 ☐☐☐☐☐☐☐☐☐☐☐
（注）ハイフン（－）は不要です。

請求人又は法定代理人の
署名又は記名押印

備考欄

6001

ページ数 1／

【請求対象の遺言書欄】※請求対象の遺言書の保管番号等を記入してください（太線枠内を複写して証明書を作成する場合があるため，字画をはっきりと記入してください。）。

遺言者の氏名	セイ																
	姓																
	メイ																
	名																

遺言者の
出生の年月日　　□　1：令和／2：平成／3：昭和／4：大正／5：明治　　□□ 年 □□ 月 □□ 日

(注)記入枠が足りない場合には，太線枠内の余白に記入してください。

遺言者の住所	〒	□□□ － □□□□

都道府県
市区町村
大字丁目

番地

建物名

遺言者の本籍　都道府県　　　市区町村

大字丁目

番地

遺言者の
国籍（国又は地域）　コード □□　　国名・地域名
(注)外国人の場合のみ記入してください。

遺言者の死亡年月日　　令和 □□ 年 □□ 月 □□ 日

遺言書が保管されている
遺言書保管所の名称　　　　　　　（地方）法務局　　　　　　支局・出張所

保管されている
遺言書の保管番号　　(注)保管されている遺言書の保管番号を記入してください（複数ある場合は全て記入してください。）。
2通以上ある場合には，備考欄に記入してください。

H □□□□ － □□□□□□ － □□□□□□□□ － □□

請求通数　□□□ 通

手数料の額　□□□□□ 円

6002

ページ数	2／

別記第11号様式（第49条第1項関係）

請求年月日 令和 □□ 年 □□ 月 □□ 日

請求先の遺言書保管所の名称 _____ （地方）法務局 _____ 支局・出張所

申請書等の閲覧の請求書（関係相続人等用）

【請求人欄】※請求人の氏名，住所等を記入してください。また，該当する□にはレ印を記入してください。

請求人の資格	□ 1：相続人／2：相続人以外
請求人の氏名 （注）法人の場合は，姓の欄に商号又は名称を記入してください。	姓 □□□□□□□□□□□□□□□ 名 □□□□□□□□□□□□□□□
請求人の 出生年月日 （注）法人の場合は，記入不要です。	□ 1：令和／2：平成／3：昭和／4：大正／5：明治　□□ 年 □□ 月 □□ 日
請求人の 会社法人等番号 （注）法人の場合のみ記入してください。	□□□□□□□□□□□□
請求人の住所 （注）法人の場合は，本店又は主たる事務所の所在地を記入してください。	〒 □□□ － □□□□ 都道府県市区町村大字丁目 _____ 番地 □□□□□□□□□□□□□□□□ 建物名 □□□□□□□□□□□□□□□
□ 法定代理人による請求の有無 （注）法定代理人による請求の場合には，レ印を記入してください。 法定代理人の氏名及び住所	_____
請求人又は法定代理人の電話番号 （注）ハイフン（－）は不要です。	□□□□□□□□□□□

請求人又は法定代理人の 署名又は記名押印	
備考欄	

7101

ページ数 　1／

【請求対象の申請書等欄】※閲覧を請求する申請書等に係る遺言書の保管番号等を記入してください。
また，該当する□にはレ印を記入してください。

遺言者の氏名	セイ															
	姓															
	メイ															
	名															

遺言者の
出生年月日　□ 1：令和／2：平成／3：昭和／4：大正／5：明治　□□ 年 □□ 月 □□ 日

遺言者の住所　〒 □□□ － □□□□

都道府県
市区町村
大字丁目

番地

建物名

遺言者の本籍　都道府県　　　　市区町村

大字丁目

番地

遺言者の国籍
（国又は地域）　コード □□　国名・地域名
(注)外国人の場合のみ記入してください。

遺言者の死亡年月日　令和 □□ 年 □□ 月 □□ 日

遺言書保管所の名称　　　　　　（地方）法務局　　　　支局・出張所

遺言書の保管番号
(注)遺言書の保管番号を記入してください（複数ある場合は全て記入してください。）。
3通以上ある場合には，備考欄に記入してください。

H □□□□ － □□□□ － □□□□□□□□ － □□
H □□□□ － □□□□ － □□□□□□□□ － □□

請求対象の申請書等・
届出書等・撤回書等の種別　　□ 保管申請書等　　□ 変更届出書等　　□ 撤回書等

閲覧を請求
する特別の
事由

手数料の額 □□□□□□ 円

7102

ページ数	2／

手数料納付用紙

（地方）法務局 　　　支局・出張所　御中

（申請人・請求人の表示）

住所＿＿＿＿＿＿＿＿＿＿＿＿＿＿＿＿＿＿

＿＿＿＿＿＿＿＿＿＿＿＿＿＿＿＿＿＿＿＿

＿＿＿＿＿＿＿＿＿＿＿＿＿＿＿＿＿＿＿＿

＿＿＿＿＿＿＿＿＿＿＿＿＿＿＿＿＿＿＿＿

氏名又は名称＿＿＿＿＿＿＿＿＿＿＿＿＿＿

＿＿＿＿＿＿＿＿＿＿＿＿＿＿＿＿＿＿＿＿

（法定代理人の表示）

住所＿＿＿＿＿＿＿＿＿＿＿＿＿＿＿＿＿＿

＿＿＿＿＿＿＿＿＿＿＿＿＿＿＿＿＿＿＿＿

＿＿＿＿＿＿＿＿＿＿＿＿＿＿＿＿＿＿＿＿

氏名＿＿＿＿＿＿＿＿＿＿＿＿＿＿＿＿＿＿

＿＿＿＿＿＿＿＿＿＿＿＿＿＿＿＿＿＿＿＿

（その他）

納付金額＿＿＿＿＿＿＿＿＿＿＿円＿

年　月　日	担　当

```
- - - - - - 印紙貼付欄 - - - - - -
収入印紙は，割印をしないで，印紙貼付欄に
貼り付けてください。
```

ページ数	／

　法務局における遺言書の保管等に関する法律関係手数料令（令和２.３.23政令第55号）

（遺言書の保管の申請等に係る手数料の額）

第１条　法務局における遺言書の保管等に関する法律（以下「法」という。）第12条第１項の規定により納付すべき手数料の額は、次の表のとおりとする。

納付しなければならない者	金額
1　遺言書の保管の申請をする者	1件につき3900円
2　遺言書の閲覧を請求する者	1回につき1700円
3　遺言書情報証明書の交付を請求する者	1通につき1400円
4　遺言書保管事実証明書の交付を請求する者	1通につき800円

（遺言書保管ファイルの記録の閲覧等に係る手数料の額）

第２条　法務局における遺言書の保管等に関する政令（令和元年政令第178号。以下「令」という。）第４条第５項、第９条第５項及び第10条第７項において準用する法第12条第１項（第２号に係る部分に限る。）の規定により納付すべき手数料の額は、次の表のとおりとする。

納付しなければならない者	金額
1　遺言書保管ファイルに記録された事項を法務省令で定める方法により表示したものの閲覧を請求する者	1回につき1400円
2　申請書等（令第10条第１項に規定する申請書等をいう。この項の下欄において同じ。）又は撤回書等（同条第２項に規定する撤回書等をいう。同欄において同じ。）の閲覧を請求する者	1の申請に関する申請書等又は1の撤回に関する撤回書等につき1700円

　　　附　　則

　この政令は、法の施行の日（令和２年７月10日）から施行する。

第１章　総則

（趣旨）

第１条　法務局における遺言書の保管等に関する法律（平成30年法律第73号。以下「法」という。）第２条第１項に規定する法務大臣の指定する法務局が遺言書保管所としてつかさどる事務の取扱いについては、法令に定めるもののほか、この準則によるものとする。

（事故等の報告）

第２条　遺言書保管官は、遺言書の保管に関する事務に関して事故その他の異状を認めたときは、速やかに、当該遺言書保管官を監督する法務局又は地方法務局の長にその旨を報告するものとする。

（遺言書保管官の交替）

第３条　遺言書保管官は、その事務を交替するときは、法第４条第１項の申請に係る遺言書のほか、遺言書保管ファイル、申請書等（法務局における遺言書の保管等に関する政令（令和元年政令第178号。以下「令」という。）第10条第１項に規定する申請書等をいう。以下同じ。）及び撤回書等（同条第２項に規定する撤回書等をいう。以下同じ。）その他の帳簿等を点検した上で、事務を引き継ぐものとする。

２　前項の規定により事務の引継ぎを受けた遺言書保管官は、引き継いだ帳簿等を調査して、当該遺言書保管官を監督する法務局又は地方法務局の長にその調査結果を記載した別記第１号様式による報告書を提出するものとする。

（遺言書保管官の職務の代行）

第４条　遺言書保管官が出張その他の事由により職務を行うことができないときは、法務局又は地方法務局の長は、その職務を代行する者を定めることができる。

（遺言書の保管の方法）

第５条　遺言書保管官は、遺言書を保管番号の順序に従ってつづり込んで保管するものとする。

（遺言書の適切な保管）

第6条　遺言書保管官は、遺言書の滅失又は毀損の防止その他の遺言書の適切な保管のために必要な措置を講ずるものとする。

（遺言書等の持出）

第7条　遺言書保管官は、事変を避けるために遺言書、申請書等、撤回書等及び遺言書保管ファイルを遺言書保管所外に持ち出したときは、速やかに、その旨を当該遺言書保管官を監督する法務局又は地方法務局の長に報告するものとする。

2　前項の報告は、別記第2号様式による報告書によりするものとする。

（裁判所への関係書類の送付）

第8条　遺言書保管官は、法務局における遺言書の保管等に関する省令（令和2年法務省令第33号。以下「省令」という。）第2条の規定により裁判所に関係書類を送付するときは、該当する書類の写しを作成して、当該関係書類が返還されるまでの間、これを保管するものとする。

2　遺言書保管官は、前項の関係書類を送付するときは、当該関係書類をつづり込んでいた箇所に、裁判所の命令書又は嘱託書及びこれらの附属書類を同項の規定により作成した写しと共につづり込むものとする。

3　遺言書保管官は、第1項の関係書類が裁判所から返還された場合には、当該関係書類を前項の命令書又は嘱託書の次につづり込むものとする。この場合には、第1項の規定により作成した写しを廃棄するものとする。

4　前3項の規定は、裁判官の発する令状に基づき検察官、検察事務官又は司法警察職員（以下「捜査機関」という。）が関係書類を押収する場合について準用する。

（遺言書保管申請書等つづり込み帳等）

第9条　遺言書保管申請書等つづり込み帳又は請求書類つづり込み帳（以下「遺言書保管申請書等つづり込み帳等」という。）には、それぞれ申請書等及び撤回書等又は閲覧請求等（省令第3条第2項第2号に規定する閲覧請求等をいう。以下同じ。）に係る書類を受け付けた順に従ってつづり込むものとする。

2　遺言書保管官は、遺言書保管申請書等つづり込み帳等を格納するときは、処理未済又は印紙の異状の有無を調査して、その調査結果を遺言書保管申請書等つづり込み帳等の表紙（裏面を含む。）の適宜の箇所に記載し、これに認印を押印するものとする。

（必要帳簿）

第10条　遺言書保管所には、省令で定めるもののほか、次に掲げる帳簿を備えるものとする。

　(1)　送付書類等受発送簿
　(2)　保管証等用紙管理簿
　(3)　遺言書保管返戻通知関係書類つづり込み帳

(4)　再使用証明申出書類等つづり込み帳

(5)　雑書つづり込み帳

2　次の各号に掲げる帳簿には、当該各号に定める事項を記載するものとする。

(1)　送付書類等受発送簿　他の帳簿に記載しない書類の発送及び受領に関する事項

(2)　保管証等用紙管理簿　保管証、遺言書情報証明書及び遺言書保管事実証明書の作成に使用する用紙の管理に関する事項

3　次の各号に掲げる帳簿には、当該各号に定める書類をつづり込むものとする。

(1)　遺言書保管返戻通知関係書類つづり込み帳　省令第48条第２項（第35条第２項において準用する場合を含む。）の書面を送付した場合において、配達不能等により返戻された当該書面

(2)　再使用証明申出書類等つづり込み帳　収入印紙に係る再使用証明申出書及び償還に関する書類

(3)　雑書つづり込み帳　他の帳簿につづり込まない書類

（保存期間）

第11条　次の各号に掲げる帳簿の保存期間は、当該各号に定めるとおりとする。

(1)　送付書類等受発送簿　当該年度の翌年度から３年間

(2)　保管証等用紙管理簿　当該年度の翌年度から１年間

(3)　遺言書保管返戻通知関係書類つづり込み帳　当該年度の翌年度から５年間

(4)　再使用証明申出書類等つづり込み帳　当該年度の翌年度から５年間

(5)　雑書つづり込み帳　当該年度の翌年度から１年間

（帳簿の様式）

第12条　次の各号に掲げる帳簿の様式は、当該各号に定めるところによるものとする。

(1)　遺言書保管関係帳簿保存簿　別記第３号様式

(2)　送付書類等受発送簿　別記第４号様式

(3)　保管証等用紙管理簿　別記第５号様式

2　省令第３条第１項第３号及び第４号に掲げる帳簿並びに第10条第１項各号に掲げる帳簿の表紙は、別記第６号様式によるものとする。

（つづり込みの方法）

第13条　省令第３条第１項第３号及び第４号に掲げる帳簿並びに第10条第１項各号に掲げる帳簿は、１年度ごとに別冊とするものとする。ただし、１年度ごとに１冊とすることが困難なときは、分冊して差し支えない。

2　前項本文の規定にかかわらず、所要用紙の枚数が少ない帳簿については、数年度分を１冊につづり込むことができる。この場合には、１年度ごとに小口見出しを付する等して年度の区別を明らかにするものとする。

（廃棄処分等）

第14条 遺言書保管官は、省令第5条の認可を受けようとするときは、当該遺言書保管官を監督する法務局又は地方法務局の長に別記第7号様式による申請書を提出するものとする。

（申請その他の手続の予約）

第15条 法、令又は省令に基づく申請、届出、撤回又は請求（次条第1項において「申請その他の手続」という。）（書面を送付する方法により行われる場合を除く。）の受付は、予約により行うことができる。

（受付等）

第16条 申請書、届出書、撤回書又は請求書が提出されたときは、申請その他の手続ごとの受付の年月日を表示した書面（以下「受付票」という。）を印刷するものとする。

2 受付票には、受付、本人確認等をした都度、該当欄に担当者が押印するものとし、これを申請書、届出書、撤回書又は請求書と共に遺言書保管申請書等つづり込み帳等につづり込むものとする。

3 遺言書保管官は、法第4条第1項の申請を却下しなければならない場合であっても、遺言書保管官が相当と認めるときは、事前にその旨を申請人に告げ、その申請の取下げの機会を設けることができる。

（本人確認）

第17条 省令第13条各号に掲げる方法により書類の提示を受けたときは、遺言書保管官は、当該書類を提示した者の同意を得て、当該書類の写しを作成し、申請書、撤回書、請求書又は取下書と共につづり込むものとする。ただし、当該者の同意が得られないときは、この限りでない。

2 遺言書保管官は、省令第13条各号に掲げる方法により確認を行ったときは、受付票に確認済みの旨（前項ただし書の場合においては、確認済みの旨及び提示された書類の種類、証明書番号その他書類を特定することができる番号等の書類の主要な内容）を記載するものとする。

（原本還付の旨の記載）

第18条 省令第8条第3項の原本還付の旨の記載は、謄本の最初の用紙の表面余白に別記第8号様式による印版を押印してするものとする。

第2章 遺言書の保管の申請手続等

（指定する者への通知に関する申出等）

第19条 法第4条第1項の申請がされた場合において、遺言書保管官は、遺言者に対し、遺言書保管官が当該遺言者の死亡時に当該遺言者が指定する者（当該遺言者の推定相続人（相続が開始した場合に相続人になるべき者をいう。）並びに当該申請に係る遺言書に記載された法第9条第1項第2号及び第3号に掲げる者のうちの1人に限る。）に対し当該遺言書を保管している旨を通知することの申出の有無を確認するものとする。

2　前項の申出は、別記第9号様式による申出書を提出する方法により行わせる
ものとする。

3　第1項の申出がされたときは、前項の申出書に記載された事項を遺言書保管
ファイルに付記するものとする。

（保管証の写しの作成等）

第20条　省令第15条第2項の規定により保管証を作成するときは、当該保管証の
写しを作成し、これを遺言書と共につづり込むものとする。

2　遺言書保管所において法第6条第5項の規定により遺言書を廃棄するとき
は、前項の規定により作成した保管証の写しにその旨を記載するものとする。
法第8条第4項の規定により遺言書を返還したときも、同様とする。

（保管証の廃棄）

第21条　遺言書保管官は、省令第17条の規定により保管証を廃棄するときは、受
付票にその旨を記載するものとする。

（申請の却下）

第22条　省令第18条第1項の決定書は、別記第10号様式又はこれに準ずる様式に
よるものとし、申請人に交付するもののほか、遺言書保管所に保存すべきもの
を1通作成するものとする。

2　遺言書保管官は、前項の遺言書保管所に保存すべき決定書の原本の欄外に決
定告知の年月日及びその方法を記載して認印を押印し、これを決定原本つづり
込み帳につづり込むものとする。

3　遺言書保管官は、法第4条第1項の申請を却下したときは、手数料納付用紙
に貼付された収入印紙に係る賠償償還の手続をした上で、受付票に却下した旨
を記載し、これを申請書と共に遺言書保管申請書等つづり込み帳につづり込む
ものとする。

4　遺言書保管官は、省令第18条第2項の規定により申請人に送付した決定書の
原本が所在不明等を理由として返戻されたときは、当該決定書の原本を申請書
と共に遺言書保管申請書等つづり込み帳につづり込むものとする。

5　遺言書保管官は、省令第18条第3項ただし書の規定により添付書類を還付し
なかった場合は、受付票にその理由を記載するものとする。この場合におい
て、還付しなかった添付書類は、申請書と共に遺言書保管申請書等つづり込み
帳につづり込むものとする。

6　捜査機関が申請書又は省令第18条第3項ただし書の規定により還付しなかっ
た添付書類の押収をしようとするときは、これに応ずるものとする。この場合
には、押収に係る書類の写しを作成し、当該写しに当該捜査機関の名称及び押
収の年月日を記載した上、当該書類が捜査機関から返還されるまでの間、前項
の規定により遺言書保管申請書等つづり込み帳につづり込むべき箇所に当該写
しをつづり込むものとする。

（却下の場合の措置）

第23条　遺言書保管官は、令第2条の規定により却下しようとするときは、事案の内容が簡単なものを除き、当該遺言書保管官を監督する法務局又は地方法務局の長に内議するものとする。

（申請の取下げ）

第24条　省令第19条第1項の取下書には、申請の受付の年月日その他の取下げに係る申請を特定することができる事項を記載し、これを遺言書保管申請書等つづり込み帳につづり込むものとする。

2　遺言書保管官は、法第4条第1項の申請が取り下げられた場合において、手数料納付用紙に収入印紙が貼り付けられていないときは、受付票に「貼付印紙なし」と記載して、これに認印を押印するものとする。

3　第22条第5項及び第6項の規定は、省令第19条第4項後段において準用する省令第18条第3項ただし書の規定により添付書類を還付しない場合について準用する。

（遺言書保管ファイルの記録の処理）

第25条　遺言書保管ファイルには、法第4条第1項の申請に係る申請書に記載された事項のうち受遺者等（遺言書に記載された法第9条第1項第2号に掲げる者）及び遺言執行者等（遺言書に記載された同項第3号に掲げる者）の出生の年月日並びに会社法人等番号を付記するものとする。

第3章　遺言者による遺言書の閲覧の請求手続等

（遺言者による遺言書等の閲覧）

第26条　遺言書保管官は、遺言者に遺言書又は遺言書保管ファイルの記録の閲覧をさせるときは、次に掲げるところによるものとする。

(1)　遺言書の枚数を確認する等その抜取り及び脱落の防止に努めるものとする。

(2)　遺言書の汚損、記入及び改ざんの防止に厳重に注意するものとする。

(3)　請求に係る部分以外を閲覧しないように厳重に注意するものとする。

(4)　閲覧者が筆記するときは、毛筆及びペンの使用を禁じ、遺言書を下敷にさせないものとする。

2　前項の場合において、遺言者に遺言書保管ファイルの記録の閲覧をさせるときは、第19条第3項及び前条の規定により付記された事項についても閲覧させるものとする。

（その他の事項の変更の届出）

第27条　遺言者の法第4条第1項の申請に係る遺言書が遺言書保管所に保管されている場合において、当該申請に係る申請書に記載された省令第11条第2号に掲げる事項、第25条の規定により遺言書保管ファイルに付記する事項又は別記第9号様式の記載事項に変更が生じたときは、省令第30条の規定の例に準じて届出をさせるものとする。

（職権による記録の変更）

第28条 法第7条第1項の規定により保管する遺言書に係る情報の管理をする遺言書保管官は、遺言書保管ファイルの記録に遺言書保管官による錯誤又は遺漏があることを発見したときは、遅滞なく、遺言書保管ファイルの記録を変更するものとする。

（遺言者による申請書等の閲覧）

第29条 第26条第1項の規定は、遺言者に申請書等又は撤回書等の閲覧をさせる場合について準用する。

第4章　関係相続人等による遺言書情報証明書の交付の請求手続等

（遺言書情報証明書等の作成の場合の注意事項等）

第30条 遺言書情報証明書又は遺言書保管事実証明書（以下「遺言書情報証明書等」という。）を作成して交付するときは、次に掲げるところによるものとする。

⑴　遺言書保管官は、作成した遺言書情報証明書等が請求書に係るものであることを確認するものとする。

⑵　遺言書情報証明書等は、鮮明に作成するものとする。

⑶　遺言書情報証明書等が2枚以上であるときは、当該遺言書情報証明書等の各用紙に当該用紙が何枚目であるかを記載するものとする。

⑷　認証文、認証者の職氏名及び認証日付の記載並びに職印等の押印は、整然と、かつ、鮮明にするものとする。

⑸　遺言書保管官は、前号の認証文、認証者の職氏名及び認証日付並びに職印に間違いがないことを確認するものとする。

2　遺言書保管官は、請求人が受領しないため交付することができないまま1月を経過した遺言書情報証明書等があるときは、受付票に「交付不能」と記載して、当該遺言書情報証明書等を廃棄して差し支えない。

（遺言書情報証明書等の認証文）

第31条 遺言書情報証明書等の認証文は、次のようにするものとする。

⑴　遺言書情報証明書　「上記のとおり遺言書保管ファイルに記録されていることを証明する。」

⑵　遺言書保管事実証明書　次のアからエまでに掲げる場合に応じ、それぞれアからエまでに定めるもの

　ア　請求人の資格が相続人であり、かつ、関係遺言書が遺言書保管所に保管されている場合　「上記の遺言者の申請に係る遺言書が遺言書保管所に保管され、上記のとおり遺言書保管ファイルに記録されていることを証明する。」

　イ　請求人の資格が相続人以外であり、かつ、関係遺言書が遺言書保管所に保管されている場合　「上記の遺言者の申請に係る請求人を受遺者等（遺言書に記載された法務局における遺言書の保管等に関する法律第9条第1

項第2号に掲げる者）又は遺言執行者等（遺言書に記載された同項第3号に掲げる者）とする遺言書が遺言書保管所に保管され、上記のとおり遺言書保管ファイルに記録されていることを証明する。」

　ウ　請求人の資格が相続人であり、かつ、関係遺言書が遺言書保管所に保管されていない場合　「上記の遺言者の申請に係る遺言書が遺言書保管所に保管されていないことを証明する。」

　エ　請求人の資格が相続人以外であり、かつ、関係遺言書が遺言書保管所に保管されていない場合　「上記の遺言者の申請に係る請求人を受遺者等（遺言書に記載された法務局における遺言書の保管等に関する法律第9条第1項第2号に掲げる者）又は遺言執行者等（遺言書に記載された同項第3号に掲げる者）とする遺言書が遺言書保管所に保管されていないことを証明する。」

（職氏名の記載）

第32条　遺言書情報証明書等に遺言書保管官が職氏名を記載するときは、次のようにするものとする。

　　何法務局（何地方法務局）何支局（何出張所）

　　　遺言書保管官　　　何　　某

（関係相続人等による遺言書等の閲覧）

第33条　第26条第1項の規定は、関係相続人等に遺言書又は遺言書保管ファイルの記録の閲覧をさせる場合について準用する。

（関係相続人等による申請書等の閲覧）

第34条　第26条第1項の規定は、関係相続人等に申請書等又は撤回書等の閲覧をさせる場合について準用する。

（第19条第1項の申出に基づく通知）

第35条　第19条第1項の申出があった場合において、遺言書保管官は、遺言者の死亡の事実を確認したときは、その申請に係る遺言書を保管している旨を当該遺言者が指定した者に通知するものとする。

2　前項の通知については、省令第48条第2項及び第3項の規定を準用する。

第5章　審査請求

（審査請求の受理）

第36条　遺言書保管官は、法第16条第1項の審査請求について、行政不服審査法（平成26年法律第68号）第19条第1項の規定に基づく審査請求書を受け取ったときは、送付書類等受発送簿にその旨を記載するものとする。

（相当の処分）

第37条　遺言書保管官は、法第16条第3項の規定により相当の処分をしようとする場合には、事案の簡単なものを除き、当該遺言書保管官を監督する法務局又は地方法務局の長に内議するものとする。この場合には、審査請求書の写しのほか、審査請求に係る申請却下の決定書の写し、申請書の写しその他相当の処

分の可否を審査するために必要な関係書類を併せて送付するものとする。

2　第39条第1項の規定は、遺言書保管官を監督する法務局又は地方法務局の長が前項の内議につき指示しようとする場合について準用する。

3　遺言書保管官は、相当の処分をしたときは、当該処分の内容を別記第11号様式による通知書により審査請求人に通知するものとする。

4　前項の処分をしたときは、遺言書保管官は、その処分に係る却下決定の取消決定書その他処分の内容を記載した書面を2通作成して、その1通を審査請求人に交付し、他の1通を審査請求書類等つづり込み帳につづり込むものとする。

5　前項の場合には、遺言書保管官は、当該処分の内容を別記第12号様式により当該遺言書保管官を監督する法務局又は地方法務局の長に報告するものとする。

（審査請求事件の送付）

第38条　遺言書保管官は、法第16条第4項前段に規定する審査請求事件を送付する場合には、別記第13号様式による意見を記載した書面（以下この条において「意見書」という。）を付してするものとする。この場合において、意見書は、正本及び当該意見書を送付すべき審査請求人の数に行政不服審査法第11条第2項に規定する審理員の数を加えた数に相当する通数の副本を送付しなければならない。

2　前項の規定により審査請求事件を送付する場合には、遺言書保管官は、審査請求書の正本のほか、審査請求に係る申請却下の決定書の写し、申請書の写しその他の審査請求の理由の有無を審査するのに必要な関係書類を送付するものとする。

3　遺言書保管官は、審査請求事件を送付したときは、審査請求書及び意見書の各写しを審査請求書類等つづり込み帳につづり込むものとする。

4　法第16条第4項後段の規定による意見の送付は、意見書の副本のほか、別記第14号様式による送付書に第2項の規定により送付された関係書類を添付するものとする。

（審査請求についての裁決）

第39条　法務局又は地方法務局の長が審査請求につき裁決をするには、次に掲げるところによるものとする。

（1）　地方法務局の長は、審査請求の内容に問題がある場合には、当該地方法務局を監督する法務局の長に内議すること。

（2）　法務局の長は、審査請求につき裁決をする場合又は内議を受けた場合において、審査請求の内容に特に問題があるときは、当職に内議すること。

2　審査請求に対する裁決は、別記第15号様式による裁決書によるものとし、行政不服審査法第42条第1項に規定する審理員意見書を添付するものとする。

3　法務局又は地方法務局の長は、審査請求につき裁決をしたときは、その裁決

書の写しを添えて当職にその旨を報告（地方法務局の長にあっては、当該地方法務局を監督する法務局の長を経由して）するものとする。

（審査請求に対する措置）

第40条 法務局又は地方法務局の長は、審査請求につき裁決をしたときは、裁決書の謄本（審理員意見書の写しを含む。）を審査請求人及び遺言書保管官に交付するものとする。

2 遺言書保管官が前項の裁決書の謄本を受け取ったときは、送付書類等受発送簿にその旨を記載し、審査請求書類等つづり込み帳につづり込んだ審査請求書の写しの次につづり込むものとする。

第6章 補則

（過納手数料の還付）

第41条 保管の申請又は閲覧請求等に係る手数料が過大に納められたときは、遺言書保管官は、申請人又は請求人からの請求により、過大に納付された手数料の額に相当する金額の金銭を還付するものとする。

（再使用証明）

第42条 申請人又は請求人が保管の申請又は閲覧請求等を取り下げた場合において、当該者から申請書又は請求書の手数料納付用紙に貼付された収入印紙で消印されたものについて当該取下げの日から1年以内に当該遺言書保管所における申請又は閲覧請求等において再度使用したい旨の申出が別記第16号様式による再使用証明申出書の提出によりされたときは、遺言書保管官は、当該手数料納付用紙の余白に別記第17号様式による印版を押印して、再使用することができる印紙の金額、証明の年月日及び証明番号を記載し、これに認印を押印するものとする。

2 遺言書保管官は、前項の手続を執ったときは、再使用証明申出書に証明の年月日及び証明番号を記載するものとする。

（再使用証明後の賠償償還手続）

第43条 遺言書保管官は、前条の規定により証明を受けた者から再使用証明をした収入印紙について賠償償還の申出があったときは、同条第1項の規定により記載した再使用証明文を朱抹し、再使用証明を施した用紙及び再使用証明申出書の見やすい箇所に「再使用証明失効」と朱書し、これに認印を押印するものとする。

（再使用証明収入印紙の使用）

第44条 遺言書保管官は、再使用証明をした収入印紙を使用して申請又は閲覧請求等があった場合には、第42条第1項の規定により記載した証明番号の下に「使用済」と朱書して、これに認印を押印するものとする。

2 遺言書保管官は、前項の場合には、再使用証明申出書に「使用済」と朱書して、これに認印を押印するものとする。

3 前2項の規定にかかわらず、第42条の規定により再使用証明をした日から1

年を経過した収入印紙の再使用は認めないものとし、申請人又は請求人の請求により賠償償還の手続を執るものとする。
4　前項の規定により賠償償還の手続を執ったときの事務の取扱いについては、前条の例によるものとする。

別記第1号様式 (第3条第2項関係)

年　　月　　日

法務局長　　　　　　　　殿

法務局　　　　　支局 (出張所)
遺言書保管官　　　　　職印

報　告　書

　当庁遺言書保管官交替による事務の引継ぎに伴い，遺言書，遺言書保管ファイル，申請書等及び撤回書等その他の帳簿等の調査をしたので，その結果を下記のとおり報告します。

記

別記第2号様式 (第7条第2項関係)

年　　月　　日

法務局長　　　　　　　　殿

法務局　　　　　支局 (出張所)
遺言書保管官　　　　　職印

持 出 報 告 書

遺言書保管事務取扱手続準則第7条第1項の規定により下記のとおり報告します。

記

持ち出した書類等	
持ち出した理由	
持 出 場 所	
書 類 等 の 現 況	

別記第3号様式 （第12条第1項第1号関係）

帳　簿 の　名　称			保　存 年　限			
年　度	番　号	冊　数	保存終期	廃棄年月日	備　考

別記第4号様式 （第12条第1項第2号関係）

進行番号	受領又は 発送の月日	書類の日付	書類の発送者 又は受領者	書類の内容	備　考

別記第5号様式 （第12条第1項第3号関係）

年月日	受入枚数	払出枚数	残枚数	印	備　考

別記第6号様式 （第12条第2項関係）

遺　言　書　保　管　帳　簿					
年　　　度		年度			
保存簿番号	第　　　号	保存終期	年　　　月　　　日		
名　　　称					
庁　　　名		法務局	支局（出張所）		

別記第 7 号様式（第14条関係）

<table>
<tr><td colspan="7" style="text-align:right">年　　月　　日</td></tr>
<tr><td colspan="7">　　　　法務局長　　　　　　　　　殿</td></tr>
<tr><td colspan="7">　　　　　　　　　　　法務局　　　　　　　支局（出張所）
　　　　　　　　　　　遺言書保管官　　　　　　　職印</td></tr>
</table>

帳簿等の廃棄・消去認可申請書

　次（又は別紙目録）の帳簿等は，保管期間又は保存期間を経過したので，廃棄又は消去について認可されるよう申請します。

目　　　録

年　度	名　　　称	冊　数 又は 件　数	保管（保存） 期間	保管（保存）始期 保管（保存）終期	備　考

別記第 8 号様式（第18条関係）

原　　本　　還　　付

別記第9号様式 （第19条第2項関係）

【死亡時の通知の対象者欄】※死亡時の通知を希望する場合は，□にレ印を記入の上，①又は②のいずれか
を選択し，指定する通知対象者の氏名，住所等を記入してください。

□ 死亡時の通知を希望するため，本申請書記載の私の氏名，出生年月日，本籍及び筆頭者の氏名の情報を遺言書保管
官が戸籍担当部局に提供すること，並びに私の死亡後，私の死亡の事実に関する情報を遺言書保管官が戸籍担当部
局から取得することに同意する。
（注）同意がある場合には，遺言書保管官が遺言者の死亡の事実に関する情報を取得し，当該遺言者があらかじめ指定する以下に記載の者に対して，
遺言書が保管されている旨の通知を行います。

① 受遺者等又は遺言執行者等を通知対象者に指定する場合

通知対象者に指定する受遺者等又は遺言執行者等の番号 ☐ 番
（注）受遺者等又は遺言執行者等を通知対象者に指定する場合は，指定する
「受遺者等又は遺言執行者等の番号」を記入してください。

② 推定相続人を通知対象者に指定する場合

遺言者との続柄 ☐ 1：配偶者／2：子／3：父母／4：兄弟姉妹／5：その他 （　　　　　　　　　）

氏名　　姓 ☐☐☐☐☐☐☐☐☐☐☐☐☐☐

　　　　名 ☐☐☐☐☐☐☐☐☐☐☐☐☐☐

住所　　〒 ☐☐☐ － ☐☐☐☐

都道府県
市区町村
大字丁目 ☐

番地 ☐☐☐☐☐☐☐☐☐☐☐☐☐☐

建物名 ☐☐☐☐☐☐☐☐☐☐☐☐☐☐

（注）申立てによる死亡時の通知の対象者には，受遺者等，遺言執行者等又は推定相続人（相続が開始した場合に相続人となるべき者を
いう。）のうち1名のみを指定することができます。

1004

別記第10号様式（第22条第１項関係）

決　　　　定

住　　所
申請人

　　　　年　　月　　　日付けの申請事件は，以下の理由により，法務局における遺言書の保管等に関する政令第２条第　　号の規定に基づき却下します。
　なお，この処分に不服があるときは，いつでも，当職を経由して，何法務局長（又は地方法務局長）に対し，審査請求をすることができます（法務局における遺言書の保管等に関する法律第１６条第１項）。
　おって，この処分につき取消しの訴えを提起しようとする場合には，この処分の通知を受けた日から６月以内（通知を受けた日の翌日から起算します。）に，国を被告として（訴訟において国を代表する者は法務大臣となります。），提起しなければなりません（なお，処分の通知を受けた日から６月以内であっても，処分の日から１年を経過すると処分の取消しの訴えを提起することができなくなりますので御注意ください。）。ただし，処分の通知を受けた日の翌日から起算して６月以内に審査請求をした場合には，処分の取消しの訴えは，その審査請求に対する裁決の送達を受けた日から６月以内（送達を受けた日の翌日から起算します。）に提起しなければならないこととされています。

　　　　年　　月　　　日

法務局　　　　　　　支局（出張所）
遺言書保管官　　　　　　　　　職印

却下理由

（注）　１　却下理由は，具体的かつ詳細に記載すること。
　　　　２　年月日は，決定書作成の日を記載すること。

別記第11号様式（第37条第3項関係）

年　　月　　日

殿

法務局　　　　　支局（出張所）
遺言書保管官　　　　職印

通　知　書

　下記の　　　　年　　月　　日付けの申請事件についてされた審査請求は，理由があると認め，下記のとおりの処分をしたので，通知します。
記
1　申請人の氏名
2　申請人の住所
3　処分の内容（具体的かつ詳細に記載すること。）

別記第12号様式（第37条第5項関係）

年　　月　　日

法務局長　　　　　殿

法務局　　　　　支局（出張所）
遺言書保管官　　　　職印

報　告　書

　　　　年　　月　　日付けの申請事件の却下決定に対し審査請求があり，その審査請求を理由があると認めたので，下記のとおり処分をしました。
記
1　○○（具体的かつ詳細に記載すること。）

別記第13号様式（第38条第1項関係）

年　　月　　日

法務局長　　　　　　　　殿

法務局　　　　　　支局（出張所）
遺言書保管官　　　　　　職印

意　見　書

　　　年　　月　　日付けの申請事件の却下処分について，別紙のとおり審査請求があったが，本件審査請求は，下記のとおり理由がないと認められるので，審査請求書の正本及び関係書類を添えて事件を送付します。

記

1　○○（具体的かつ詳細に記載すること。）

別記第14号様式（第38条第4項関係）

年　　月　　日

審理員　　　　　　　殿

法務局長　　　　　　職印

送　付　書

　　　年　　月　　日付けの申請事件の却下処分に関する審査請求について，法務局における遺言書の保管等に関する法律第16条第4項の規定に基づき，審査請求書及び関係書類を添えて，遺言書保管官の意見を送付します。

別記第15号様式（第39条第2項関係）

裁　　　　決

住所
審査請求人

　　　　年　　　月　　　日付けの申請事件の却下処分に関する審査請求について，次のとおり裁決します。
　なお，この裁決につき取消しの訴えを提起しようとする場合には，この裁決の送達を受けた日から６月以内（送達を受けた日の翌日から起算します。）に，国を被告として（訴訟において国を代表する者は法務大臣となります。），提起しなければなりません（なお，裁決の送達を受けた日から６月以内であっても，裁決の日から１年を経過すると裁決の取消しの訴えを提起することができなくなりますので御注意ください。）。

1　主文
2　事案の概要
3　審査関係人の主張の要旨
4　理由（主文が審理員意見書と異なる内容である場合には，異なることとなった理由を含む。）

　　　　年　　　月　　　日

　　　　　　法務局長　　　　　　　　　　　職印

別記第16号様式（第42条第1項関係）

証明年月日		証明番号	

<table>
<tr><td colspan="4" align="center">再 使 用 証 明 申 出 書</td></tr>
<tr><td>印 紙 の 金 額</td><td colspan="3">金　　　　　　　円</td></tr>
<tr><td rowspan="9">印　　　　　紙</td><td>券 面 額</td><td>枚 数</td><td>金 額</td></tr>
<tr><td>円</td><td>枚</td><td>円</td></tr>
<tr><td>円</td><td>枚</td><td>円</td></tr>
<tr><td>円</td><td>枚</td><td>円</td></tr>
<tr><td>円</td><td>枚</td><td>円</td></tr>
<tr><td>円</td><td>枚</td><td>円</td></tr>
<tr><td>円</td><td>枚</td><td>円</td></tr>
<tr><td>円</td><td>枚</td><td>円</td></tr>
<tr><td>合　　計</td><td>枚</td><td>円</td></tr>
<tr><td>申請又は請求の年月日</td><td colspan="3">年　　　月　　　日</td></tr>
<tr><td>備　　　　　考</td><td colspan="3"></td></tr>
</table>

上記のとおり収入印紙の再使用につき申出をします。

　　　　　　年　　　月　　　日

　　　　　申請人又は請求人　住所
　　　　　　　　　　　　　　氏名又は名称

　　　法務局　　　支局（出張所）　　御中

（注）申請人又は請求人の署名又は記名押印を要する。

別記第17号様式（第42条第1項関係）

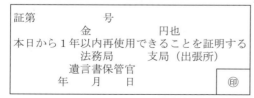

証第　　　　　号
　　　金　　　　　円也
本日から１年以内再使用できることを証明する
　　　法務局　　　支局（出張所）
　　　遺言書保管官
　　　　年　　　月　　　日　　　　　　㊞

遺言書

一　長女花子に，別紙一の不動産及び別紙二の預
　　金を相続させる。

二　長男一郎に，別紙三の不動産と相続させる。

三　東京和男に，別紙四の動産を遺贈する。
　　　　　　株式㊞

平成三十一年二月十九日
　　　　　　法　務　五　郎　　㊞

上記三中，二字削除二字追加
　　　　　　法　務　五　郎

別紙一

目　　録

一　所　　在　　東京都千代田区霞が関一丁目
　　地　　番　　〇番〇号
　　地　　目　　宅地
　　地　　積　　〇平方メートル

霞が関㊞

二　所　　在　　東京都千代田区九段南一丁目〇番〇号
　　家屋番号　　〇番〇
　　種　　類　　居宅
　　構　　造　　木造瓦葺2階建て
　　床面積　　　1階　〇平方メートル
　　　　　　　　2階　〇平方メートル

法　務　五　郎　㊞

上記二中，三字削除三字追加
　　　　法　務　五　郎

別紙二

（注）
財産目録として預金通帳のコピーを
添付することも可

普通預金通帳　　　　　　　　〇銀行
　　　　　　　　　　　　　　　　〇支店

お名前

　　法　務　五　郎　様

店番　　　　　　　　　　口座番号

　　〇〇　　　　　　　　　〇〇〇

※　通帳のコピー

法　務　五　郎　㊞

（注）
自書でない財産目録を添付する場
合には，毎葉に署名・押印を要す
る（968条2項）

（注）
財産目録として登記事項証明書の
コピーを添付することも可

表 題 部	（土地の表示）		調製	余白		不動産番号	0000000000000
地図番号	余白		筆界特定	余白			
所 在	特別区南都町一丁目				余白		

① 地 番	② 地目	③ 地 積 ㎡	原因及びその日付〔登記の日付〕
101番	宅地	300：00	不詳 〔平成20年10月14日〕

所 有 者	特別区南都町一丁目1番1号 甲 野 太 郎

権 利 部 （甲 区） （所 有 権 に 関 す る 事 項）			
順位番号	登 記 の 目 的	受付年月日・受付番号	権 利 者 そ の 他 の 事 項
1	所有権保存	平成20年10月15日 第637号	所有者 特別区南都町一丁目1番1号 甲 野 太 郎
2	所有権移転	平成20年10月27日 第718号	原因 平成20年10月26日売買 所有者 特別区南都町一丁目5番5号 法 務 五 郎

権 利 部 （乙 区） （所 有 権 以 外 の 権 利 に 関 す る 事 項）			
順位番号	登 記 の 目 的	受付年月日・受付番号	権 利 者 そ の 他 の 事 項
1	抵当権設定	平成20年11月12日 第807号	原因 平成20年11月14日金銭消費貸借同日 　　設定 債権額 金4,000万円 利息 年2・60％（年365日日割計算） 損害金 年14・5％（年365日日割計算） 債務者 特別区南都町一丁目5番5号 　　法 務 五 郎 抵当権者 特別区北都町三丁目3番3号 　　株 式 会 社 南 北 銀 行 　　（取扱店 南都支店） 共同担保 目録（あ）第2340号

共 同 担 保 目 録				
記号及び番号	（あ）第2340号		調製	平成20年11月12日
番 号	担保の目的である権利の表示	順位番号	予 備	
1	特別区南都町一丁目 101番の土地	1	余白	
2	特別区南都町一丁目 101番地 家屋番号 1 01番の建物	1	余白	

法務 五郎 ㊞

これは登記記録に記録されている事項の全部を証明した書面である。

平成31年1月27日
関東法務局特別出張所　　　　　　　　　登記官

（注）
自書でない財産目録を添付する場
合には、毎葉に署名・押印を要す
る（968条2項）

＊　下線のあるものは抹消事項であることを示す。　　　整理番号　D23992　（1／1）　　　1／1

別紙四

（注）
財産目録として自ら作成し，又は
第三者により作成された目録を添
付することも可

目　　録

私名義の株式会社法務組の株式　　１２０００株

法　　務　　五　　郎　　㊞

（注）
自書でない財産目録を添付する場
合には，毎葉に署名・押印を要す
る（９６'８条２項）

平成30年12月21日
閣　議　決　定

5　その他（国　税）

(3)　民法（相続関係）の改正に伴い、次の措置を講ずる。

　①　相続税における配偶者居住権等の評価額を次のとおりとする。

　　イ　配偶者居住権

　　　建物の時価−建物の時価×（残存耐用年数−存続年数）／残存耐用年数×存続年数に応じた民法の法定利率による複利現価率

　　ロ　配偶者居住権が設定された建物（以下「居住建物」という。）の所有権

　　　建物の時価−配偶者居住権の価額

　　ハ　配偶者居住権に基づく居住建物の敷地の利用に関する権利

　　　土地等の時価−土地等の時価×存続年数に応じた民法の法定利率による複利現価率

　　ニ　居住建物の敷地の所有権等

　　　土地等の時価−敷地の利用に関する権利の価額

　　（注1）　上記の「建物の時価」及び「土地等の時価」は、それぞれ配偶者居住権が設定されていない場合の建物の時価又は土地等の時価とする。

　　（注2）　上記の「残存耐用年数」とは、居住建物の所得税法に基づいて定められている耐用年数（住宅用）に1.5を乗じて計算した年数から居住建物の築後経過年数を控除した年数をいう。

　　（注3）　上記の「存続年数」とは、次に掲げる場合の区分に応じそれぞれ次に定める年数をいう。

　　　㈠　配偶者居住権の存続期間が配偶者の終身の間である場合　配偶者の平均余命年数

　　　㈡　㈠以外の場合　遺産分割協議等により定められた配偶者居住権の存続期間の年数（配偶者の平均余命年数を上限とする。）

　　（注4）　残存耐用年数又は残存耐用年数から存続年数を控除した年数が零以下となる場合には、上記イの「（残存耐用年数−存続年数）／残存耐用年数」は、零とする。

　②　物納劣後財産の範囲に居住建物及びその敷地を加える。

　③　配偶者居住権の設定の登記について、居住建物の価額（固定資産税評価額）に対し1,000分の2の税率により登録免許税を課税する。

　④　特別寄与料に係る課税について、次のとおりとする。

　　イ　特別寄与者が支払を受けるべき特別寄与料の額が確定した場合には、当該特別寄与者が、当該特別寄与料の額に相当する金額を被相続人から遺贈

により取得したものとみなして、相続税を課税する。

ロ　上記イの事由が生じたため新たに相続税の申告義務が生じた者は、当該事由が生じたことを知った日から10月以内に相続税の申告書を提出しなければならない。

ハ　相続人が支払うべき特別寄与料の額は、当該相続人に係る相続税の課税価格から控除する。

ニ　相続税における更正の請求の特則等の対象に上記イの事由を加える。

⑤　遺留分制度の見直しに伴う所要の措置を講ずる（所得税についても同様とする。）。

⑥　その他所要の措置を講ずる。

事項索引

概説 改正相続法【第2版】
―平成30年民法等改正、遺言書保管法制定―

2021年2月16日　第1刷発行

編著者	堂薗幹一郎（どうぞのかんいちろう）	
	神吉　康二（かんき　こうじ）	
発行者	加藤　一浩	
組　版	株式会社友人社	
印　刷	株式会社日本制作センター	

〒160-8520　東京都新宿区南元町19

発　行　所　一般社団法人 金融財政事情研究会
企画・制作・販売　株式会社きんざい
編集部　TEL 03(3355)1721　FAX 03(3355)3763
販売受付　TEL 03(3358)2891　FAX 03(3358)0037
URL https://www.kinzai.jp/

ISBN978-4-322-13835-1